Dedico este libro a Dios, todopoderoso

A mis padres: Luis María Calderón Peña e Hilda Fe Carbuccia Vargas.

A mis hijos: José Manuel, Ing. Brant, Maritza, poeta José Luis, Ing. Félix Manuel.

A mis nietos: Katherine y Daniel Gramajo Calderón.

A mis hermanos: Rafael Ramón, Gladys, Luis María, Altagracia Milagros, Ángela Victoria, Josefina Emperatriz, Olga Marina, Carmen, Bienvenido, Carmencita.

A mis amigos y colaboradores: doña Atala Blandino, José Rolando Padrón, Rafael Reynoso, Marivell Contreras, Alex González, Pablo González, Fabio Inoa, don Miguel Pichardo, doctor Marcos Díaz.

A todos los que fueron guardianes de esta música, y a todos los que han apoyado la bachata en el mundo.

José Manuel Calderón

A Dios.

A Calderón por confiarme esta tarea tan grata.

A mami, Ángela Severino.

A Ian, porque su existencia confirma mis propósitos.

A Juan Daniel Balcácer y Julie Sellers, por el rigor y el ejemplo.

A Yaqui Núñez del Risco (†), mi eterno maestro. A don Alci de la Rosa (In memoriam)

A Huchi Lora, por el ejemplo cotidiano.

A mi familia, especialmente a Marlon y Ángel Contreras. A mis cómplices: Edgar Reyes y Charlie Mariotti.

A nuestros patrocinadores: Al Banco BHD León, en la persona de Josefina Navarro. Al Senado y su presidente: Reinaldo Pared Pérez y a la CAASD, Alejandro Montás.

A Víctor Vidal y a Alexis Méndez, porque hicieron este libro tan suyo como los firmantes.

Marivell Contreras

Índice

PARTE I

De estudios y opiniones 17

Prólogo. El primer bachatero del mundo 19

Crítica. Una novedosa biografía a dos voces 25

Palabras invitadas. El primer gran ídolo
de la radio postrujillista 29

PARTE II

De la bachata y calderón 33

En primera persona. El pionero de la bachata 35

Palabras invitadas. De marginalidad,
música y bachata 43

Más de medio siglo de canciones de amor 47

El género de la libertad de un pueblo 61

Entrevista con el técnico Miguel Pichardo 73

PARTE III

Orígenes: Biografía compartida 81

En primera persona 83

De donde vengo 83

Villa Juana: un barrio con muchas estrellas 89

Entrevista a Johnny Ventura 95

El dolor amargo del primer amor. 99

De aquí salió el dinero de grabar "Condena"/
"Qué será de mí" 103

Calderón tuvo su princesa de cuentos
de hadas sin final feliz 109

Cosas y causas del barrio 113

Doña Hilda: de tal madre, tal hijo. 117

Entrevista a Víctor Víctor 121

PARTE IV

De la bachata y El Pionero 125

En primera persona. Trío Los Juveniles 127

La primera canción de amargue condenada al éxito 133

El respaldo: "Borracho de amor" 139

Un género para contar historias 149

En primera persona. Imágenes que cuentan 157

PARTE V

Lo que no se ha dicho de la bachata 165

Los protagonistas de la primera bachata 167

¿Por qué la primera canción que grabó Calderón salió al aire el mismo 30 de mayo de 1962? 171

Entrevista a Fabio Inoa 175

El primer artista que Kubaney firmó, fue Calderón. 181

Calderón y la Güira 185

Entrevista a Dagoberto Tejeda 193

El "lloraíto azucarao" de José Manuel Calderón 197

Una guitarra y dos estilos: El Jibarito de Lares y Calderón 201

Radio Guarachita y Calderón 213

En primera persona. Los primeros cantantes del género 227

PARTE VI

El pionero en el ámbito internacional 231

En primera persona 233

Mi música y yo de viaje 233

Puerto Rico: El primer espacio conquistado 239

La primera gran aventura de la Bachata 1967 243

Entrevista a Javish, del Conjunto Quisqueya 251

PARTE VII

Grabaciones, discos, canciones 259

En primera persona 261

Mi primera grabación con orquesta 261

Discografía: Entre cuerdas y lágrimas 265

En primera persona 301

Canciones ajenas que hice mías 301

Canciones de otros exitosas en su voz 303

Canciones que cantó que encantaron a otros 317

En primera persona. Mis guitarristas 325

Cronología que prefigura momentos
importantes de la bachata 327

PARTE VIII

Calderon: medios 341

La bachata de repudiada a adorada 343

En primera persona. Convicciones
de un ciudadano de honor 349

La Prensa y Calderón 351

Primera época: años 60-70 351

Entrevista a Joseph Cáceres, de la Revista Galería .. 357

Entrevista de Marivell Contreras
a José Manuel Calderón 363

Breve cronología de la Radio 373

En primera persona. Los que me han sonado,
agradecimiento a los locutores...377

Cien canciones y un millón de recuerdos..................383

En primera persona. Imágenes que cuentan 385

PARTE IX

Trayectoria: Premios y reconocimientos 415

Otras formas de ser el primero de la bachata 417

La bachata en los premios de Acroarte......................433

Reconocimientos que conserva 441

El Pionero en Sol Caribe (2009) 451

José Manuel Calderón al transcurrir
del tiempo: Cronología 455

PARTE X

Lo que dicen los libros de Calderón 479

Libros en los que ha sido citado
José Manuel Calderón, su vida y su obra 481

Día Internacional o Nacional de la Bachata 499

PARTE XI

Conclusión 503

En primera persona 505

La bachata más que una junta, una música..............505

En Conclusión. "El primer bachatero del mundo"....507

En primera persona. Listado de agradecimientos ..511

Agradecimientos Marivell 515

Bibliografía..517

PARTE I

DE ESTUDIOS Y OPINIONES

PRÓLOGO

El primer bachatero del mundo

En cierta ocasión, así bautizó a José Manuel Calderón otro destacado compositor-intérprete dominicano y, así mismo ha titulado Marivell Contreras el presente libro, cuyo contenido nos brinda una suerte de biografía de este reconocido artista, considerado como el auténtico iniciador en la República Dominicana, en la región y, ¿por qué no?, en el mundo, del género musical, de pura esencia dominicanista, conocido como bachata.

Marivell Contreras, destacada comunicadora, investigadora y gestora cultural, ha unido su talento creativo con el de José Manuel Calderón, reconocido compositor e intérprete de innumerables éxitos musicales en el género de la bachata. El resultado de esa simbiosis ha sido la configuración del presente texto biográfico que estimo de singular importancia para el acervo cultural y musical dominicano.

José Manuel Calderón es hoy por hoy un símbolo artístico del país, al igual que un consagrado ícono del género de la bachata. En tanto que artista, Calderón disfruta de alta valoración y distinción y, como persona, es reputado como un hombre decente, solidario, patriota y agradecido de todos aquellos que en determinado momento le tendieron la mano, o le han conocido y tratado en su largo deambular.

En los albores de la década de los 60, tras el inicio de su carrera artística, Calderón formó el trío "Los Juveniles", con el que pasó a cantar bachata acompañado de una guitarra que enloqueció a los sectores populares del país, tanto rurales como urbanos. A partir de entonces, la bachata evolucionó hasta el extremo de que en la actualidad, la misma se entona, baila y disfruta prácticamente por todo el mundo. Conviene destacar que en su etapa inicial, ese tipo de música entonces no recibía el apelativo de "bachata", sino que más bien, entre las clases urbanas media y alta, era identificada como "música de amargue", "música de guardia", "música de barrio" o "música de cachivache", en adición a otras denominaciones un tanto despectivas. Andando el tiempo, sobre todo a raíz de las transformaciones sociales que experimentó la nación dominicana después de liquidado físicamente el dictador Trujillo, algunos expertos compositores, arreglistas y el pueblo en general comenzaron a identificar ese peculiar estilo musical como "bachata", nombre que desde entonces se ha conservado y proyectado internacionalmente, en tanto que producto genuino cuyas raíces emergen de lo más profundo del alma popular dominicana.

José Manuel Calderón, sobresaliente artista dominicano, fue y es parte inseparable de esa historia musical en la que la bachata ocupa un sitial de primer orden. Para nadie es secreto que fue Calderón -y no otro- quien, con sus éxitos, superó las barreras del prejuicio social y abrió las puertas de los clubes nocturnos más importantes del país (populares o no) a los diversos compositores e intérpretes del género de su época. Fue de tal magnitud el auge y aceptación que, como consecuencia de ese fenómeno musical adquirió la bachata, tanto la industria musical criolla como la extranjera no tardaron en interesarse por proyectar la bachata a escala internacional. En la actualidad, la bachata es uno de los géneros musicales más preferidos entre las diferentes clases sociales dominicanas, y lo mismo cabe afirmar sobre el impacto y aceptación del género en amplios segmentos de la juventud en otros países.

Desde el 30 de mayo del 1962 hasta el presente, José Manuel Calderón continúa siendo un artista justamente valorado y respetado por su pueblo, pues es fama que al que no le ha hecho un bien, jamás le ha hecho un mal.

Es oriundo de El Seibo, declarado en San Pedro de Macorís y luego residente por toda la vida en Santo Domingo y Nueva York. Dondequiera es motivo de orgullo conocer a José Manuel Calderón, el hombre y el artista, tal y como aparece descrito por Marivell Contreras en las páginas del presente libro.

Considero que con "El primer bachatero del mundo", su autora rinde merecido tributo al célebre intérprete y compositor popular, así como también a otras personas con cuyo respaldo fue posible la publicación de esta obra en torno a la vida profesional de tan distinguido artista de la bachata, género del cual él ha sido pionero y que han enriquecido y proyectado a escala mundial otras luminarias, como Juan Luis Guerra, Víctor Víctor, Anthony Santos, Luis Segura, Leonardo Paniagua, Luis Días, Sonia Silvestre, Raulín Rodríguez, Romeo Santos y Prince Royce -para solo citar unos cuantos-, llevándolo hasta países como Reino Unido, Francia, Italia, Austria, Rusia, Suecia, Suiza, España, Alemania, Estados Unidos, por no decir también que a Asia, África y Australia.

A través de la lectura del presente libro, el lector apreciará cómo José Manuel Calderón es 'fotografiado', 'identificado' y 'desnudado' por Marivell Contreras, cosa que también le permitirá conocerlo, apreciarlo y valorarlo mucho mejor en el plano artístico y humano a la vez.

Quien escribe estas líneas, durante sus años juveniles escuchó y disfrutó de los temas musicales de José Manuel Calderón, tanto en Santo Domingo como en New York. Hoy me complace sobre manera constatar cómo este admirado artista logró transitar por caminos tortuosos, difíciles y complejos hasta verse coronado con el éxito. Razón tuvo el gran Víctor Víctor al reconocer sus grandes aportes al género de la bachata y bautizarlo como "el primer bachatero del mundo".

La bibliografía en torno a la bachata se enriquece aún más con este nuevo aporte que realizan Marivell Contreras y José Manuel Calderón.

Hubo un tiempo en que la bachata fue una música despreciada y relegada al consumo de las clases más bajas en la pirámide social dominicana. Sin embargo, con el devenir del tiempo, las cosas han cambiado de manera muy positiva y, respecto a la bachata, tal y como lo ha puesto de manifiesto la doctora Deborah Pacini Hernández en su magnífico estudio, "Bachata: historia social de un género musical dominicano", hoy nos encontramos frente a "un género musical socialmente aceptable e incluso está de moda".

No cabe dudas de que, durante los últimos dos decenios, la bachata ha tenido un resonante éxito en el ámbito mundial. El fenómeno, evidentemente, obedece a los grandes aportes realizados por destacadísimas estrellas del arte popular dominicano, pero si se es honesto, debemos admitir que, semejante desarrollo y proyección, tiene sus raíces en el legado de connotados precursores del género, entre quienes José Manuel Calderón ocupa un lugar cimero, pues nadie discute ni pone en dudas que él fue -y es- en nuestro país, el principal "pionero de la bachata" y, también, "el primer bachatero del mundo".

¡Hacía falta un libro como este! ¡Congratulaciones a los autores!

Juan Daniel Balcácer
Santo Domingo
Mayo del 2018.

CRÍTICA

Una novedosa biografía a dos voces

No es posible señalar el inicio de un género musical tan específicamente como se puede hacer en el caso de la bachata, y mucho menos aprender de sus orígenes directamente del primero en cultivarlo. "El primer bachatero del mundo: Calderón", de Marivell Contreras y José Manuel Calderón, es el primer estudio de la bachata que se dedica únicamente a la vida de Calderón, el Pionero de la Bachata, y a los primeros pasos del género que él mismo trajo al mundo. Juntos, Contreras y Calderón más que coautores, son cómplices en este singular proyecto de rastrear y contar el origen de la bachata, género nítidamente dominicano que se ha convertido en una de las músicas latinas más pegadas del mercado global. Este acercamiento innovador -la investigación rigurosa de la periodista apoyada por el testimonio en primera persona de Calderón y respaldada por otros que vivieron esos momentos incipientes del género- hace que el tomo en manos del lector sea una fuente indispensable para todo el que quiera conocer mejor los orígenes y la historia del "lloraíto azucarado" y su primer exponente.

Por una parte, "El primer bachatero del mundo: Calderón", narra la vida de José Manuel Calderón, el primero en grabar y cultivar dicho género, a veces en sus propias palabras, y otras, en voz de otros -Johnny Ventura, Alci de la Rosa, Miguel Pichardo y Víctor Víctor, para nombrar solo algunos- que lo conocen y que vivieron esos momentos tentativos del nacimiento de una nueva expresión.

Afirma Calderón: "la bachata soy yo", y como es de imaginarse, esta historia empieza al principio con su reminiscencia de cómo él y sus amigos, músicos jóvenes con grandes sueños y pocos fondos, buscaron interpretar las canciones populares del momento, de tal manera que, las hicieran suyas y se sintieran mejor representados en ellas. Rememora el ambiente de aquel entonces, no solo musical, sino social y político, el 30 de mayo del 1962, un año a la fecha del ajusticiamiento del dictador Rafael Leónidas Trujillo Molina. Tal como afirma Contreras, ese período de la larga dictadura de treinta y un años "fue también el responsable de enterrar en vida muchas manifestaciones artísticas". La apertura política se tradujo al ámbito musical, a la vez que se dio paso a una fuerte migración interna a la capital dominicana, trajo consigo su predilección por los boleros, muy pronto interpretados en las voces de los jóvenes con su propia sazón.

Calderón y su Trío los Juveniles, como sostiene y comprueban las investigaciones de Contreras y las muchas fuentes entrevistadas para su estudio, fueron los primeros en grabar y sonar el estilo más tarde conocido como la bachata. No obstante, tanto Calderón como Contreras reiteran que la bachata de hoy representa una larga y continua fusión de todos los que la han interpretado, desde el Pionero en el 1962, hasta Romeo Santos en la actualidad.

De todos modos, es imposible hablar de la bachata sin entrar en el tema de la discriminación que tenía que soportar durante mucho tiempo. Tanto Calderón como su coautora ubican esas tendencias discriminatorias en su contexto socio histórico, a la vez que explican la constante pegada que ha disfrutado Calderón, en el país y en el exterior por igual.

"El primer bachatero del mundo: Calderón" es, de todos modos, mucho más que un libro puramente histórico, ya que revela el lado personal de los comienzos del amargue. El pionero mismo explica cómo fue que él y sus amigos empezaron a meterle nuevos colores a su bolero de guitarra, "para que no sonara tan fúnebre". Recuerda que no solo fue el cantante, sino que tenía que encargarse de toda la promoción y la venta de sus discos. Como revelan los comentarios de Johnny Ventura, Calderón fue el primero en acoger el negocio de la música en su totalidad en República Dominicana, modernizando así la visión del mismo.

Contreras contextualiza la inclusión de la güira en la bachata a partir del tercer sencillo de Calderón, "Quema esas cartas", y el desarrollo posterior de su papel en las canciones de amargue. Tanto el amor y respeto que aún tiene Calderón para su madre como su vida en Nueva York y sus vivencias a través de los años, figuran en esta vista amplia y profunda por igual del primer bachatero.

Además de las anécdotas y testimonios, tanto de Calderón como de otros, "El primer bachatero del mundo: Calderón", tiene el propósito de reunir una variedad de datos relacionados. El lector puede encontrar la cronología y la discografía del pionero, una lista completa de bachateros y canciones que han sido galardonados con Premios Casandra y Soberano, y una cronología de la relación entre la bachata y la radio. Se identifican además las canciones de otros interpretadas por Calderón, y las suyas en voz de otros cantantes.

Este estudio se distingue por la rica cantidad de fotos en color que se suman al proyecto de plasmar la historia del pionero y de la bachata. Además de fotos de Calderón y su familia, figuran imágenes de las portadas de sus discos, recortes de periódicos, entradas a sus presentaciones, su primer contrato discográfico y fotos de los muchos reconocimientos y premios con los que lo han galardonado a través de su larga y fructífera carrera.

"El primer bachatero del mundo: Calderón" le ofrece al lector una lectura grata e informativa sobre los comienzos y el pionero de la bachata.

El tono conversacional que emplean los autores invita al lector a escuchar con gusto las anécdotas y los hechos por igual, como si se sentara a la rodilla del gran Papá de la Bachata para oír directamente de sus labios y de los otros protagonistas de la bachata cómo fue que sucedió todo. Esta sencillez con la que tratan el material es uno de los grandes éxitos de este par de melómanos, ya que invita a quien lo tenga entre manos a ser otro cómplice más del relato.

Julie Sellers
Kansas, US. 2018

PALABRAS INVITADAS

El primer gran ídolo de la radio postrujillista

Muerto Rafael Leónidas Trujillo Molina, las libertades se extendieron en todo el territorio nacional y la actividad social cobró un matiz distinto, en todos los órdenes. A la radio de la época le llegó ese momento de abrir un abanico pluralista a todas las manifestaciones artísticas.

La radio postrujillo empezó a darle acceso a cantantes de baja escala social que se veían impedidos de grabar y, mucho más, de que sus discos fueran difundidos.

Como parte de la expresión libertaria, las condiciones estaban dadas para que apareciera un artista con condiciones populares que llenara las expectativas de las masas populares y que fuera de manufactura criolla.

La aparición de ese personaje no se hizo esperar. A tan solo un año de muerto Trujillo, le tocó el honor a José Manuel Calderón -en 1962-, con su tema "Condena"/"¿Qué será de mí?" -en un disco de 45 r.p.m.-, y en el lado B "Borracho de amor" del pianista y compositor Bienvenido

Fabián, quien puso a vibrar de emoción a un pueblo, el cual había descubierto que tenía capacidad para elegir lo que quería oír y en voz de quién.

Calderón se constituyó así, de primera instancia, en el primer gran ídolo del pueblo llano, consumidor de música de guitarra, que era lo mismo que música de guardia. Con el tiempo se le llamó música de amargue y terminó siendo denominada -una década después- bachata.

En el año 1963, Calderón ya había tocado al público de otros lares y de allí, precisamente de la vecina isla de Puerto Rico, trajo la moda de usar las camisas con mangas tres cuartas, que bajaba un poco más allá del codo; pero sin bajar del cúbito. Cosa que entusiasmó más a su ya entusiasta legión de seguidores. El artista además de la imagen de joven de buena pinta, continúo reafirmando su extraordinaria popularidad con temas de su autoría como "Te perdono", "Llanto a la luna", "Lágrimas de sangre", "Yo no soy dichoso" y además otros de diferentes autores que sonaban insistentemente en las emisoras de la época.

¿Quién es el padre de la bachata?

La Historia misma nos lo dice que es José Manuel Calderón, pionero de esta modalidad musical, porque antes de él no se registra a nadie ejecutando esta peculiar melodía que hoy retumba en los grandes escenarios y centros bailables de República Dominicana, América y el mundo.

La fama de Calderón fue vertiginosa. La disquera internacional Kubaney, con sede en Miami, le extendió un contrato para grabar varios discos de larga duración, cosa que lo obligaba a buscar buenas composiciones con "garras", para que se pegaran en el público. No siempre un autor tiene la vena encendida para componer éxito tras éxito, por lo que tiene que recurrir a temas de otros autores o a canciones que ya han sido triunfos musicales en otros cantantes.

Esta decisión es un riesgo; pero la vida misma lo es, y Calderón al verse necesitado de grabar temas de impacto, se lanzó a la aventura. Los frutos, no se hicieron esperar, como cuando graba varios temas en tiempo de bachata con acierto, como la ranchera "Si no puedo ser tu amor yo no puedo ser tu amigo", tema que ya había grabado "El Gallito de Manatí", en Puerto Rico. Fue un éxito rotundo.

Igual resultado se repitió con los temas "Besos Inolvidables" y "Me dices que te vas" los que grabara Emilio Quiñones de Puerto Rico; "Prisionero de tus brazos", este otro que grabó Antonio Aguilar, "La Carcajada Final", grabada por La Lupe[1]; "Triste Camino", por El Trío Vegabajeño, y "Los dos perdimos", éxito en voz de Pedro Infante.

Aunque estas canciones fueron grandes sucesos musicales en esas voces de sus contemporáneos y de más atrás en el tiempo, el trovador dominicano supo reeditarlas al

---

1 De hecho, Calderón formó parte de la cartelera de artistas que cantó en el mismo escenario que La Lupe, en la ciudad de Nueva York. En el Teatro Puerto Rico, en el Bronx.

éxito en su voz, imprimiéndole su estilo y sentimiento, impactando notablemente en su gran fanaticada.

Esta es tan solo una faceta de la fascinante historia de José Manuel Calderón, quien todavía con su guitarra a cuestas sigue haciendo presentaciones y añadiendo más temas a su amplia discografía, la cual mantiene una demanda aceptable a través del tiempo, por los recuerdos gratos que perviven en miles de los que acunaron sus amores al conjuro de sus temas románticos.

Alci de la Rosa[2] *(†)*
15 de junio 2014

---

2 Destacado locutor, productor de radio y fundador de Acroarte. Testigo desde la Radio del surgimiento de la bachata y del papel jugado por José Manuel Calderón en sus inicios.

PARTE II

DE LA BACHATA Y CALDERÓN

EN PRIMERA PERSONA

El pionero de la bachata

Soy José Manuel Calderón Carbuccia, y aunque pueda parecer altanero, soy el único dominicano que se puede dar el lujo de decir: la bachata soy yo.

Es que Dios me dio el privilegio -y lo digo con humildad-, de ser el pionero de un género nuevo en la República Dominicana, pues fui la persona que grabó lo que se considera la primera bachata. Antes de mí, no hubo otro. Es que antes de "Condena"/"¿Qué será de mí?", la primera canción dominicana de guitarra grabada con las características de la bachata, no había otra. De eso hace ya más de medio siglo; pero para mí, es como mi vida, algo que empezó ahorita. Sin embargo, me ha dado una larga estela de satisfacciones.

Sé que hay artistas que han tenido la oportunidad de crear o ver nacer con ellos nuevos géneros como es el caso de Elvis Presley[1], considerado el "Rey del rock" -aquí sería

---

1   Aunque Elvis Presley no era negro como la mayoría de los que ejecutaban los ritmos de los afroamericanos de EE.UU., pero supo integrarlo vocal, sonora, coreográfica y visualmente, convirtiéndose en el primer gran ícono del rock and roll, del que siempre será rey.

el papá- o Bob Marley y su reggae, a quienes nadie les regatea ni les quieren quitar sus méritos como primigenios. Por eso, años después de leer tantos errores y oír tantas elucubraciones y desconocimiento sobre la bachata, me decido a contar mi historia, que es lo mismo que contar los cimientos de ese monstruo tan vilipendiado y amado: la bachata.

Algunos sostienen que la bachata existía como género hace casi cien años; pero eso no es verdad. Que alguien me la busque y lo demuestre. Claro, si se están refiriendo al término, se lo respeto, porque la palabra ya existía en el vocabulario y trascendió a la realidad dominicana con igual significado, como sinónimo de fiesta, jolgorio o encuentro informal de trovadores.

Música de guitarra siempre hubo; pero nosotros, amantes del bolero, logramos un sonido distinto, resultando con nuevos acordes, cambios sonoros y, sobre todo, los giros vocales que vinieron en esas primeras grabaciones, todo proveniente de nuestra cabeza. Éramos jóvenes que teníamos ganas de hacer algo, con lo cual pudiéramos trascender nuestro medio. Nos ayudó no tener el conocimiento necesario ni asesoramiento, sin tener la conciencia, sin tener la preparación. Solo teníamos los sueños y las ganas de por fin oír nuestras voces en otro formato. Formamos el trío Los Juveniles cuando teníamos apenas 19 años. Empezamos siendo tres, con guitarras; pero la propia música nos fue demandando cosas y nosotros respondiendo.

Ya en México le habían puesto percusión al bolero con guitarra, así que le fuimos añadiendo otros elementos para que no sonara tan fúnebre. Elementos sobre todo de percusión. Ya en el tercer sencillo que grabamos, le habíamos añadido la güira, en lugar de las maracas, también pusimos las maracas más rápidas, para hacerlo más rítmico y acorde con el gusto dominicano. Antes de nosotros no era bachata. Y fue bachata, porque querían desmeritarla. Como con el nombre de "bachata" terminaron nombrando los encuentros familiares, fiestas de patios, asociadas con bullanguería, con gente aficionada a la música -que no sabía cantar o tocar, pero que lo hacía-. Entonces, le pusieron un nombre que le venía como anillo al dedo: bachata.

Me gusta la explicación que da don Juan Daniel Balcácer en el libro sobre la bachata de Carlos Batista Matos. Establece que "durante la lejana época colonial nuestros ancestros bachateaban y solían reunirse para practicar, era una simbiosis de un antiguo baile español con el tamborileo de las danzas de los negros africanos".

"Con posterioridad a la proclamación de la República en 1844, por lo regular quienes asistían a las 'bachatas' practicaban dos bailes que entonces disfrutaba la escasa población dominicana: La tumba, que antecedió el merengue; pero que según los expertos, se desconoce cómo iba la cadencia de este género y el propio merengue que surgió hacia 1845", continua mi amigo y muy destacado historiador.

"Es evidente que el vocablo bachata simplemente significaba irse de juerga, fiesta o como se dice modernamente de parranda. De manera que entre nuestros ancestros, irse de bachata, bachatear, quería decir irse de fiesta", aclara.

"El vocablo no es un dominicanismo; pero se hizo popular a finales del siglo XIX y siglo XX con la evolución del tiempo, sin embargo fueron alterándose tanto el significado como la percepción que la población tenía de la palabra bachata", afirma Balcácer.

Yo, lo que tocaba era una música calificada como de amargue; le poníamos el nombre de bolero, inspirados en los tríos tan de moda en ese momento; pero no resultó ser bolero. La inocencia y el no saber, al final, surtió su efecto y dio para parir algo nuevo.

El ritmo fue rechazado, porque no era muy fino que digamos, y como lo comparaban con el gran bolero de la época, salíamos en desventaja.

Esta música tuvo sus opositores desde el principio, al igual que tuvo el respaldo irrestricto de un pueblo que siempre se ha sentido contenido en la misma.

Citaba el caso de las leyendas Presley y Marley; pero al igual podría citar a Pérez Prado -protagonista del mambo- o a muchos otros que, a diferencia de los citados, encabezaron fenómenos musicales exitosos; pero efímeros.

Hay artistas que han tenido la oportunidad de crear nuevos géneros musicales o tendencias sonoras, las cuales impactan en un momento, y al rato, se olvidan o no se olvidan, sino que pierden vigencia. Ese no ha sido el caso mío ni de la bachata. Desde la misma noche en que grabamos lo que sería el demo, con Fabio Inoa, supimos que lo que habíamos hecho, habría de contar con la complicidad del público. Fue por esa certeza que buscamos la manera de grabar de manera profesional, porque ya el público que nos escuchaba en las serenatas y otras participaciones barriales, nos comprometía a que grabáramos. Parecían estar muy ansiosos, en que nosotros diéramos ese paso.

Esta primera grabación fue el 30 mayo del 1962, y ya en junio había alcanzado el éxito. Fue así como en pocos meses, en ese mismo año, pasé de ser un desconocido, un mensajero que cobraba pensiones en bicicleta, a ser un artista, querido, reconocido por el público y a tener mi propio carro. A pesar de que cuando le pedí apoyo a Radhamés Aracena, para grabar, me aconsejó que me dedicara a otra cosa. Mi música y yo tuvimos seguidores, inmediatamente.

Además de la gente, tras el impacto que causamos, otros interesados en la música -que nunca fuimos artistas antes- empezaron a grabar y a buscar el favor del público. Siete meses después de mí, Inocencio Cruz grabó "Declaración de amor"[2], de la autoría de Ney Serrano. Después se fueron sucediendo otros, entre los que recuerdo a El Diablo Williams, con "La esquina acostumbrada".

---

2   Que terminó llamándose "Amorcito de mi Alma" en la grabación que hizo Radhamés Aracena para el Sello La Guarachita. Lo que provocó que el autor que ya la había grabado con el Trío Los Gentiles como "Declaración de amor", Ney Serrano le puso una demanda a Aracena por cambio de títulos y letras, que ganó, y por lo cual recibió 50 mil pesos.

Luisito Segura[3] y Bernardo Ortiz en el 1964. Desde entonces, nunca han parado de surgir nuevos talentos. Juntos hemos permanecido. Y con ellos quiero celebrar más de cinco décadas con la buena nueva de que la bachata ha logrado imponerse, superarse y adaptarse a los nuevos tiempos y juegos del mercado, codeándose con las mejores músicas del mundo. Y no tiene ni 60 ni 70 ni 80 años y apenas tiene un poco más de medio siglo contando a partir del día que entramos a un estudio de grabación a dejar registrado el inicio de mi carrera profesional, que es oficialmente el principio de esta historia, la historia de la bachata. Por eso, y no por otra cosa, porque me tocó ese honor, ese momento histórico de darle voz al pueblo llano, a su espontaneidad y a su forma de hacer arte.

Nunca he tenido la intención de pelear por un nombre ni de autodefinirme como nada; pero los hechos tienen su propio peso en el acontecer cotidiano, y como fui el primer artista en grabar una canción, con un sonido nuevo y unas inflexiones vocales e intenciones sonoras que surgieron conmigo y mi entorno, puedo decir a voz en cuello lo que alguna gente le ha querido atribuir a otros: yo soy el verdadero papá de la bachata, porque soy el génesis, porque yo fui su primera figura de impacto y popularidad y, sobre todo, porque nunca en mi vida he hecho otra cosa que no sea hacer, grabar y cantar bachata. Y como no quiero usar el distintivo de nadie, he decidido quedarme con el califi-

---

3   Es bueno anotar que Luis Segura estuvo ensayando con Calderón, Andrés Rodríguez y Luis Pimentel, pero no estuvo en la conformación final de Los Juveniles ni en la grabación de la primera bachata porque debían ser solo tres...

cativo con el que muchos espontáneamente me llaman: "El Pionero de la Bachata".

Me siento muy feliz de haber podido permanecer para contarme. En este libro está lo que nunca se había dicho de la bachata. Lo que aquí está contado son cosas, hechos y momentos que había que estar ahí para contarlos, y ser lo suficiente objetivo para ser capaz de decir la verdad y nada más.

Por eso, si tienes este libro en tus manos, sabrás cosas que nunca se han dicho de la bachata y que tal vez, ninguno que no haya sido el protagonista de sus primeros años, podrá decir. La mayoría de estas cosas solo las puedo afirmar yo, y como un hombre responsable y comprometido con su pueblo, lo hago, a veces hasta un poco indignado por tantas cosas que se escriben sin documentarse. Y cómo hay quien ha intentado desmeritar, distorsionar o simplemente ocultar lo que pasó y cómo fue que sucedieron los hechos, disfruten esta lectura que es tan verdad como lo he vivido yo, y como de alguna manera ha podido constatar Marivell Contreras, una periodista a quien respeto y a quien agradezco acudiera a mi llamado para hacer realidad este libro que es la biografía del nacimiento de un género musical, el cual hoy el mundo canta, quiere y baila. Un género que se ha convertido en una máquina de hacer grandes artistas y, de paso, ha hecho a mucha gente millonaria.

PALABRAS INVITADAS

De marginalidad, música y bachata

La construcción de la sociedad ha dado paso a la exclusión, condición desfavorable que destaca factores étnicos, socioeconómicos, así como la edad, discapacidad, ideas y preferencias sexuales. Esos agentes de discriminación son los que dan origen al gueto, área separada para la vivienda y el desempeño de determinados grupos sociales, en la que crean su propio universo de acuerdo a sus referidas particularidades.

Así nacen, en medio de la cotidianidad, formas que delatan a estos grupos. La historia registra de manera clara, cómo las artes han sido una fehaciente radiografía de la colectividad. Un ejemplo es la música, que cuenta las maneras de sentir, vivir y convivir de la gente. Es reflejo, es propuesta y es denuncia.

Entender estas premisas nos lleva a pensar los sonidos de la marginalidad, existentes en cada comunidad, pueblo o país. Nos referimos al sonido del *blues* del sur de Estados Unidos, de la música grupera en México, de los vallenatos de Colombia, la salsa choke en el Pacífico colombiano, o la salsa misma, esa que adquiere forma en un ambiente de discriminación en la ciudad de Nueva York; es el sonido del reggaetón en Puerto Rico, o del dembow de los barrios de Santo Domingo. Todos son ejemplos que aseguran que la música no es causa, sino consecuencia.

La bachata también lo es. Como producto cultural tiene una fuerte vinculación a la identidad dominicana, desde el punto de vista nacional y transnacional. Nace entre la marginalidad, siendo parte de un universo donde conviven la pobreza, falta de oportunidad para una digna educación y la desdicha en sentido general. Además, la migración -del campo a la ciudad y hacia el exterior- forma parte de su mundo, en su origen y desarrollo.

El mismo nombre le llega por primera vez de manera despectiva, pues así la bautizó una élite; pero antes, durante su proceso de evolución, fue música de guardias y cueros, nombres que se han usado para designar a militares de baja monta y a las trabajadoras sexuales, respectivamente.

En su entorno surge el chopo, personaje que materializa la intolerancia y escenifica un alto grado de burla. El término llega desde la clase media alta y se usa para discriminar a las trabajadoras domésticas. A estas le llamaban chopas, nombre que trazaba una línea divisoria entre la familia y esas mujeres, que por lo general venían de los campos. Así, de chopa se desprendió el verbo chopear, que designa la acción de realizar labores domésticas.

En el aspecto musical, se desprende del bolero, y posiblemente sea su único hijo directo. Además, en su conformación se advierten una relación con la ranchera mexicana y otras músicas procedentes de Cuba, como el chachachá. En su evolución toma elementos de la música popular dominicana, en particular, del merengue. Es una cohesión que da como resultado un nuevo estilo de música antillana.

De todo esto habla el texto al que nos vamos a enfrentar, porque trata de José Manuel Calderón, cuya obra encarna el germen de la bachata, además de ser artífice de muchos de los códigos que ha manejado la industria de la música popular en República Dominicana. Son líneas de su autoría y de Marivell Contreras, periodista, investigadora de rigor y mujer de alta sensibilidad ante la expresión artística, y en cuya memoria sonora habitan temas como "Prisionero de tus brazos" y "Quema esas cartas", en la voz de un Calderón joven, quien descubre a través de las preferencias de su madre y del ambiente que planteaba su natal Monte Plata en los decenios 60, 70 y a principios de los 80.

"El primer bachatero del mundo" Calderón. es una confesión de un hombre que lo hizo todo, primero que todos; una fotografía de una temprana sociedad postrujillo es un caldo de justicia. Presenta nuevas verdades y reafirma otras ya conocidas, todo por vía del testimonio de José Manuel y de un discurso que Marivell ha conformado a través de entrevistas a músicos, estudiosos y a una investigación que nació antes de pensar escribir un libro. Incluso, antes de conocer en persona al protagonista de esta tinta.

Alexis Méndez

Más de medio siglo de canciones de amor

Desde esa noche del 30 de mayo del 1962, en que José Manuel Calderón salió con un disco de acetato en las manos del estudio de La Voz del Trópico, que llevaba como título: "Condena"/"¿Qué será de mí?"[1], se hizo constar oficialmente que en la República Dominicana había sucedido algo inesperado musicalmente; y el tiempo lo ha confirmado, al resistir los embates y evolucionar hasta convertirse en un nuevo género musical que hoy es mundialmente conocido como bachata.

Cincuenta y siete años pudieran ser muy pocos para que un ritmo alcance el puesto de género musical popular de un país; pero serían muchos si se contaran desde la tormenta que ha tenido que pasar, hasta los cambios que debieron darse para alcanzar la dimensión que hoy tiene la bachata.

Si dijéramos que la bachata nació proscrita, sería una mentira. A la bachata, el gran rechazo social le vino años después de que sorprendiera y encantara en los tocadiscos y velloneras del país, la voz dulce y melodiosa de Calderón, quien compungido se preguntaba: "¿Qué será de mí?"

---

1   Aunque el título original es "Condena".

como finalmente el pueblo, que es el que decide cómo se nombran las cosas, llamó la canción "Condena".

Ese tema de la autoría de Bienvenido Fabián, también dominicano, fue la primera canción romántica dominicana con este estilo "llorao" y "quejumbroso" que llegó al acetato para certificar el principio de algo nuevo en las bohemias dominicanas, las fiestas en casas y patios al ritmo de la guitarra, un par de bongós, el trago, y el gozo que es a la vez llanto y canto en el dominicano.

A esas fiestas de patio, en las que también participaban los reyes de la bohemia dominicana, Juan Lockward[2], Luis Vásquez[3] y Luis Kalaff[4], le llamaban bachata como sinónimo de fiesta, en un contexto significativo usado mayormente en Cuba. Así se denominaban los encuentros festivos informales, la bullanguería, en una ciudad dominada por la dictadura -y el miedo- y las noches de casi todos en sus casas y en algún picó (*pick up*) con disquitos y sillas de alquiler y baile, mientras afuera mandaba el silencio.

Sin embargo, la bachata, en su acepción primaria, era una fiesta informal. Los tragos hacían que la gente

---

2   Autor de grandes canciones, entre ellas, "Dilema", grabada por el Trío Los Panchos.

3   Cantor de uno de los himnos de la trova dominicana, "Guitarra bohemia", de Juan Lockward.

4   Autor de uno de los boleros dominicanos más universales; "Aunque me cueste la vida".

olvidara el peligro de afuera y disfrutara la alegría de adentro. Los boleros dominicanos, cubanos, el tango y las rancheras y otras canciones latinoamericanas en versiones libres de los músicos profesionales o de los que tocaban más con el alma que con la técnica.

"Nadie dijo que nos estábamos inventando algo nuevo. Era nuestra forma distinta de sentir y hacer el bolero; pero con nuestro sello", ha dicho Calderón más de una vez.

Luis Días[5], en una conferencia que ofreció en el Primer Congreso de Música, Identidad y Cultura en el Caribe, celebrado en Santiago en el 2005, parece justificar esta aseveración de Calderón, cuando sostuvo que: "Nosotros somos maestros en esto y tenemos nuestros propios códigos, y todo nuestro arsenal de melodías, las técnicas de cómo pasar melodías de una guitarra, de cómo una melodía menor ponerla en tono mayor, por ejemplo -como hacen los acordeonistas sin saber música."

Explica Luis Días que los bachateros dominicanos introducen la melodía, no por la tónica, sino por la dominante: "Si está en SOL, la pieza la tocan en RE y la introducen no por la tónica, sino por la dominante. Si está en SOL, tocan la pieza en RE mayor, entonces tocan otra cosa que nadie nunca se había inventado"… Concluyendo con que: "Eso

---

5   Uno de los grandes investigadores de la música dominicana. Músico y compositor responsable de la transformación sonora de la bachata y dinamizador del proceso de aceptación e incursión de artistas como Sonia Silvestre, Juan Luis Guerra y Víctor Víctor en este género.

va dando una forma de pensar y de concebir la música que solamente los dominicanos entendemos".

En esos primeros días, semanas, meses y primeros años de carrera, antes de los 70, José Manuel Calderón habría de grabar su repertorio más sentido y querido por el pueblo dominicano. Ese repertorio lo sacó de aquí a Puerto Rico y luego a Nueva York, al ser el primer artista a quien el afamado disquero Mateo San Martín grabó fuera de Cuba.

Fueron los 60´s, años del reconocimiento de la bachata, que era como un bolero; pero con elementos y sentimientos propios. Quizás propios del talento para el canto o el instrumento, y también de las pocas oportunidades de acceso a la música profesional que tenían los jóvenes de ese tiempo.

Sin embargo, se puede decir que los artistas que siguieron a Calderón al estudio de grabación en la búsqueda de espacio para sus canciones, la gran mayoría, lo imitarían en el buen gusto de selección y escritura de canciones. Para confirmarlo, vale la pena poner estos ejemplos: "Llanto a la Luna", de Calderón; "Penas de hombre", Rafael Encarnación -ido a destiempo-, a las cuales sumamos: "Amorcito de mi alma", de Inocencio Cruz y "Cariñito de mi vida", de Luis Segura, todos con las características propias de súplica y llanto que han marcado el devenir del ritmo, desde el pionero hasta Romeo Santos.

La bachata, entonces, era como el dembow, al principio, se pegaba sin gran esfuerzo, al ser todos nuevos y la propuesta diferente, era de fácil ejecución -4 y 5 músicos- y de fácil asimilación. Incursionaban muchos jóvenes del pueblo, interesados en trascender su situación económica y buscar una salida a la precariedad, la mayoría de las veces, con mejor intención que preparación. Casi siempre presos del deseo de fama y faltos de dirección, caían en el facilismo y optaban por los tonos recurrentes y por el camino doblemente llano del sentido humorístico o explícito de lo sexual.

Si algo hay que reconocerle a Calderón, y a los que vinieron inmediatamente después, a finales de los 60 y principios de los 70: Ramón Cordero, Ramón Torres, Marino Pérez (†), Leonardo Paniagua y las muchachas de la bachata: Mélida Rodríguez (†) y Aridia Ventura (†), es la calidad de sus canciones, realizadas con gran esmero, tanto en las letras como en lo musical.

Cuando la cosa se complicó fue en los años 70. Años de terror político y de paralización social. La pobreza era el común denominador de los dominicanos. Eran los años de persecución ideológica del gobierno de Joaquín Balaguer. Entonces, nuestra sociedad estaba aún aletargada entre acostumbrarse a la caída de la dictadura, al derrocamiento de Juan Bosch (†), a "El viento frío" que descubrió el poeta René del Risco (†) que dejó la Revolución de Abril, los asesinatos de Francisco Alberto Caamaño (†), de Manolo Tavárez (†). La juventud de entonces tenía la mirada puesta en Fidel Castro (†), el oído en la trova y la nueva canción. ¿Qué atención podía ponerle la sociedad de ese momento a esa música que se venía cocinando en los barrios, pueblos y campos, un "plato gourmet" llamado bachata? Al mismo tiempo en que el merengue se reposicionaba en la sociedad y la popularidad: Félix del Rosario (†) y Johnny Ventura polarizaban al público a inclinarse por Víctor o Memelo, hasta que apareció como una estela fulgurante Wilfrido Vargas, Los Hijos del Rey y otros proyectos que acaparaban la atención del público de clase media y media alta, seguía creyendo en los valores y en el esplendor que había dejado con sello de merengue, el paso por el poder de la familia Trujillo.

El proceso social sobre el que surge la bachata es explicado por Luis Días, así: "La llegada de la televisión transformó la forma de ver el mundo del dominicano en música. Había una depresión tremenda porque cuando los Trujillo se fueron, se llevaron todo el dinero, y fue el triunfo de la miseria, porque cuando el miserable triunfa, triunfa la bachata, porque es la voz, el blues de la agonía, es la desesperación, es el lamento de un pueblo, y eso pasó otra vez en los años finales de Balaguer, hubo un resurgimiento de la bachata por eso mismo"…

Pero, en todo caso, la bachata se movía, como un ciclón batatero. Era la música que acompañaba el dolor de los jodidos y a la vez, la que más monedas llevaba a las velloneras de las barras, colmados, antros y cabarets de bombillos rojos de entonces.

Y allí estaban ellos: "los del montón salidos"[6], sí los guardias, los capataces, los peones de la industria azucarera, "los apara cheles", quienes cuando cobraban los días 25 o cuando vendían un animal o el cheque, una semana después de pagar sus deudas, se bebían su romo, se bailaban su música (bachata, sí, bachata) y se gozaban sus cueros (cortesanas, prostitutas, mujeres de la vida alegre, en las que ahogaban sus penas bailando cuerpo a cuerpo y a golpe de cintura). Ellas disfrutando de maridos ajenos, mientras anhelaban al que no tenían. Ellas que de alguna manera accionaban como si fueran unas "tragaperras" -como las propias velloneras-, como si también ellas fueran esos discos, que no sonaban a menos que se pagaran los 5 centavos. Ellas, que por un módico precio, escenificaban una historia de amor de pocos minutos. Mujeres a las que se iba con sed de saciar el dolor y de la que se salía victorioso; pero herido, con la congoja de la culpa.

Si la bachata, que había bajado al último peldaño del dolor y la amargura de gente que amaba, sufría o aspiraba a una vida mejor, gimiendo, bailando y cantando, ¿quién la iba a sacar de esos corazones rotos y bolsillos vacíos?

Lo bueno es que ahí sonaban los mansos y los cimarrones. Por supuesto, en esto también había división social y había velloneras en las que Leonardo Paniagua (con su "Chiquitita" dime por qué, del Grupo Abba) y Calderón

---

6   Verso del poema "Los Humildes", de Federico Bermúdez (San Pedro de Macorís, 1884/1921).

(desdichado, encopado y boleroso), Marino Pérez ("Vine a buscarte morena", "La muerte de Mary"), Segura y Ramón Cordero ("Condenado a la distancia", "La causa de mi muerte", "Morenita mía"): eran los reyes.

Tres artistas de esa época impulsaron otros estilos en los años 70: Eladio Romero Santos ("La muñeca", "Mujer policía", "La muerte de mi hermano"), Edilio Paredes ("El batidor pelao") y Ramón Cordero ("Calzoncillos largos", "El pajarito", "El sombrero"), fueron los responsables mayores del merengue de guitarra o la meren-bachata[7]. Son indispensables, Marino Pérez ("Vine a buscarte morena", "La tragedia del veneno", "Recuento"), quien echó su lucha en San Pedro de Macorís; y Ramón Torres ("Las estrellas brillarán", "El Millonario", "No speak spanish my love", "Tus cartas"), quién desde su bunker de La Romana, influenciaría hasta al propio Juan Luis Guerra[8].

Otros que hicieron sus aportes al fortalecimiento de la bachata como producto de consumo masivo, fueron: El Chivo sin ley, Tony Santos ("El aparato de mi mujer", "Amarilys"), Los Maco Pejes ("Mira que sacrificio"), Julio Ángel ("El pajón"... "El salón"), Juan Bautista ("Asesina sin matar", "El Bombillo", "La Casita de mi madre"), Silvestre Peguero ("El puñalito de Acero"), Daniel Morillo ("La puerta Romperé"), Víctor Estévez ("Te acordarás de mí").

---

7   Yaqui intentó bautizarla como bacharengue; pero el nombre no caló.

8   JLG declaró a la prensa que "Bachata rosa" tenía influencias de Paul McCarney y del poeta Ramón Torres.

Fueron Mélida Rodríguez ("La mala", "La Sufrida", "La perdida"), Aridia Ventura "La verduga" ("No sufro por nadie", "Ya llego tu hembra", "La verduga"), vale mencionar a Susana Silfa y su proyecto Mariíta ("El apuyaíto", "La pastelera") las primeras que pusieron nombre de mujer a la bachata; dejaron su huella en Vickiana[9] y Alexandra, quien junto a Monchy, ganó importantes mercados para el género. De los que hicieron esta historia posible en estas cinco décadas de bachata, hasta los que en algún momento fueron despreciados y criticados por su doble sentido, terminaron siendo respetados, como es el caso de Blas Durán ("El hueso", "La Arepa"), quien tiene el mérito ganado de haber introducido la guitarra eléctrica en la bachata.

El éxito de Blas Durán atrajo otros cultores del doble sentido y algunos sin dobleces, entre ellos, uno de los primeros grandes fenómenos como figura de la nueva bachata. Hablamos de Luis Vargas, quien luego se vio presionado a dejar este tipo de contenidos para convertirse en uno de los más románticos del género. Es bueno acotar que estamos ya en los albores de los años 80, y allí empieza el proceso que convirtió la bachata en un acontecimiento de clase mundial.

---

9   Grabó versiones en bachata que sorprendieron en los 80, en momentos en que la bachata aún estaba muy mal vista socialmente.

Un trabajo de equipo

Luis Vargas tenía dos guitarristas. Uno era Raulín Rodríguez, y el otro, Anthony Santos. La trilogía más impactante de la bachata. Sin "La pasola" y "Voy pa´llá, la bachata hubiera seguido cantando al amargue puro y duro de los campos y cabaret, pero llegó El Mayimbe, Anthony Santos y le dio tintes urbanos a su bachata, trayendo su sabor desde el campo más lejano de la República, de Santa María de Monte Cristi.

Quién iba a pensar que el viejito Luis Segura se iba a pegar 25 años después de su primer éxito, y que "Pena" se convertiría en la canción unificadora de la sociedad, en cuanto a un ritmo proscrito, con unas letras que gustan y una voz que añoña.

Mientras estas bachatas sonaban, Sonia Silvestre y Luis Días ponían la antesala a la bachata estilizada con un aporte trascendental a este género. Fue "Corazón de Vellonera". Luego vendrían ellos, sumando a Manuel Tejada, para darle el golpe de modernidad definitiva con "Yo Quiero andar" y "Mi Guachimán". Por ahí, un Juan Luis Guerra provocado por el invento quien puso para que la bachata, además, de tecno, fuera rosa y con "Bachata Rosa", el fenómeno de seducción de masas de otras estirpes fue definitivo.

Los muchachos seguían trabajando. Raulín Rodríguez le daba forma a su "Medicina de amor", Luis Vargas, arrepentido graba una de sus mejores canciones: "Loco de amor"; llega Víctor Víctor con su "Mesita de noche" y de repente, hubo bachata por todas partes.

Otros aportes insoslayables lo dieron Joe Veras, Zacarías Ferreira, Frank Reyes, Yoskar Sarante, Elvis Martínez "El Camarón", El Chaval de la Bachata, Monchy y Alexandra, entre otros que han hecho productores como David Paredes y Mártires de León.

La bachata made in New York

No por últimos son menos importantes; pero los aportes realizados por cuatro jóvenes artistas de origen dominicano nacidos en Nueva York, pusieron la bachata en el mapa mundial de la música: Grupo Aventura, cuyo vocalista y compositor Romeo Santos, ha hecho otro tanto como solista. El último es Prince Royce, también de la camada de jóvenes nacidos en los Estados Unidos que han crecido bajo la influencia de la bachata.

La bachata que se fue, volvió transformada

Son muchos los investigadores que le han adjudicado a la primera migración importante de dominicanos a Nueva York, ocurrida en los años 70, haberse llevado en sus maletas, además de sus pocas pertenencias, lo que más le recordaba quiénes eran aquí: sus canciones de bachata. Allá crecieron sus hijos, allá tuvo que ir José Manuel Calderón a saciar las ganas de tener un pedazo de su patria a mano para cantarles su bolero de guitarra al estilo dominicano.

El primer cantante de amargue en irse a Nueva York, fue el propio Calderón, ciudad que ya se perfilaba como una cuna importante de los dominicanos y lo latino. Tiempo después, otros bachateros harían lo propio, tales como: Leonardo Paniagua y otros cultores del género. Hasta el Chivo sin Ley (Ramón Isidro Cabrera), Tony Santos, Raffo, se fueron.

Luego, los de aquí también tenían que ir allá y hubo un momento en que la bachata iba y venía, gracias a iniciativas como la tecno-bachata de Luis "Terror" Días, Sonia Silvestre, Manuel Tejada y Cholo Brenes, gracias a la inclusión de Juan Luis Guerra, Víctor Víctor. Al impacto de Anthony Santos, de Raulín Rodríguez y Luis Vargas.

La bachata volvía a surgir de adentro. En los apartamentos pequeños, sobre habitados y cerrados por una cultura distinta en otro idioma. Con el alma rota de ganas de volver a pasar por el corazón las estampas de mejores tiempos, la bachata que surgió en las fiestas de patio, también empezó a gestarse como cosa nueva en los interiores de los apartamentos, en los "beisman" (del inglés basement), en los carros de los taxistas dominicanos.

Aunque los hijos no quisieran oír la música de los viejos, y bajaran a jugar con sus amiguitos y oyeran rap y hip hop y blues, la bachata ya les había tomado desprevenidos y se había convertido en su paisaje sonoro de fondo. Eso provocó el nacimiento del grupo Aventura. El impacto internacional de Lenny, Henry, Max y Anthony, y la revolución que ha significado el alcance de este último, reencarnado como Romeo Santos. De la mano de Romeo, Juan Luis Guerra y Prince Royce, la bachata ganó su gran batalla internacional contra la mayoría de los ritmos autóctonos de países pequeños como el nuestro.

No se puede mirar el presente sin pensar que bien atrás, 57 años antes, hubo alguien que dio el primer picazo para construir un nuevo mundo: el de la bachata, y ese es José Manuel Calderón. Conozcamos su historia.

El género de la libertad de un pueblo

La bachata es una de las primeras señales de nuestra libertad. El 30 de mayo del 1962, en Santo Domingo se conmemoraba el primer año de la decapitación de la dictadura de Rafael Leónidas Trujillo Molina.

La mayoría de la gente, todavía estaba descubriendo el horror que había vivido. Otra parte había sido víctima de carne, sangre, desposeimiento, persecuciones y muerte, y una ramificación de gente en todo el país que participaba, apoyaba y provocaba con su espionaje y delaciones que los deseos del tirano, mal o bien interpretados por otros, se hicieran reales.

El caso es que, ese episodio trágico e imborrable de la dictadura de los Trujillo el cual quedó grabado para la historia como la "Era de Trujillo", fue también el responsable de enterrar en vida muchas manifestaciones artísticas, a muchos artistas de valía, que podían llegar más lejos. Sin embargo, tuvieron que mantenerse en bajo perfil. Pues, la lucha del dictador incluía mantener a cada quien en su puesto: el campesino labrando y los cantantes no profesionales, o sin la bendición del régimen cantando en el interior de sus casas o en los patios vecinos.

Esta República Dominicana era como una finca pequeña para el capataz Trujillo, quien tenía tantos peones y tan bien repartidos, que no cantaba un grillo ni brillaba una luciérnaga sin que el sonido, o el resplandor, llegara a sus oídos o a sus ojos.

Esto sucedía en todos los ámbitos de la vida nacional; pero sobre todo en el artístico.

Eran tan pocos los medios, tan pocas posibilidades y, las que habían, estaban en las manos del jefe o a través de su hermano José Arismendy "Petán" Trujillo Molina.

No había industria de la música. Los músicos apenas podían grabar y actuar fuera de los estudios de La Voz Dominicana, ya que tenían un contrato de exclusividad que les impedía hacerlo fuera de sus confines. No hay dudas de que también la música estaba secuestrada y manipulada al antojo de José Arismendy Trujillo, mejor conocido como Petán, a quien sus aficiones artísticas lo llevaron al igual que a su hermano a manejar la música dominicana como este manejaba el país, a su antojo.

Contrataba a los artistas de otros países que venían a traernos sus canciones y sus sonidos; pero no exportaba en igual medida a los del patio.

Dagoberto Tejeda, durante su participación en uno de los conversatorios de "Bachata Ompló", establece que "la aparición de la bachata produce una nacionalización de los ídolos en términos artísticos. En la década anterior[1] la mayor parte de los artistas que llegaban a los sectores populares a través de las velloneras en bares y cabarets eran extranjeros", expresa.

Continúa con la tesis de que "con la bachata comienza a darse la dominicanización en un primer plano y ese impacto de identidad en los sectores populares. Sólo a partir de este hecho la bachata se convierte en una respuesta y una expresión colectiva en un proceso de profundos cambios y de auténtica transformación".

Tanto Johnny Ventura como el propio Calderón fueron de los primeros en beneficiarse del favor del público, por su música y sus figuras. Ellos que convivieron en el barrio y en el ambiente musical de la época son quienes mejor pueden prefigurar la situación del escenario artístico nacional. Al momento de recordar sus inicios, ambos se quejaron de la falta de estructura para promover un artista. Estos tuvieron que inventarlo y aprenderlo todo para poder encaminar sus carreras. Calderón se recuerda repartiendo sus discos. Desde el principio fue su propio productor, su propio promotor, su relacionista público. (Él y Johnny iban a los colmados y barras a probar la reacción del público con sus nuevas propuestas musicales). De hecho, Calderón era su propio distribuidor, pues tuvo dos tiendas de vender música. Una en el

---
1   Se refiere a los años 50.

país y otra en Estados Unidos². Calderón también tuvo su sello musical (Brant) allá.

Es que uno de los primeros recursos de los que se apropió la incipiente dictadura de Rafael Leónidas Trujillo, fue de la radio. De hecho, fue el primer presidente dominicano en asumir posesión transmitiendo su discurso por las ondas hertzianas³.

La radio se instaló por primera vez en la República Dominicana en el 1926 -por el pionero de la locución y la radiodifusión, Frank Hatton⁴-, y ya en el 1930, había tres radiodifusoras: Radio HIH⁵, Radio HIX y Radio HIJK. Poco tiempo después se instalarían HI1A (La voz del Yaque, en Santiago) y HI4D (La voz de Quisqueya, en Santo Domingo) y seguirían creciendo hasta tener 12 emisoras.

En su libro, "Radio Caribe en la Era de Trujillo"⁶, el periodista y escritor, Lipe Collado, explica cómo funcionaba la radio de entonces en el país: "Aunque la radio apenas gateaba, Trujillo Molina le dio un uso intensivo desde por lo menos un año antes de su primera reelección de 1934, lo que lleva a pensar que este uso era un indicio de su crecien-

---

2   La de aquí se llamó JMC, Agencia de Discos y a la de Nueva York no le puso nombre y operaba en la Calle Sherman 204.
3   Trujillo asumió su primer mandato el 16 de agosto del 1930.
4   Pionero de la radio dominicana y fundador de HIH, la primera que operó en el país como radioaficionado y que en el 1929 pasó a llamarse HIZ.
5   De acuerdo a la Primera Conferencia Internacional de las Telecomunicaciones, celebrada en Ginebra, Suiza, se le asignó al país el prefijo HI para las emisoras y comunicación del país.
6   "Radio Caribe en la Era de Trujillo", Lipe Collado. Editora Collado, Santo Domingo, 2008).

te importancia en un país con una tasa de analfabetos del 80% (según censo de 1935)".

"Podríamos afirmar que durante los 31 años de oprobio, (1930-1961) la radio gozó de una independencia empresarial envidiable dentro del contexto de la tiranía aunque, eso sí, obediente a las directrices informativas y políticas del régimen". La radio estaba tan bién posicionada que en el 1937 fue inaugurada la emisora del Partido Dominicano.[7]

El hermano de Trujillo, José Arismendy "Petán" Trujillo era empresario radiofónico oficial. Era "empresario artístico", producía las famosas semanas aniversarias y a la vez decidía si los músicos dominicanos podían grabar o no. Si se podían importar discos o no. Y los artistas y músicos necesitaban un permiso firmado por él para poder grabar o actuar fuera de su contrato con la Voz Dominicana.

En fin que, el bolero, específicamente el género musical del momento en Hispanoamérica, entraba por la puerta grande y no se le daba oportunidad a los de adentro de grabar para esos mercados que nos visitaban.

El técnico de grabación, Miguel Pichardo, entrevistado por nosotros en su casa de Santo Domingo Este, nos confirmó que la mayoría de las grabaciones que se hacían en el estudio que se instaló en la Voz Dominicana en la época del dictador, eran las actuaciones que salían en vivo por la emisora, y que se archivaban con el fin de ser usadas en los días libres de los músicos o en caso de emergencia.

---
7   Partido oficial de la dictadura, al que todos tenían que pertenecer.

Tanto es así, que el 30 de junio del 1958, el señor Manuel Troncoso Duvergé (Manolito)[8], gerente de la afamada casa registradora de discos Peer International Corp, le hace un informe a Provi García, la representante de esa firma en Nueva York, en el que le refiere la situación de todos los compositores que ya habían firmado contrato con esa compañía y en la que dice, con referencia al Salón Mozart:

"En mis visitas rutinarias, nuevamente me apersoné a la Casa Mozart, insistiendo en mis propósitos de lograr alguna orden por música impresa de nuestro repertorio. Conversamos allí con el encargado de las compras, quien me informó que muy próximo me podrá pasar algún pedido considerable para así dejar iniciado esta nueva fase".

Hasta ahí, es normal lo que cuenta de una comercializadora que quiere establecer negocios en un determinado mercado, sin embargo, esta afirmación de Manuel Troncoso: "Me permito indicarle, que aún nuestro territorio se muestra hostil en cuanto a la música impresa, pero poco a poco lograremos hacer de la República Dominicana una magnífica plaza", es la que confirma lo que estamos explicando en estas páginas, sobre la ausencia de una industria del disco en el país y la poca vocación de grabación que imperó en la dictadura. Como

---

8   Aunque tiene igual nombre que el afamado compositor dominicano doctor Manuel Troncoso, autor de temas de trascendencia internacional como "Sígueme", "Honor a la verdad", "Canta mundo", "Tres veces te amo" y por igual gran amante de la música y la bohemia, Manuel Troncoso Duvergé y Manuel Troncoso, el gerente de Peer International son dos personas diferentes.

consecuencia, se traslucía a todo el proceso de creación de música dominicana: nuestras grandes composiciones, con contadas excepciones, y nuestro talento y las inmejorables creaciones de nuestros arreglistas, se quedaron en un ámbito muy local. No pudimos dar a conocer en dimensiones aceptables nuestras grandes voces y a nuestros excelentes músicos, la mayoría de los cuales se quedaron como un susurro que pocos pudieron oír.

Si esa era la situación que denotaban los músicos de academia, los preparados y aceptados como buenos y válidos por el régimen en cuestión, ¿qué podríamos decir de quienes no tuvieron las mismas oportunidades?. De los que hacían sus guitarras con hilos de nylon, con alambres y todo lo que podía ser tensado. Poniendo en sus dedos y melodías, el triste pesar de su alma y su intención de hacer música, de ser artista. No quedaba lugar más allá de los patios de las casas o de vecinos y familiares para compartir su talento, su arte y sus ganas de tocar o cantar.

En el Diccionario de Cultura y Folklore Dominicano[9] publicado por Letra Gráfica, que firman conjuntamente Alejandro Paulino y Aquiles Castro, se habla de estas fiestas para establecer el término bachata.

"Las fiestas campesinas eran aquellas en las que se tocaba con tambora, güira y acordeón, pero si el instrumento era la guitarra y se cantaba bolero, entonces se llamaba

---
9 De la Serie ABC, editado en 2005 y 2007. Este diccionario es el resultado a la vez de investigación bibliográfica como de trabajo de campo.

bachata. En estas fiestas las orquestas contaban con varios instrumentos: la guitarra, bongó, palitos o cucharas".

Fue en esa República Dominicana donde el campesino tenía que pedir permiso para ir a la capital y ser autorizado con un documento firmado por el alcalde pedáneo -que también era informado de las reuniones y las fiestas-, donde se fraguó el sentimiento de impotencia que cobró vida en la música y canto en que nació el género que habría de denominarse finalmente "bachata".

El término "bachata" a principios del siglo XX designaba una reunión social en la que había presencia de músicos empíricos que tocaban música popular (boleros, sones, guarachas). Un tipo de reunión en la que se cantaba, donde se tomaba ron y se bailaba.

En el libro "Pasión Danzaria", su autor Darío Tejeda incluye la descripción de una bachata realizada por el escritor y maestro Ramón Emilio Jiménez, en el 1955 que dice así:

"Las bachatas eran un foco de atracción de todos los hombres y que nivelaban a todas las clases sociales que a ellas concurrían, predominaban las formas más burdas y libres de la democracia, el arroyo en toda su capacidad pecaminosa".

Jiménez sigue describiendo la escena y, en ese sentido, toca el contenido de las canciones que Darío Tejeda resume con estas palabras: "La línea temática de las canciones, era desde el principio de corte trágico-melancólico: enfocaba la traición amorosa, el desprecio, recuerdos del ayer, los obstáculos que impedían la felicidad, el agobio económico; en otras palabras, tenía un texto narrativo y descriptivo, con frases figuradas muchas veces cargadas de doble sentido".[10]

Mientras la música iba tomando nombres peyorativos, el nombre de la fiesta fue a parar a los ejecutores de la música, y entonces, los grupos que participaban en las fiestas de patios y enramadas fueron llamados conjunto de bachata.

La inocencia y la manipulación imperante en aquellos días permitieron que la capital del país se convirtiera en Ciudad Trujillo, tras su reedificación, luego de que el ciclón San Zenón la azotara el 3 de septiembre del mismo 1930, rindiéndose con esto el mayor honor el propio tirano, una distinción que ni Cristóbal Colón pensó en merecer.

Entonces, todo lo que era bueno para el sátrapa, empezó a ser bueno para todos. La alta sociedad también se plegó a sus devaneos, y el tirano pudo traer su merengue del campo a la ciudad. Tomar los salones, ser tocado por los mejores músicos, con los mejores instrumentos, el mejor sonido. Lo mejor de todo.

Era la época en la que prevalecía el merengue como corona ostentosa de la dictadura, conformada por orquestas hasta de 60 músicos, un aspirante a artista -que lo único que tenía era una guitarra probablemente rota-, no tenía

---

10 "La pasión danzaría", Darío Tejeda. Capítulo Orígenes de la bachata. Pag. 130

ninguna opción de entrar a ese parnaso del ornato y la deidad.

En su autobiografía, Johnny Ventura hace alusión a las dificultades de promoción que tenía un artista dominicano. Lo cuenta a partir de su experiencia en el 1959, cuando conformó el "Combo Candela" y luego el "Combo Fuego"; recuerda que "era la época de Lucho Gatica y los toros grandes del bolero y, con la fuerza con que en nuestro país se promovía la música que venía del exterior, mi competencia iba a ser muy fuerte".

Así era era el panorama: las presentaciones en vivo de los artistas pertenecientes a La Voz Dominicana, dejaban al margen a la mayoría musical que no fueran ejecutores del bolero o merengue.

Fui testigo de una interesantísima conversación entre el destacado sociólogo y melómano José del Castillo y el maestro de la palabra, el inolvidable comunicador dominicano,- Yaqui Núñez del Risco (†), en un hermoso lugar exclusivo de vinos que tuvimos en Santo Domingo (Vinópolis). Al darme cuenta del derrotero que tomó la conversación, pedí permiso para grabarla. Gracias a Dios, ambos me dijeron que sí. Pues en los momentos en que me rompía la cabeza intentando pintar el paisaje de fondo del momento del nacimiento de la bachata, me acordé del contenido de ese encuentro vespertino de vino tinto y acudí a mis archivos para encontrarlo, gracias a Dios, intacto y transcrito.

Así era el panorama de la época en que dos artistas resplandecieron rompiendo esquemas con la música de guardia y el merengue de combo. Nos lo relata José del Castillo:

"Cuando muere Trujillo, el fenómeno de la gran orquesta no tiene viabilidad económica. Porque ese Petán, que fue un gran benefactor de las artes populares, ya no existe. Trujillo y los grandes hoteles que financiaban a las grandes orquestas desaparecen... Entonces hay un cambio de organización musical y de ambiente. Se da una adaptación a una nueva realidad social, económica y política".

Entrevista con el técnico Miguel Pichardo

Fuimos hasta donde vive Miguel Pichardo con su esposa, en una bonita casa en Santo Domingo Este. Nos interesaba su testimonio, porque es importante establecer cómo era el mundo de la música en esa época. Pichardo sirvió por más de 40 años al Estado desde el estudio de grabación del canal 4 y sus emisoras. Aún hoy, según nos confesó, sufre el hecho de que uno de los grandes patrimonios del país se hayan "perdido" del traspatio del edificio donde permanecieron ajenos al interés de los investigadores y de los encargados de protegerlo.

Queremos concentrarnos en lo que era el mundo del disco en la dictadura de Rafael Leonidas Trujillo, y nadie como él para explicarlo:

"Las grabaciones iniciaron en el 1947. Grababan todo lo que salía al aire. Anuncios, musicales, todo…

MC: ¿Editaban?

MP: Casi nunca. Porque se hacía desde el principio.

MC: ¿Grababan directo?

MP: "Sí, la programación completa".

MC: Un ejemplo, si actuaba la Orquesta San José o uno de los artistas invitados que venía a la "Semana Aniversaria", ¿se grababa igual?

MP: Sí. Ellos ensayaban antes. Pero lo que salía en vivo, lo que salía al aire, era lo que se grababa.

MC: Pero esas grabaciones que se hacían, además de pasarlas los días en que no había transmisión en vivo, ¿las hacían discos?

MP: No. Casi nunca.

MC: Y los artistas internacionales se llevaban esas grabaciones, ¿se les copiaba?

MP: Si, también.

MC: ¿En qué formato?

MP: Se les grababan en track y ¾. Se le hacían en cintas de acetato.

MC: ¿Las copias?

MP: El original y las copias.

MC: ¿Desde qué hora empezaba la transmisión y la grabación?

MP: Desde por la mañana, primero las noticias y luego la programación.

MC: ¿A cuáles artistas dominicanos se les grababa ahí, ya como para hacer discos?

MP: Se grababan discos de 16 pulgadas. A todo el que pasó por ahí.

MC: Pero quienes grababan los discos, ¿era para venderlos?

MP: No. Era para reproducirlos en la emisora.

MC: Tengo entendido que Petán tenía un sello musical donde grababan los artistas que él firmaba, ¿cómo se llamaba el sello?

MP: Discos Caracol.

MC: ¿En dónde grababan entonces los artistas que pertenecían a ese sello?

MP: Se habilitó un estudito al lado de la Voz Dominicana.

En este sentido, en su testimonio titulado "Ecosistema del bolero dominicano", el destacado antropólogo y escritor, Marcio Veloz Maggiolo, se refiere a esta firma de discos de Petán:

"En 1947 se hicieron los intentos de hacer una firma de discos como la llamada Caracol, que por razones que no vienen al caso, fracasó rotundamente. Contadas son las grabaciones de Discos Caracol: "Cariñito azucarado", de Enriquillo Cerón en la voz de Jesús Faynette, "Romance Bajo la luna", de Moisés Zouain.

Una buena manera de conocer el espíritu de un determinado momento de un personaje destacado es con alguna anécdota que dé señales de su carácter. Requerimos una de Miguel Pichardo, que tanto tenía que ver la cara y la actitud, a Petán. Por eso le pregunto si recuerda alguna anécdota relacionada con su trabajo en la voz dominicana.

Él no se amedrenta y empieza a narrar: "En la semana aniversario, allá se usaba -por lo regular- el estudio de grabación para ensayar los artistas que venían de fuera. En una ocasión yo estaba setiando[1] a los artistas que iban a grabar allá... Uno de esos días, me dice Petán: "Pichardito quién está ensayando ahí?

Miguel Pichardo: Hasta ahora está ensayando fulano de tal.

Petán: Y después, ¿quién va?

MP: No sé (no le gustaba que le dijeran "no sé").

Petán: ¿Cómo que tú no sabes? Ponme a Montelli ahí (el director de grabación).

---

1   Se usa en estudios de radio y televisión como sinónimo de ordenar, organizar o poner a punto algo o alguien.

MP: Se lo pasé y cogí una libreta y empiezo a anotar el orden de los que iban a ensayar. En eso, me llama Petán, otra vez.

Petán: Oye, Pichardito ¿cómo va a ser que Montelli que es del extranjero sepa quiénes van a ensayar y usted que es dominicano no lo sepa?

Solo queríamos demostrar que no existía un mercado propio del disco hecho en el país. Que a Petán solo le interesaban las actuaciones en vivo y que aunque tenía un sello y una casa de vender discos, estas no fueron relevantes en su interés, ni tampoco de la tiranía.

"Las emisoras locales se limitaban a tocar media hora de merengue y los únicos artistas que se escuchaban ocasionalmente eran Rafael Colón, Ángel Viloria y su Conjunto Típico Cibaeño. Se oía un poco a Los Alegres Dominicanos.[2] Los otros que colocaban en las emisoras era la Orquesta de Antonio Morel y Joseíto Mateo", describe Johnny Ventura.

Siguiendo con la descripción de bachata de Carlos Velázquez y Alejandro Ureña (autores del libro: "De Santo Domingo al mundo: el merengue y la bachata"[3]), quienes establecen que: "los campesinos llegaban a la ciudad, especialmente después de la muerte de Trujillo en 1961, se

---

2   Conformado por los compositores Luis Kalaff, Bienvenido Brens y Pablo Molina.
3   Artista clásico y musicólogo, quien publicó un artículo titulado "La Nueva Bachata Dominicana", publicado en Isla abierta, suplemento del periódico HOY, el 23 de septiembre de 1990.

expresaban musicalmente a través de melodías con textos sencillos cargados de quejas y denuncias, acompañados del rasgueo de las guitarras".

El destacado locutor De la Rosa[4] señala que "para la bachata posicionarse en el trono de la popularidad a nivel nacional e internacional, tuvo que darse la combinación de varios factores de tipo político, económico, social y de tecnología que abrieran el sendero a los cantores del pueblo llano para expresar con su canto sus esperanzas, sus cuitas y alegrías en el amor".

Sigue explicando Alci de la Rosa, que "el derrocamiento de la dictadura trujillista, el 30 de mayo de 1961, la cual tenía el control de todos los actos sociales, los artistas de expresión popular, que se encontraban impedidos de ejercer su arte, empezaron a tener acceso a algunos medios de comunicación masiva y así aparece el primer punto luminoso en la creación de una nueva modalidad cancionera que con los años se transformaría en lo que hoy llamamos bachata".

Cuenta que ese fenómeno fue encarnado por el pionero de la bachata:

"José Manuel Calderón es quien rompe la cadena de discriminación que había para el cantante de guitarra y de canciones sencillas".

---

4 Locutor de la época. Miembro fundador de Acroarte y un destacado investigador musical de la República Dominicana.

Continúa Alci de la Rosa[5], un gran cronista de la época que hacía sus pininos[6] en la Voz del Trópico, que "en el 1962, este artista oriundo de San Pedro de Macorís[7] irrumpe con fuerza en la radio nacional con un tema que más que una bachata parecía un valsecillo, titulado: 'Borracho de amor', grabado en formato de 45rpm y en su respaldo tenía el bolero 'Condena/¿Qué será de mí?', de la autoría de Bienvenido Fabián; pero que el estilo de interpretación, de súplica desgarrante, los hacían caer en la categoría de 'Música de Amargue', que es el atavismo o ascendencia de la bachata".

Luis Días[8], uno de los nombres imprescindibles en la modernización de la bachata le da un perfil más amplio a la bachata, desde su surgimiento hasta el umbral del siglo XXI, pues aseguraba que cuando este ritmo se dio a conocer, lo hizo en medio de una "depresión tremenda, porque cuando los Trujillo[9] se fueron, se llevaron todo el dinero,

---

5   (Alcibíades de la Rosa Domínguez). Destacado Locutor. Fundador de Acroarte y productor de varios programas musicales en la radio entre los que destacamos "De fiesta con el Recuerdo", junto a Jesús Torres Tejeda y Hoy Como Ayer, junto a Alberto Sandoval.
6   Expresión que se usa en Dominicana para referirse a la internacionalmente conocida en español, pinitos, en referencia a los primeros pasos.
7   Mi padre era comerciante y por una coincidencia de la vida, mi madre andaba con mi padre y la sorprendió el parto en El Seibo; pero mi Acta de Nacimiento consigna que nací en SPM donde pasé mis primeros 12 años y me siento completamente macorisano. (JMC)
8   Uno de los investigadores de la música dominicana más destacados del siglo XX. Compositor y músico responsable del mayor tesoro folclórico y sonoro de la República Dominicana, con marcadas influencias en el merengue, la tecnobachata y los cantos de salves, atabales. Reconocido como el papá del rock dominicano.
9   La familia del dictador Rafael Leonidas Trujillo abandonaron el país tras ajusticiamiento.

y fue el triunfo de la miseria. Porque cuando el miserable triunfa, triunfa la bachata, porque es la voz, en el blues en la agonía, es la desesperación, es el lamento de un pueblo.

Johnny Ventura refuerza lo afirmado por Alci de la Rosa en su libro: "Un poco de mí", donde dice: "Me tocó la dicha de poner el marco de mi orquesta para acompañar en una grabación al artista de mayor proyección y venta de aquellos días, el popularísimo José Manuel Calderón".

PARTE III

ORÍGENES: BIOGRAFÍA COMPARTIDA

EN PRIMERA PERSONA

De donde vengo

Aunque ya dije que mi nombre es José Manuel Calderón Carbuccia, muy poca gente sabe que me apodo "Papito". Era mi mamá quien me decía así de cariño, cuando era pequeño, y muy pronto, todo el mundo empezó a llamarme igual.

Soy hijo de Luis María Calderón Peña, nativo de Las Charcas de Azua, quien se dedicaba al comercio, e Hilda Fe Carbuccia de Vargas, ama de casa y amante de la música, oriunda de San Pedro de Macorís.

Nací el día 9 de agosto del 1941, por casualidad, en la provincia de El Seibo, donde los dolores del parto sorprendieron a mi madre, mientras acompañaba a mi padre en un viaje de negocios. Como no había hospital allí, tuvo que ser auxiliada por una comadrona. Soy el tercer hijo del matrimonio, de un total de 9.

Estaba recién nacido cuando ellos retornaron al barrio de Villa Velázquez, de San Pedro de Macorís, donde residían, y es allí donde soy declarado bajo los requerimientos legales.

También es el lugar donde pasé mi infancia y la patria pequeña que vive en mi corazón. Recuerdo que mi papá tenía colmados. Hay uno que no olvido, porque era grande. Estaba ubicado en la Puerta de Santa Fe. En ese negocio, mi papá estaba asociado con el señor Mateo Abad.

Basta cerrar los ojos para ver cómo cada mediodía llegaba un cochero -de esos que son arrastrados por caballos- para buscarme. Mi mamá le preparaba la comida a mi papá en unas cantinas de aluminio que se usaban antes, eran como unas torres, y cada alimento estaba separado del otro. Hay que imaginarse lo que significaba para un niño hacer ese paseo diario en coche. Se me olvidaba que yo tenía hambre, no me molestaba el sol, sino que iba feliz, dejando atrás los paisajes, recibiendo la brisa en la cara, soñando con ser el guía de esos caballos... Nunca lo he olvidado.

En San Pedro de Macorís está mi corazón. Allí viví ininterrumpidamente hasta los 10 años. En el 1951 nos mudamos a la capital; vivíamos en la calle que es hoy la Tunti Cáceres y dos años después, volvimos a San Pedro; dos años después, o sea en el 1954, nos quedamos definitivamente en Santo Domingo, donde permanecimos en la Moca No. 41, de Villa Juana. Como mi niñez transcurrió en San Pedro, allí es donde mejor puedo verme como era entonces, recordar cómo vivía y disfrutaba con mis amiguitos la aventura de escaparnos para la playa (La Barca), o para los ríos e intentar que nuestros padres no se dieran cuenta de que nos bañamos sin permiso en las caudales aguas del Mar Caribe.

Éramos tan inocentes, que no nos dábamos cuenta de que la piel reseca y nuestro pelo alborotado dejaban ver claramente -en la piel ceniza y los ojos colorados- que veníamos de zambullirnos en el agua. Siempre pensamos en una sabiduría superior de nuestros padres, el hecho de que descubrieran de dónde veníamos.

En Villa Velásquez vivíamos en la casa número 57, de la calle San Pedro, antes de irnos; pero cuando volvimos fue a la casa 18 de la calle San Pedro.

Vuelvo a cerrar los ojos y recuerdo otras cosas que hacíamos, como salir a buscar caña. Caminábamos por los rieles, le sacábamos la caña a las carretas en las que trasladaban el producto para los ingenios y luego nos la comíamos absortos en el embrujo de esos inolvidables atardeceres matizados de rojo.

No me olvido de un susto que nos dimos una vez que estuve a punto de ahogarme, y aunque los muchachos pudieron, salvarme ninguno quedó con gusto de seguir mintiendo exponiéndonos a que nos pasara algo.

De esa época recuerdo que hice mis estudios primarios en la Escuela Puerto Rico y el cariño que me nació por la señorita Camila. Ella era una de esas maestras que nos enseñaron tanto y con tan buena forma, que a uno nunca se le borra del alma.

Cuando mis padres se casaron, este ya tenía dos matrimonios, por lo que tengo otros hermanos. En mi casa somos nueve de padre y madre, y tengo otros siete de las otras uniones de mi padre. En mi casa somos: Rafael Ramón, Gladys, José Manuel (yo), Luis María, Altagracia Milagros, Ana Hilda, Ángela Victoria, Josefina Emperatriz y Olga

Marina Calderón Carbuccia. Mis otros hermanos son: Freddy, Luis, Rafael, César, Carmen, Bienvenido y otra Carmen. A todos los quiero mucho -dos ya no están- y nunca he dudado que pueda aparecer alguno más por ahí.

En mi caso personal, me uní en el 1966 con Maritza O. Tejada. Nos casamos en el país, y cuando decidí irme a los Estados Unidos, convenimos quedarnos allá. Allí nacieron tres hijos, de los cinco que procreamos: José Manuel Jr., Brant y Maritza Calderón Tejada. Luego que volvimos al país, en el 1972, nacieron José Luis y Félix Calderón Tejada. Me pongo a verlos ahora y me doy cuenta de cómo la presencia de Dios nos acompaña. Tantos recursos e ideas que se dan cuando dos personas están levantando una familia. En un momento estaban cuatro estudiando al mismo tiempo en la universidad, y la verdad, los recursos dieron para criarlos y formarlos dignamente. También tengo dos nietos: Daniel y Katherine Gramajo Calderón, quienes viven, al igual que mis hijos y su madre, en los Estados Unidos.

Debo decir que la música es una herencia que me viene desde el pecho de mi madre. Ella siempre estaba cantando y tocando la guitarra, aunque no fuera profesional. Al ver mi interés, me regaló una guitarra. Mi padre, a causa del descrédito que tenían los músicos, no quería que fuera cantante, quería que me hiciera profesional en otra cosa. Así que, le tocó enterarse en la calle, que ese que sonaba en todas las velloneras del país, era yo.

Cuando lo supo, ya era yo el que resolvía la mayoría de las cosas de la casa, y no había forma de echar para atrás.

Por supuesto, debo decir que se sintió siempre muy orgulloso de mí y que, igual que mi madre, terminó apoyándome.

Recuerdo una anécdota muy graciosa de mi madre. Una vez llegó muy molesta a la casa, porque había tomado un carro público y mientras sonaba una de mis canciones, los demás pasajeros y el chofer estaban hablando muy bonito de ese artista. A ella se le ocurrió decirles que ella era mi madre ¡Y para qué fue eso! Ellos no le creyeron. Le dijeron que ella estaba loca. Así que, llegó a la casa muy molesta. Hubo que calmarla. Es que mi madre era la apasionada y una artista, la más sensible de la familia.

Villa Juana: un barrio con muchas estrellas

Como dice Calderón, sin ningún asomo de malicia: "En la capital de entonces, todos éramos pobres".

Logramos sacar de su cabeza imágenes y sucesos emanados del acontecer de aquellos días.

Recordemos a este muchacho de apenas 15 años intentando hacerse un espacio en la vida.

Lo recordamos trabajando fuera del barrio, viajando en su bicicleta para El Conde, la Mella y regresando en la noche para ir a la escuela.

Imaginémoslo soñando por esas calles en trascender el barrio. En ese trajinar y en esas mismas ganas de llegar estaban otros que también se convirtieron en leyenda en sus respectivos oficios: Johnny Ventura, Rafael Corporán de los Santos, y uno que no era tan joven; pero que vivía en la pieza de al lado de su casa en la Moca No. 41, Rafael Solano.

Calderón se acuerda hasta de la primera esposa de Solano, que en esa época era Amarilys, "que muy generosa le daba dinero a mis hermanos para que compraran dulces, y de doña Virginia, una señora muy buena que tenía su negocito".

La relación primigenia de Solano y Calderón también incluyó que cuando doña Atala Blandino abrió en su negocio de vender instrumentos, un apartado para grabar que denominó "Estudios Mozart", el ingeniero de sonido era el autor de "En la oscuridad", "Magia" y otras emblemáticas, como "Por amor", y que a este le tocó grabar algunas canciones producidas por Calderón.

Estas coincidencias no sirvieron para hacerlos más cercanos. La diferencia de géneros probablemente influyó en que un prodigio como el maestro Solano, un hombre de academia, no se sintiera atraído por un artista nacido bajo el influjo de esta nueva música, incomprensible para los doctos y que Calderón encarnaba como nadie en esa época. Pero, es un hecho que Rafael Solano, a quien Edilio Paredes adjudica el haber bautizado el género con el nombre de bachata, quien fungió como ingeniero de Sonido del estudio de Atala Blandino, fue quien mezcló "Sálvame", canción de José Miguel Class que es uno de los grandes éxitos de la carrera de Calderón.

Recuerda a Johnny Ventura, un amigo de su absoluta confianza, tanto que era al único que le prestaba su segundo carro, el nuevo, porque este era muy responsable, y que siempre le saluda con la alegría y cercanía de quienes comparten alguna historia de otro tiempo y en un mismo lugar.

La única vez que solicitó un favor de Johnny Ventura, le fue concedido. Le pidió grabar un disco con su orquesta y El Caballo Mayor, quien estaba obligado por su disquera internacional a decir que no, dijo que sí.

La condición que El Caballo mayor le pidió fue que no lo pusiera en los créditos, porque en ese momento esto le podía significar un problema.

Sin embargo, el propio Johnny Ventura se refiere a los éxitos de esa grabación en su autobiografía cuando dice: "Más tarde me tocó la dicha de poner el marco de mi orquesta para acompañar a un artista de mayor proyección y venta de aquellos días, el popularísimo José Manuel Calderón. Así mismo, tuve el honor de grabar un álbum con el Rey del Merengue, el inmortal Joseíto Mateo".

Calderón recuerda también que grabó con Luis Pérez, compositor de "La agarradera", interpretada por Johnny Ventura, entre otras muchas canciones. Contó con el apoyo de todos los locutores de la zona, entre ellos, al inolvidable astro de la narración hípica: Simón Alfonso Pemberton. También menciona a Nicolás Casimiro, quien le dio mucho aliento para continuar.

En un momento determinado, Calderón tuvo un acercamiento muy importante con otro astro del merengue: Wilfrido Vargas, evento que contaremos en otro apartado de este libro, porque no tuvo que ver con el barrio.

Johnny Ventura y Calderón, dos historias en Villa Juana

Visto así: José Manuel Calderón y Johnny Ventura son hijos de esa nueva circunstancia y demografía. Y además de las circunstancias políticas y sociales de esa época, les tocó romper los patrones musicales, cada uno a su paso y momento. Ambos tienen en común que son amigos desde la adolescencia, pues eran vecinos entre Villa Juana y Villa Consuelo. Y una historia personal y profesional compartida.

Es Johnny quien mejor explica en su biografía[1] cómo era el ambiente artístico en aquellos días:

"No eran abundantes los lugares públicos en donde la gente pudiera ir a bailar. Había solo dos emisoras de radio y de televisión: La Voz Dominicana y Rahintel. Era la época de Los Panchos, Leo Marini, Bobby Capó, Lucho Gatica y otros, por lo que la música romántica, con predominio en la extranjera, tenía aplastante presencia en la radio nacional."

Aparte de esto, El Caballo Ventura cuenta que las guarachas, los danzones y el son tenían una gran profusión, pues las emisoras cubanas entraban como locales.

Además de los cubanos, sonaba -con "asombrosa frecuencia"- la música mexicana, y detalla: Miguel Aceves Mejía, Jorge Negrete, Pedro Infante, Lucha Villa, Toña La Negra y María Luisa Landín eran quienes inundaban las

---

1 Johnny Ventura, "Un Poco de mí". Editora Taller 1998, Santo Domingo.

emisoras locales y a quienes contrataba Petán Trujillo para la celebración de la famosa Semana Aniversaria.²

Afirma Johnny que "nuestra gente, quizás como consecuencia de la situación política imperante en aquel tiempo, no seguía masivamente a los artistas nativos".

El Caballo testifica que en ese tiempo, las orquestas dominicanas apenas se sentían en la radio nacional, "ya que grababan con poca frecuencia".

Miguel Pichardo, técnico de sonido de La Voz Dominicana (1946-1978), cuenta que el estudio de esa planta radio televisora que dirigía el italiano Francisco Montelli, grababa antes del ajusticiamiento "básicamente toda la transmisión en vivo de la emisora".

Eso incluía a aquellos que pertenecían a la nómina de la misma y a los extranjeros que venían a actuar en las celebraciones de la Semana Aniversaria.

También grababan y reproducían canciones y discos completos, los cuales autorizaba no solamente José Arismendy "Petán" Trujillo, sino también las que disponía el propio Montelli.

---

2   Esta se celebraba cada año del 28 de julio al 4 de agosto. En el 1953 fue inolvidable con la participación de las principales figuras artísticas de 21 países, incluyendo Europa y Estados Unidos, aunque principalmente de América Latina y el Caribe.

ENTREVISTA A

Johnny Ventura

En una de las visitas de Johnny Ventura a los estudios de Telesistema para actuar en el segmento artístico en el que participó junto a Huchi Lora en su programa El Día, le pedí que me diera unos minutos para hablar sobre "El pionero" de la bachata. Debo admitir que lo hizo con entusiasmo y nobleza, ya que admitió no solo la pegada de Calderón, sino en el ídolo que se convirtió e, inclusive, que esto fue antes de que a él le pasara lo propio.

MC: Cuéntame de Calderón, ¿cómo se conocieron?

JV: Papito Calderón... José Manuel y yo coincidimos empezando nuestras carreras. Él vivía en un área de la capital muy cercana a la mía; yo vivía en Villa Juana, él vivía en la Frontera de Villa Juana con Villa Consuelo, Cultivamos una bonita amistad desde arrancada, yo con música muy alegre y movida, y él, para mí, prácticamente es el Padre de la Bachata. Cuando empecé a escuchar ese género fue con él, súper pegado; para mí uno de los artistas que más impactaron. Uno de los primeros ídolos de nuestro país, para mí una persona muy noble. Sigue siendo un hombre muy tratable, muy afectuoso, respetuoso, caballero. Papito, lo quiero mucho... Entonces, empezamos a hacer una especie de competencia. En esa época, para que tú entiendas, no importa la fama que tú tuvieras, el disco se vendía de la siguiente manera. Estaban los colmados, los colmados tenían una vellonera, nosotros íbamos con el disco, lo llevábamos a la vellonera; si los tígueres que estaban ahí le gustaba, el dueño lo compraba, y si no, traélo después (risas). Papito se convirtió en el artista que más discos vendía; yo traté de superarlo, realmente en ese momento no se pudo, porque eran cortavenas[1] los temas. Papito hacía éxitos excelentes, con muy buena dicción, sus músicos eran muy buenos guitarristas. Papito cuidó mucho siempre lo que hacía; yo le guardo mucho cariño y mucho respeto…

MC: Cuando hablamos de esa época, yo siempre me pregunto, ¿cómo se manejaba el mundo de la grabación?, ¿no era tan fácil grabar?

JV: Bueno, no habían canales, era un solo canal; había que grabar todo el mundo junto. Si alguien se equivocaba al final de la canción, había que empezar de nuevo. No había dicción, no había nada, o sea, a veces una canción se dañaba en el camino por diferentes razones, y llegabas tú ya cansado. Incluso, tengo temas donde tú sientes que yo desafino; pero es que ya no daba más, es decir, que se equivocaba un trompetista, se equivoca-

---

1 Según el Diccionario de americanismos (2010) este término se usa en referencia a "canción o música, que tiene una letra que trata sobre decepciones amorosas".

ba un saxofonista, un pianista y todas las veces había que empezar de nuevo; entonces se grababa así. Eran los mismos tiempos, nosotros fuimos coincidentes en ese sentido. Papito y yo empezamos una carrera juntos, que después no sé por qué Papito dejó de grabar; pero óyeme, yo no recuerdo que hayamos tenido un artista con tanta incidencia en la bachata.

MC: Tengo entendido que Papito casi de una vez se compró un carro…

JV: Yo también, pero viejo, un carro viejo que me daba más tormento; pero así empezamos, veníamos de muy atrás…

MC: Otra anécdota que te acerca a él tiene que ver con su primer disco grabado con una orquesta, fue con la tuya.

JV: Sí, con mi orquesta justamente. Quisimos sellar esa amistad, y de manera muy amena y recíproca, decidimos grabar juntos. Para mí fue un altísimo honor y, sobre todo, en ese momento que Papito era una figura de arraigo popular muy fuerte con todo lo que lo orna, eso que hemos descrito de él y entonces. Para mí fue un grandísimo honor poder grabar, que pudiéramos grabar.

MC: También sé que Kubaney llegó a República Dominicana porque, incluso lo dice el propio Mateo San Martín en sus memorias, lo hizo en busca de firmar a Calderón.

JV: Sí, así fue, y así fue que en el camino (Mateo) se encontró conmigo… (Risas).

El dolor amargo del primer amor

Como es normal, al llegar a la adolescencia, José Manuel Calderón se dejó impresionar y enamorar de una jovencita cercana de su barrio, en Villa Consuelo. Todo estaba de plácemes, porque él también había logrado impactar el corazón de la joven. Como era propio de esa edad -él tendría unos 16 y ella algunos 13 o 14 años-, los tórtolos empezaron a jugar a ser novios. Claro, ese juego era tan inocente como la época y las costumbres que entonces imponían: se juntaban a hablar, se buscaban con la mirada y se tomaron de la mano alguna vez. Claro, cualquiera de esas cosas sencillas llenaba el corazón de ambos como la mayor aventura de sus vidas. A estas rutinas se agregaban inocentes cartas en las que se prometían amor para siempre. Pétalos de rosa y hojitas para que las disecara en la mascota. Y, el mayor tesoro que él albergó de ella: un mechoncito de su pelo, que ella se cortó para que él la recordara. Probablemente, esa ilusión de adolescentes pudo haberse diluido con el tiempo y los azares de la vida; pero la intervención decidida de los padres de ella, impidieron que continuara la comunicación e impusieron la lejanía para toda la vida.

La argucia que usaron los padres fue lo más doloroso. Tomaron a la niña de la mano y la llevaron al cine dónde José Manuel Calderón trabajaba con las vitrinas y la pusieron a comprarle una paleta. La obligaron a intercambiar la paleta por el dinero, ambos corazones se rompieron. Se impuso una barrera con la que ninguno de los dos contaban: la de las clases sociales. El dolor de perder el contacto y la esperanza de su primer amor, se contaminó con la vergüenza a la que lo habían sometido. Recuerda esos días como los más amargos de su vida, y a la vez, como cuando decidió que no se iba a quedar siendo una víctima fácil de la pobreza.

La investigadora estadounidense, Laura Pacini Hernández describe las razones que llevaban a los jóvenes de los años 50 y 60 a incursionar en la música popular:

"En la cultura, mayormente oral de los campos dominicanos, las habilidades de tocar guitarra y cantar bien eran altamente valoradas, y proporcionaban considerable motivación para que los jóvenes aprendieran".

Las razones no son otras que las económicas y sociales, como apunta la investigadora: "Primero, le proporcionaba al hombre otra herramienta en su colección de estrategias para cortejar y atraer la atención de las jóvenes. Si se volvía un intérprete avezado, lo llamarían para que tocara bachatas, pasadías y otros eventos sociales en los cuales, además, del aprecio y respeto de la comunidad, podría comer y beber cuanto quisiera. Un incentivo adicional era que la guitarra era accesible a personas de escasos recursos: a diferencia del acordeón, que era importado y costoso; casi cualquiera podía adquirir una guitarra que podía ser hecha en casa usando madera local".

De aquí salió el dinero de grabar "Condena"/ "Qué será de mí"

Al poco tiempo de estar trabajando con don Joaquín García Recio, este lo puso a administrar las vitrinas de los cines Santomé, Rialto, Max y Teatro Julia. Fue tanto el cariño y la consideración que despertó su honradez y el alto sentido de la responsabilidad demostrada por este mozalbete, tan bien educado y de buena pinta, que además de surtir e inventariar las ventas de las mismas, recibió como recompensa el regalo de una de ellas: la del cine Santomé.

Fue este regalo a su esfuerzo, realizado por el que habría de terminar siendo jefe del emporio conocido como Central de Créditos junto a Juan Pacheco, que este joven pudo reunir el dinero para poder ir a un estudio y decir a Fabio Inoa: "¿Cuánto tú me cobras por grabarme una cancioncita?". En esa época, no se conocía el término demo o muestra. Tampoco es que él pensara hacer un demo para buscar disquera o empresario. Quería grabar una canción y la grabó, sin tener un fin claro de lo que iba a pasar a partir de ahí.

En esos cinco años, además de dar pedales en su bicicleta cobrando casas, comprando paletas y chocolates, llenando las vitrinas, Calderón tuvo tiempo de fundar y liderar el Trío Los Juveniles[1] junto a Andrés Rodríguez y Luis Pimentel (cuenta que el nombre le vino de que eran tan jóvenes que el mayor tenía 20 años y el menor, sólo tenía 17). Los Juveniles daban serenatas y practicaban su repertorio. Con el trajinar del trabajo y la música, Calderón dejó de lado los estudios cuando culminó el 8vo curso.

"Recuerdo y agradezco el apoyo que recibí de mis primeros trabajos. Pues tuve una excelente relación con el dueño, el doctor Miguel Joaquín García Recio, y luego llegó su socio Juan Pacheco. Recibí su comprensión cuando decidí irme de la empresa para hacer lo mío".

Para los que no creen que esa bachata primigenia fue exitosa, debo decirles que el 30 de mayo del 1962, Calderón llegó en bicicleta a grabar. En diciembre de ese mismo año, el tipo andaba en pinta de galán en su carro propio: "chiquito y de dos puertas, marca Anglea; pero era un carro", nos cuenta Calderón.

Algo que quiere remarcar es que luego de haberse ido del lado del doctor García Recio, Calderón era invitado de las fiestas de Navidad de la empresa y que lo exaltaban delante de los otros empleados como ejemplo de que el esfuerzo, la honradez y el talento, tenían su recompensa.

---

1 El Trío los Juveniles fue Fundado en el 1962.

"Yo lo quería muchísimo, pero me tuve que ir. Yo estaba vendiendo muchísimos discos y tenía que atender mi negocio personalmente", expresa Calderón.

Juan R. Pacheco, socio de García Recio, nos cuenta de su experiencia con José Manuel Calderón, quien pasó de ser el mensajero personal de la oficina de abogados Miguel Joaquín García Recio a trabajar con ambos en Central de Créditos. Calderón nos había comentado que el doctor Juan Rafael Pacheco García, padre de Juan R. Pacheco fue quien notarizó su contrato con la disquera Kubaney.

Le escribimos a Pacheco para consultarlo acerca de José Manuel en la época en que trabajó con ellos, y esto fue lo que nos contestó:

"Claro que recuerdo a José Manuel, un muchacho serio. Desde la primera vez que lo vi fue lo mismo. Trabajador, con iniciativa, emprendedor, no esperaba que le dijeran: 'Haz esto' que ya lo tenía hecho."

En aquel entonces -1961- estábamos en la Meriño 51, nuestro primer local, cuyo propietario era Mr. G. Kuinlam, el que vendía pollitos de colores, y ese había sido su negocio hasta que falleció y lo cerraron. De inicio ocupamos el primer y segundo pisos, y poco después, el tercero.

En algún momento, Calderón empezó a cantar, cosas de muchacho joven; pero nunca descuidó su trabajo. Y un buen día empezó a sonar por la radio. Y después, creo que vino un disco, y luego que Calderón renunciara, porque estaba necesitando el tiempo para hacer lo que le gustaba y que hacía muy bien, cantar, y cantar algo que sonaba distinto y que le decían bachata y que se fue pegando y pegando y pegando.

Tiempo después, me enteré que se estaba presentando en un sitio nocturno en la Sabana Larga en el Ensanche Ozama. Y allá fuimos a parar mi esposa y yo para oír y ver a Calderón. Sucedió que llegamos justo cuando Calderón recién terminaba su show y se despedía del público.

Pues no señor. Desde que se dio cuenta de que estábamos ahí, regresó al escenario y volvió a empezar su presentación desde el mismo principio hasta el cierre, "enteresito", como dirían los muchachos.

"De más está decirte cuán honrados nos sentimos y cuán orgullosos de ese muchachito, que fue parte del mismo origen de la que se constituyó en la mayor organización de bienes raíces de la República Dominicana, Central de Créditos."

Calderón siempre expresa mucho agradecimiento con sus únicos jefes, ya que además de lo contado sobre sus inicios, tuvo la oportunidad de cantar en el Teatro Max, con apoyo de García Recio.

Calderón tuvo su princesa de cuentos de hadas sin final feliz

"Mi pasión por la música fue un sueño que tenía desde muy jovencito, el cual se vio motivado por una princesita que en principio correspondió a mis pretensiones amorosas, llenándome de esperanzas e ilusiones. Me regaló una foto muy bonita. Me escribió una carta llena de ternura y me envió un cachito de su pelo. En ese entonces, me hizo sentir el hombre más feliz del planeta; pero no hay rosas sin espinas. Todo estaba escrito, tenía que cargar con la cruz de mi destino. ¿Qué hicieron sus padres? Se opusieron, no dejaron que me quisiera y ahí comienza mi calvario. En lo adelante, ella fue la razón del éxito de mi carrera, pues le componía canciones llenas de amor y de esperanza. Ella sabía que era mi sueño imposible, yo no sabía qué hacer para ganarme su cariño. Así fue pasando el tiempo y creciendo mi carrera, sin el amor de mi vida, sin ese otro sueño anhelado que aún sigo esperando. Ella vive y sé que me recuerda, sabe que no he dejado de quererla, porque "hay amores que nunca pueden olvidarse", como dice el bolero, como el amor de ella, la princesita de mis sueños."

¿Qué más? ¿Cómo fue su vida amorosa? Una pregunta obligada a Calderón, porque mientras su corazón bullía por la música y el amor y su posterior decepción, el país vivía y salía de la peor dictadura de su historia, ¿cómo usted percibió la dictadura de Trujillo?

"Yo tenía 19 años cuando mataron a Trujillo. Nací el 9 de agosto del 1941, esa época no la percibí muy bien, porque no había tomado juicio, a medida que uno fue mirando uno iba sabiendo. En esa época no se politiqueaba, el que tenía problemas con él eran sus enemigos, y uno no sabía, no conocía otra cosa, y uno no conocía otra campana, porque tampoco él lo permitía, y yo no sabía nada de eso. Todo lo que se hacía era lo que él decía, había mucho respeto, mucho orden, porque había un régimen que a cualquiera le arrancaba la cabeza, se le temía. Pero se entendía que era a los que robaban y hacían fechorías a los que les pasaba esas cosas. Luego me enteré que hasta mató a un hermano suyo. Era demasiado sangriento. Que no vuelva algo así jamás."

Se dejó impactar por las letras de la canción que grabó primero, porque eran estas las que decían exactamente lo que sentía, y la amargura con que la grabó después, no fue fingida ni imitada, era su propia alma desgarrada la que se revelaba en esa música y en esos versos. Está seguro que ese amor y ese dolor por la pérdida de su ilusión, fue la gasolina con la que se obligó a buscar más rápido la manera de salir de la pobreza.

Esencialmente, ese sentimiento de pérdida que lo aquejaba en ese momento le da el "lloraíto" a su canto, que aún permanece como uno de los rasgos distintivos e ineludibles en una canción romántica dominicana para que sea bachata.

Por supuesto, Calderón quiere dejar sentado que esa niña, señorita, no fue más que una inspiración, "una novia como antes, que uno solo se miraba y se entregaba unos pétalos de rosa".

Cosas y causas del barrio

Antes de Calderón grabar su primera bachata, era un amante empedernido de la música.

Una cosa importante que debe quedar establecido en esta historia de José Manuel Calderón, es que a él nadie le invitó a grabar, nadie le sugirió que entrara al estudio y que grabara esto o aquello. Fue una inspiración personal. No venía del campo, pues había salido de San Pedro de Macorís, la ciudad, a los 10 años. No era un desahuciado. Tenía instrucción y formación de familia. Tampoco era un campesino, con lo que se desliga el nacimiento de la bachata de la idea que se quiso vender de que la música de amargue surgió en el campo. Es un fenómeno que surgió en Santo Domingo y que tuvo como epicentro lo que hoy conocemos como "Villa Com" (que es lo mismo que decir Villa Juana, Villa Francisca, Villa Consuelo).

Para entender un poco cómo era la vida de entonces en los barrios citados, acudimos al mejor anecdotario con que contamos: "Villa Francisca y otros fantasmas", donde don Marcio Veloz Maggiolo saca cuentas a su memoria de infancia en los sectores de la parte alta de la capital, pues relata cómo las fiestas del barrio se hacían con elementos todos de alquiler (desde el picot con 12 agujas y 12 discos de 78 revoluciones), las mesas se recolectaban prestadas en el vecindario y se cobraba entrada para bailar. Esto era a mediados de los años 50, también era necesario pedir permiso a las autoridades para hacer una fiesta. "El ayuntamiento expedía un permiso, sin el cual el 'can' no era posible".

Esto deja claro que, además de las grandes diferencias sociales y económicas en que se vivía en el país, la represión política también atentaba contra la libre expresión de la diversión, en una época en que todo, absolutamente todo, estaba controlado o era un lujo del sátrapa y sus acólitos.

En el caso de Calderón, con apenas 16 años empezó a trabajar con el entonces muy joven abogado Miguel Joaquín García Recio, cuyas oficinas estaban en el Edificio 10 de la calle El Conde. Estuvo con él cuando este inició -acabado de graduar- a administrar un par de edificios y algunas casas. Era su mensajero. No es que iba lejos, porque entonces todo estaba relativamente cerca; pero desde que pudo se compró una bicicleta Rally. Calderón sintió la necesidad de apoyar a sus padres, que tenían 8 hijos, además de él, por eso siempre estuvo estudiando y trabajando.

Recuerda que empezó con Miguel Joaquín García Recio en el 1957 y que esa familia era la dueña de los cines y teatro de la Duarte y Conde (Max, Julia, Rialto) cobrando las casas que estos tenían en varios sectores.

Entrevista al locutor Luis Aquino

Luis Aquino, quien ha sido un estudioso de los procesos de los dominicanos del barrio relacionados con su coexistencia, nos cuenta: "Yo recuerdo a Calderón a principios de los años 60, trabajaba en Central de Créditos como cobrador e iba al lado de mi casa a cobrar en la calle Juana Saltitopa, en una bicicleta a la casa de Ermecidia Carrasco. Ella tenía una guardería atrás con muchas habitaciones y él cobraba eso. Lo recuerdo desde esa época, porque se hizo muy famoso, y en ese entonces se le llamaba música de guardia, después fue que se le llamó bachata".

MC: Cuando hablamos de esa época, ¿hablaste alguna vez con Calderón antes de haberse pegado? ¿Cómo era el barrio en ese momento?

Luis Aquino: Bueno. El barrio. Detrás de la calle mía había otra llamada Licey, una calle corta que estaba entre Caracas y París. Ahí atrás había un colmadito que ponían todos esos tipos de bachata, y el protagonista era Calderón; estaba Luis Segura y había otros más; pero el que realmente estaba de moda en el 1965 era José Manuel Calderón.

MC: O sea, ¿que se puede decir que la música de fondo de la guerra fue Calderón?

Luis Aquino: Bueno, parte de ella, porque yo te digo, lo que se oía más era esa música de los barrios, se oían también merengues, obviamente; pero en el barrio mío estaba muy arraigada esa música.

MC: ¿Cuáles canciones recuerdas que sonaban?

Luis Aquino: Bueno, "Luna" estaba bateando en ese tiempo.

Esta descripción de Luis Aquino se confirma y refuerza con esta descripción del escritor y diplomático Radhamés Reyes-Vásquez, del sector de Villa Juana, en la que hace alusión a José Manuel Calderón:

"Afirmo que mí generación, fiel a sí misma, vivía con los pies en la pólvora aún caliente de la guerra de abril, sobre los muertos húmedos y recientes, bajo el ruido de los helicópteros homicidas, quemándose las manos porque leía en la clandestinidad el periodiquito de la Línea Roja de 1 J4 y del Movimiento Popular Dominicano. Villa Juana era entonces un barrio humilde y sano, nuestros únicos vicios eran el deporte, la lectura, las fiestas familiares para bailar en un mosaico los boleros de Tito Rodríguez, el mensajero del amor, en la casa vecina o en el asfalto crudísimo y caliente del Club Mauricio Báez en ciernes entonces o con el trasfondo de José Manuel Calderón y "Quema esas cartas donde yo he grabado, solo y enfermo mi desgracia atroz", o "Luna, dime tú si ella me quiere como yo la quiero a ella"[1].

---

1 Tomado de su blog http://escritorionocturno.blogspot.com/2008/10/leonel-fernndez-o-la-danza-del-tiempo.html

Doña Hilda:
de tal madre, tal hijo

Cuando Calderón se inició en el mundo de la música, lo que hacía era cantar las canciones que le gustaban elegidas de las que estaban de moda. Y, por supuesto, como ya hemos dicho, entre sus favoritas estaban los boleros de tríos. Le encantaba cantar las canciones de "Los Panchos" con sus amigos del barrio, le gustaba el tango que escuchaba no solo en la radio o en las emisiones de La Voz Dominicana, que entre las más de 10 orquestas que tenía, había una dedicada solo a tocar tangos[1], que estaba a cargo del argentino Ángel Bussi[2].

Por eso, es el propio Jibarito de Lares, en entrevista concedida a esta servidora para esta investigación, quien nos dice que la canción de guitarra que él hacía está más vinculada a los valses ecuatorianos y peruanos, que la que hacía Calderón estaba más influenciada por el tango y la ranchera.

---

1   También habían de jazz, rancheras, danzones, sinfónicas, american swing, criollas, etc.

2   Bussi llegó a componer el tango "Ciudad Trujillo", en honor a Rafael L. Trujillo que forma parte de una colección de canciones dedicadas al jefe, que fuera recopilada por el propio Luis Alberti.

Hablamos de que a Calderón le gustaba Gardel; pero el tango es una música que tiene un significado mucho más especial que lo que se oía en la radio, era la música favorita de su madre doña Hilda, la que toca la guitarra, la que lo encanta con su voz, sus mimos y su complicidad.

Solo hablar de doña Hilda pone a El Pionero en un ánimo muy especial: se sonríe con ternura y siempre precede a esta acción un halago "por lo dulce, por lo buena, lo noble y lo amorosa que fue ella con todos sus hijos".

La última vez que la mencionamos, trajo a cuento otros detalles de su personalidad nos dijo su mamá era bien despierta y que manejaba sus cosas con mucha sabiduría. Cuando él empezó a ganar dinero fruto de sus discos, ella tenía gavetas llenas de dinero menudo: "Nos pagaban los sencillos con el mismo dinero que le metían a la vellonera para elegir qué tocar. El dinero era por funda. Mi mamá lo echaba en sus gavetas y la verdad era muy noble, le daba dinero a todo el que tenía un problema".

Cuenta Calderón que después de haber vivido cómodos y sin carencias en San Pedro de Macorís, sus padres y sus 9 hijos vinieron a la capital y se mudaron en una pieza, como sardinas donde aprendieron a vivir para sobrevivir. Él tenía apenas 9 años. Don Luis, su padre no encontró trabajo y los recursos que trajeron se fueron agotando, hasta hacerlos desistir y sentir la necesidad -en el 52, de regresar a San Pedro de Macorís-. Pero, dos años después, comprendieron que ya este no era su espacio y a volver a sentir la necesidad de emigrar en el 1954. En esa oportunidad se quedaron donde una tía, era en la calle Noria (detrás de La Sirena, de la Avenida Mella). ¡11 personas enganchados en una misma casa!

Luego de todo lo que pasaron, su madre entendía a los que padecían carencias de cualquier tipo y Dios le dio la oportunidad, a través del progreso de su hijo artista, en el 1962, no solo de dejar de padecer, sino también de dar y apoyar más allá. "Mi mamá daba mucha comida, mi mamá se encargaba de todas las cosas; le daba pena de la gente que pasaba trabajo".

Calderón reconoce que en ese momento hubo mucho despilfarro, que en todo momento parecía como si esa zafra no fuera a terminar nunca. "Grabábamos cada tres meses y la gente esperaba nuestros sencillos para comprarlos de una vez", explica Calderón. A estos años de distancia, y de la muerte de su madre, dice que no se arrepiente, "porque la satisfacción de un hijo debe estar en hacer las cosas que puede hacer por sus padres en vida".

"Yo hacía lo que la doña decía", nos dice contento. Cuenta que ella le era tan fiel a su pasión por la música, cosa que su padre desaprobaba totalmente y que cuando este llegaba a la casa, si a él no le daba tiempo a correr a esconder la guitarra, era ella quien corría veloz a meterla debajo de la cama.

VIEJITA SANTA. (Dedicada a mi querida madre)

Letra y música: José Manuel Calderón.

Viejita santa que el andar del nuevo día
cerque de ángeles risueños y que al pasar
derrame en ti todo el perfume de las flores,
derrame en ti murallas de bendiciones.

Que hoy es día de las madres y entre mis manos traigo
regalos para darte, rosario de mis noches. (Bis)

Himno de amor, dulce tesoro que me inspira;
eres perfume, eres la flor y la poesía.
Entre mil cosas que le pido a la virgen,
sol de mi vida, siempre tú la preferida.

Que sea siempre día de madres y entre mis manos traiga
regalos para darte, rosario de mis noches.

Viejita santa que el andar…
Que hoy es día de las madres…

ENTREVISTA A

Víctor Víctor

Es que el cantautor Víctor Víctor, uno de los defensores mayores de la bachata, sostiene que la bachata es la canción romántica dominicana. Esta afirmación la leímos en el periódico, por eso quisimos que nos lo confirmara y esta, más o menos, fue la breve conversación.

Marivell Contreras: ¿Y qué le falta al mundo por saber de la bachata?

Víctor Víctor: ¿De la bachata?

MC: ¡Aja!

VV: Todo. Es un ritmo que está en completo desarrollo. Todavía no es un ritmo que ha terminado su camino, todavía está tocándose básicamente con los instrumentos que le dieron origen, todavía no hemos llegado a la bachata de orquesta ni a la bachata sinfónica. Hemos pasado por fusiones, bachata pop, bachata bolerosa, bachata con un poco de merengue.

MC: ¿Para ti que es un bachatero?

VV: O sea, el tíguere cantando bachata, cantautores, el auténtico bachatero debe ser cantautor, no es un trovador, el auténtico bachatero no es quien simplemente interpreta, ese es otro género de bachata…

MC: ¿Tú hablas de que la bachata es la representación de la canción romántica dominicana?

VV: La canción romántica popular dominicana, el bolero a la dominicana, como el sancocho, existen en varias formas, en varios países, esa es la bachata.

MC: ¿Tú crees que la bachata fue un accidente?

VV: Yo creo que la bachata fue un intento -que es lo que hemos recogido sociológicamente. La bachata es un intento de los músicos populares del barrio tratando de hacer boleritos de los tríos, eso me lo confesó Calderón, que es de los fundadores de ese movimiento.

MC: Tú escribiste en un artículo que Calderón es el primer bachatero del mundo.

VV: Es el primer bachatero del mundo, eso es la música del barrio tratando de hacer una canción romántica, una canción de trío, lo que hacían los tríos…

MC: ¿Cómo es?

VV: Que así fue que nació la bachata, con músicos profesionales tratando de hacer un bolerito de tríos.

MC: ¿Había bachata hace más de cien años?

VV: ¡Claro! Porque así le decían a las fiestas, ¡bachata!

MC: ¿Pero no tiene nada que ver con la música?…

VV: No, bachata fue un despectivo que le pusieron aquí. Eso es una bachata, como un pedazo de cosa, esos son esos tígueres, si eso era la bachata, le decían música de guardia, todas esas vainas (cosas).

MC: Tú dijiste que Calderón es el primer bachatero del mundo, le voy a poner ese título a la biografía.

VV: Pues debería ser, porque es verdad.

MC: Dame tu opinión de Calderón.

VV: Calderón fue el primer bachatero del mundo, Calderón fue el primero que de manera abierta y clara trató de hacer la bachata y la grabó y la pusieron en difusión mucho antes que lo que hacía la gente de Radio Guarachita. En La Voz del Trópico había un locutor, animador que se llamaba Papá Rojita, ahí fue que inició la difusión de la bachata popular de la mano de Calderón. Papá Rojita antes que Radio Guarachita y todas esas cosas. Entonces, Calderón grababa los disquitos y se los llevaba -400 discos para 400 velloneras- del país eso era un súper éxito, porque atrás de esas 400 velloneras había todo un país… ¡Y ya tú sabes!

Calderón nos contó que desde su primera canción, hasta las que grabó en lo sucesivo, sonaba en la mayoría de las emisoras y que, sin embargo, cuando entra Radio Guarachita en 1964, las demás emisoras dejaron de sonarlo a él y a los otros que cantaban canciones de amargue.

PARTE IV

DE LA BACHATA Y EL PIONERO

EN PRIMERA PERSONA

Trío Los Juveniles

Formé el trío Los Juveniles, integrado por Andrés Rodríguez en el requinto, Luis Pimentel en la segunda guitarra, y este servidor como cantante y guitarra. Éramos todavía muy jóvenes, con edades de 19, 17 y 20 años, respectivamente.

Coincidimos por esas calles grandes de Villa Com[1], dónde vivíamos con nuestras respectivas familias; Andrés vivía en la calle La Guardia y Luis vivía en la calle 23, y yo, en la Moca 41.

Además de los naturales acercamientos que se dan en estos espacios barriales, a nosotros tres nos unió el amor por la música. Los tres éramos afectos a la guitarra. En el caso de Andrés, al igual que yo, tenía un precedente: yo a mi madre y él a su padre. Inclusive, el papá de Andrés no solo tocaba, sino que fabricaba guitarras, y como buen hijo de su ejemplo familiar, Andrés era el único de los tres que tenía una guitarra a su medida, pues la había fabricado él mismo, a su imagen y semejanza.

---

1 Compuesto por los barrios Villa Consuelo, Villa Juana, Villas Agrícolas y Villa Francisca.

José Manuel Calderón, Andrés Rodríguez y Luis Pimentel, por amor a la música, nos convertimos en amenizadores de la mayoría de las fiestecitas de cumpleaños de nuestras amiguitas del barrio. Era todo muy sano, eran fiestas de refrescos. En esa época, aún a nuestra edad, no se tomaba alcohol. No era una moda. Las fiestas tenían su modalidad, se alquilaban los pick-ups y los discos. Bailábamos y cantábamos, todo con un espíritu muy sano.

En esos encuentros empezamos a disfrutar de nuestros primeros aplausos y muchas palabras de aliento. Llenos de ilusiones, nos creímos capaces de competir en el mundo de la música, con ideas muy propias y diferentes a los demás. Nos juntábamos con frecuencia para coordinar los asuntos de la agrupación.

La idea de dar un paso más fue mía. A mí se me ocurrió grabar y, además, como era el único que trabajaba, decidí asumir los gastos que provinieran de esta decisión. Cuando hablé con Fabio Inoa, quien era el técnico de grabación de La Voz del Trópico, a quien tanto conocía. Este me dijo que sí, sin pensarlo.

Habíamos decidido grabar, pero no habíamos determinado qué íbamos a grabar, sin muchas pretensiones; pero con muchos sueños.

Es que no he contado que en esa época me dedicaba también a participar en cuanto concurso de canto se realizara en las emisoras. Siempre iba a competir, seguro de una cosa: que uno de los tres premios sería mío. Y siempre fue así. A algunos de esos concursos me acompañaba mi mamá y, en otros, llevaba a alguien, pues no me gustaba salir con los premios, que generalmente eran canastas con productos como:

-Espaguettis
-Sudorina Estrella Azul
-Salchichón Camino
-Chocolate Luperón
-Vino Caballo Blanco

Entre los concursos que recuerdo están: "Buscando Estrellas", de la Voz Domicana, más el de La Voz del Trópico. A estos iba montando en la barra de la bicicleta de mi amigo Reyito. Yo cantaba, todo el tiempo me recuerdo cantando; en la casa, en la escuela, en las veladas del barrio, dando serenatas a mis novias y a las novias de mis amigos, hasta a las novias de mis jefes, iba en compañía de ellos a cantar.

Aunque habíamos decidido entrar al estudio, decidimos que debíamos grabar las canciones que más me gustaran. Así que "Condena"/"¿Qué será de mí?" y "Borracho de amor". Confieso que tuve que ir a donde Ramón, alías El Che, a quien se la oí cantar y quien cantaba con el Mariachi de Manolín Collado, para que me copiara las letras de este vals. Lo mismo pasó con "Condena"/"¿Qué será de mí?", que la escuchaba más en voz de mi vecino, apodado El Rubio, de cuando vivía en la Moca 41, que en la voz de su intérprete oficial, Elenita Santos. El vecino tuvo la amabilidad de copiarme las letras en una mascota. A ambos, dondequiera que estén, les estoy sumamente agradecido por su inspiración y apoyo inicial.

Antes de grabar estas canciones, no teníamos un nombre definido como artistas; pero a partir de la grabación, se me ocurrió ponerle el nombre de Los Juveniles, lo cual fue apoyado por los demás. Así es como llegamos a donde Fabio, a quien yo tenía que pagarle RD$ 8.00 pesos -que era lo que costaba el acetato-. A lo largo de esta lectura, nos enteraremos de otros detalles interesantes, también de lo que pasó, esa misma noche, tras esa grabación.

Nosotros queríamos alcanzar un sueño, y lo logramos. El sueño se nos vino encima antes de que pudiéramos darnos cuenta. Cosechamos mucha admiración. Sin embargo, nunca perdimos la cabeza por causa de un éxito que ni nosotros mismos nos lo creíamos.

Recuerdo especialmente a Nicolás Casimiro[2], gran artista nuestro que me instaba a seguir en los primeros momentos de inseguridad que se me presentaban. Me dio buenos consejos, y se lo agradezco siempre.

Seguimos en nuestros barrios con amigos y enamoradas que tanto contribuyeron, pues eran fuente de inspiración -por amor o por dolor-. Componíamos y se las cantábamos a ellas, llenos de sentimiento.

---

2   Una de las mejores voces de La Voz Dominicana. Cantante solista de la Súper Orquesta San José.

Gracias a la ayuda de los dueños de las emisoras y los locutores de la época mis temas sonaban en la radio, dando inicio a la demanda. Luego, era tanta la algarabía que habíamos provocado, que lográbamos horarios para sonar en las emisoras; tuvimos programas de radio para difundir nuestras canciones.

Era el productor de mis discos, como se dice: con el sello "bolsillo records". Fui el vendedor y el relacionista público, sin tener asesoramiento. Las tiendas de discos de la época comenzaron a comprarlo bajo el sello S.M. de doña Atala Blandino, persona que me lo distribuía; después hice mi propio sello JMC2[3] y puse un pequeño puesto de discos con el nombre Agencia Calderón, lugar desde el cual, junto a mi hermano Ramón Calderón, se distribuían mis discos y vendíamos los de otros artistas.

Nos visitaban todos los bachateros que siguieron mi camino en la música. A todos le comprábamos sus discos y le orientábamos dónde grabar, así como dónde hacer las etiquetas o cualquier otra información semejante.

Conmigo, José Manuel Calderón, además de una nueva expresión musical, lo puedo decir sin aspavientos, nació la música como negocio. En poco tiempo, todo el sistema de producción, grabación, distribución, promoción y venta era un hecho real y contable. La historia había cambiado y nosotros, sin apenas darnos cuenta, estábamos ahí, sin

---

3 Nunca lo registró, en esa época no se estilaba.

conocimiento de fondo; pero con ganas de aprender en el camino y lo hicimos.

En relación al surgimiento de este género, se fueron dando una serie de hechos que cambiaron el panorama musical y que posibilitaron el surgimiento de la música como industria: Mi cercanía con doña Atala Blandino y su contacto con lo que pasaba con mi trabajo, la motivó a abrir un estudio de grabación. Lo propio pasó con Fabio Inoa, quien tenía muchas inquietudes que se fueron gestando y canalizando a través de mí. Yo aprendí con Atala, y ella aprendió conmigo. Lo que yo aprendí con Atala, se lo pasé a Fabio Inoa y así, ellos se convirtieron en empresarios de la grabación y, por supuesto, me convertí en el artista que grabó primero en esos estudios. Fue con la discografía del pionero que empezó a funcionar la Fábrica de Discos Dominicana, que entonces dirigía el cantante Anibal de Peña.[4]

---

4   Anibal de Peña fue quien escribió el Himno del Partido Revolucionario Dominicano, mismo que fuera grabado en Estudios Fabiola a cargo de Fabio Inoa.

La primera canción de amargue condenada al éxito

La primera canción grabada con las características de lo que poco tiempo después sería bautizado -despectivamente como 'bachata'- fue "Condena"/"Qué será de mí", de Bienvenido Fabián.

Es bueno decir que esa canción se la enseñó un vecino de la casa de sus padres cuando ellos vivían en la calle Moca #41, de Villa Juana. La cantaba Elenita Santos[1] "y me gustó tanto que me la aprendí".

En una de esas noches de estar "comiendo boca", como decían los padres de la época a los muchachos que se quedaban viendo lo que hacían los grandes, mientras su vecino cantaba y tocaba, el señor que le acompañaba, tocando también, le dijo que si quería aprender a tocar guitarra, le iba a regalar un método. Le dio su dirección, y poco tiempo después, se apareció en la casa del señor (no recuerda su nombre) y este le entregó una mascota escrita a mano, con las instrucciones esperadas.

---

1 Una de las artistas dominicanas más destacadas de los años 50 y 60, denominada como la Reina de la Salve.

Como ya Calderón tenía la guitarra que le había comprado su madre y sabía colocar los dedos y sacar algunos tonos, ensayar con el método, lo puso a tocar mejor de una vez.

En esa época, Calderón caminaba por las calles de Villa Juana junto a los muchachos con los que formó el Trío Los Juveniles, así que decidió montar "Condena" con sus compañeros de requinto y guitarra.

Dice que la diferencia la hizo "el tono en que yo la interpretaba, mucho más dramática y sentida, que la versión original; además de la musicalización tan diferente. El sonido empezó a sentirse más desgarrado y aquejumbrado que en los boleros normales, o del estilo que se usaba en las canciones acompañadas de cuerdas.

"Cuando decidimos grabar la canción, ya la habíamos ensayado mucho y sabíamos dónde funcionaba una cosa u otra", asegura.

Cuando la tenían aprendida, fueron a grabarla a la emisora La Voz del Trópico[2], que estaba ubicada en la calle Abreu del sector San Carlos. Ahí trabajaba Fabio Inoa como técnico de sonido. Fabio, nos cuenta Calderón, era quien grababa los anuncios publicitarios (Salchichón Cami,

---

2   HIL, La Voz del Trópico fue fundada en 1932 por Joaquín Custals. Esta emisora nació en el 1931 en San Francisco de Macorís. En el momento de la grabación, la emisora quedaba en la calle Abreu, del sector San Carlos.

Sudorina Estrella Azul y Chocolate Embajador, entre otros) y a él le pidió Calderón la oportunidad de grabar.

Pero se grababa de arriba a abajo. Si algún músico se equivocaba, como nos ha contado Johnny Ventura, había que volver a grabar desde el principio. También, a Calderón le tomó un poco más de tiempo del esperado, según nos cuenta.

Sin embargo, el resultado fue tan bueno, que la dirección de la emisora decidió ponerlo al aire esa misma noche. No se dejaron esperar las primeras llamadas aprobatorias a cabina. Dice el pionero que en ese lugar se puede poner una placa que diga: "Aquí nació la primera bachata del mundo", sin que nadie pueda negarlo.

¿Qué será de mí?
Con tantas penas en mi pobre vida
¿Qué será de mí?
Mis esperanzas ya están perdidas…

Cuando los muchachos del Trío Los Juveniles[3] se impusieron la tarea de grabar esta canción, en ese pequeño estudio de La Voz del Trópico[4], una de las principales empresas radiales de la época, propiedad de don Joaquín Custals

---

3   Aunque se llamaba Trío Los Juveniles, lo que hacían era acompañar a Calderón, la única voz del grupo.
4   Dirigida por Joaquín Custals Pellicer, esta emisora se convirtió en cuna de destacados locutores y en emisora de inolvidables programas de la radio nacional, tales como: De Fiesta con la Sonora, Radio Reporte, Gozando con Producciones Corporán y México en la canción. Lugar donde Calderón grabó por primera vez una canción de amargue.

Teixido[5], ellos no sabían que iban a dar vida a un nuevo género musical, "solo que queríamos hacer algo distinto, que no se pareciera a lo que sonaba en el país en esa época".

De lo que sí estaban seguros, era que la canción grabada por Elenita Santos, "decía lo que nosotros queríamos decir, lo que ya sabíamos que el público quería oír y que con esta podíamos lograr lo que queríamos".

Esa noche, el propio Fabio Inoa y todos los que estaban en cabina, lo felicitaron por el resultado.

No tengo valor
Para arrancar esta cruel condena
Que me arrastra la vida
Por culpa del destino que me hizo fatal.

Un dato curioso con relación a esta canción que el artista ha regrabado varias veces, es que en su primera versión, la canta con las características con que se habla el español en Santo Domingo, sustituyendo la r por la l, dice "no tengo valol…"

Por supuesto, en el total desconocimiento que había en ese momento, nadie reparó en las deslealtades al español formal, y junto al lloraíto azucarao, y los leves cambios en el sonido de la guitarra propia de los tríos, surgió algo diferente e imparable, justo lo que nos tiene aquí: la bachata.

---

5 Fundador de HIL en 1932 que se convirtió en el 1938 en La Voz del Trópico.

Inmediatamente, tanto los músicos como los locutores y todo el que la oía, reaccionaba sorprendido y complacido ante el resultado.

El caso fue que, al haber sido grabada en La Voz del Trópico, los locutores y su dueño no resistieron la idea de dejarlo ir con su disquito para otra parte, sino que inmediatamente la colocaron en la emisora.

Y sin embargo
Hay un Dios tan justiciero
Que nos mira desde el cielo
y nos tiene que cuidar
Y si él juzga que debemos de querernos
Algún día vida mía
El nos tiene que juntar…

Lo que pasó en esos días, sorprendió a todos. La canción había impactado tan favorablemente en el público que el propio Fabio Inoa, le aconsejó que la grabara en un estudio profesional.

Aunque el único estudio de grabación conocido era el de La Voz Dominicana, el cual había fundado y regenteado Petán, también sabía que era uno de los mejores del país. No había tradición de que un artista -que no fuera del círculo de la familia y amigos dilectos del director de la emisora-, pudiera grabar en él. A pesar de que hacía un año que había caído el régimen, en esencia, dice Calderón: "Seguía la misma mística de Petán y de los Trujillo"; pero aún así se dispuso a lograrlo.

Asegura que fue "con la fe puesta en Dios y la confianza de tener un buen proyecto en mis manos, que solicité el servicio para grabar. Respiré cuando me dijeron sí, y pagué con mucho gusto los RD$15.00 pesos que me cobraron por el servicio".

En la grabación de la Voz Dominicana, hoy CERTV, además del director de la emisora, estuvo Miguel Pichardo[6], que era asistente de sonido.

Con esto podemos decir: hay nombres que deben quedar en la historia de la bachata por haber sido los primeros músicos y técnicos que grabaron bachata, estos son: Fabio Inoa, quien hizo el primer demo de la canción y Miguel Pichardo, el primer técnico del producto final. A ellos hay que sumarle a Andrés Rodríguez (requinto), Luis Pimentel (segunda guitarra), Papá Chito (Bongó), Bernardo (percusionista que mataron en la Revolución de Abril del 1965) y, por supuesto, el líder que comandó todo el proceso: el pionero José Manuel Calderón.

El pionero destaca que, el valor de esto radica en que "nosotros no teníamos ningún asesoramiento ni había tecnología".

---

6   Es el padre de Omar Pichardo, empresario del mundo del entretenimiento y dueño de Omar CD.

El respaldo: "Borracho de amor"

El lado B del sencillo "Condena"/"¿Qué será de mí?" fue "Borracho de amor". Esta canción no tiene autor conocido, y es que, según nos cuenta el propio Calderón, esta canción se la aprendió a través de Manolín Collado, quien tenía un mariachi, cuyo cantante, Ramón, la cantaba. "A mí me gustó esa canción. Yo era un mirón y terminé siendo su amigo. Me llevaban a dar serenata y me la aprendí", afirma Calderón.

Cuenta que ya con la cinta en la mano, se fue a donde doña Atala Blandino, la cual tenía una tienda de instrumentos musicales, para que lo ayudara a hacer el máster del mismo, pues en esa época en el país no se fabricaban discos. Ella accedió a su solicitud, y hasta le prestó su sello: Salón Mozart. Fue ella quien lo envió a California, donde estaba la mejor industria musical en la época.

En esa época, Atala Blandino lo que tenía era el "Salón Mozart", para vender instrumentos musicales, y cuando hizo el transfer para ser estudio de grabación, "yo fui también el primero que grabé. Estrené el estudio"[1]. Dice Calderón que grababan en cinta de un cuarto, y que fue ahí donde comenzaron los seguidores… "Los otros intérpretes siguieron la línea que habíamos iniciado".

Entre él y doña Atala nació, no solo una relación comercial exitosa, pues a esa primera edición de "Condena"/"¿Qué será de mí?"y su respaldo, "Borracho de amor", vendrían muchas otras. Recuerda que fueron más de 8,000 mil. Una gran hazaña para la época. Esto confirma que la bachata nació bajo el amparo y cariño de un pueblo, el cual se volcó a apoyarla desde que la escuchara.

El éxito de Calderón fue de tal magnitud, que llegó a grabar 42 sencillos sucesivamente, y todos fueron acogidos por el público con veneración.

Un hecho que no podemos dejar de contar es el porqué de la reacción del compositor de la canción Bienvenido Fabián. El pueblo, he dicho, es el que manda en estos asuntos de la música. Así que como la gente habló la canción "Condena/Qué será de mí" y de esta forma la pedían a las emisoras. Sin embargo, eso molestó mucho al compositor, quien lo acusó de haberle dañado su canción y le puso una demanda a doña Atala y al Salón Mozart. Gracias a Dios, el mismo fue indemnizado (doña Atala y su abogado llegaron a un acuerdo y le pagaron RD$5,000 mil pesos) y ahí se zanjeó todo. Luego nos acercamos, tanto, que él terminó acompañándome en algunas presentaciones en vivo. Ade-

---

1   Este quedaba en la calle el Conde 108.

más, grabó el piano para algunas de mis canciones, entre ellas, "Luna".

Así, sin querer y sin buscarlo, Bienvenido Fabián se convirtió en el compositor de la primera bachata. Él era muy reconocido en ese tiempo, pues sus canciones eran grabadas por Celia Cruz con la Sonora Matancera ("Tuya más que tuya", "Goza negra", "La negrita sandunguera"), por Carlos Pizarro y Elenita Santos, entre otros artistas de la época.

Entre otras canciones, son suyas: "Mi noche fatal", "Besarte", "Dí que no", "Lo que te pido", "De qué color son tus ojos", "Quién si no tú", "Al fin te fuiste", entre otras.

Su grabación, "Merengue en concierto", fue un suceso musical, tal y como lo apuntala en su libro, el locutor y melómano, Jesús Torres Tejeda (†).

Su prestigio, la novedad de sus inflexiones vocales y la introducción de la percusión y variar el sonido de la guitarra provocaron no solo un interés inmediato, sino que, el disco en 78 revoluciones por minuto, tuvo una gran demanda y altas ventas. Vendieron las doscientas copias que imprimimos, y tuvimos que reeditarlo muchas veces, con igual suerte.

Se debe recordar que, para esa época había muy pocos reproductores de discos en las casas. Asimismo, para hacer las fiestas y cumpleaños, se alquilaban los "picots", y había que alimentar las casi 7,000 mil velloneras que había en el país.

Con Calderón no solo nació un nuevo género musical, sino también su multitalento: él era cantante, arreglista, promotor, empresario y su propio vendedor y relacionista público. Iba personalmente a llevar los discos a las barras y colmados que tenían vellonera, y les hablaba de ese artista llamado José Manuel Calderón, sin decirles que era él mismo.

El pionero de la bachata se refiere a que, en esa época hubo que inventarlo todo, porque no había nada ni nadie que motorizara la naciente industria del entretenimiento en el país.

"En el caso de nosotros, nacimos con una grabación. Antes de eso, no éramos profesionales, sino que tocábamos guitarra y cantábamos buscando un sueño que no podíamos imaginar a dónde llegaría", explica.

Como grabaron y se pegaron, tuvieron que iniciar las presentaciones: vendiéndose a sí mismos. No había promotores ni tiendas de discos ni compañías que se encargaran de la imagen de los artistas.

Cuenta que en esos primeros meses, fueron a una presentación a Montecristi y el carro se le quedó por gasolina al regreso, cuando venían por Bonao. Se detuvieron hasta ver salir a unas personas de un bar. De inmediato se pusieron a cantarles sus canciones ya pegadas en la radio, para luego explicarles lo que les pasaba. Después de las canciones, los muchachos accedieron a darles para la gasolina, y así pudieron regresar a la capital en la mañana del 24 de diciembre, estropeados del cansancio y sin dormir.

Refiere Ventura que: "El ambiente artístico de aquellos días no era tan activo como ahora. Aunque existían algunos, no eran abundantes los lugares públicos donde la gente del pueblo pudiera ir a bailar. Había pocas emisoras de radio, y de televisión, solo dos".

Tan difícil era la cosa entonces, y tan poco respeto se merecían los músicos, que iban a tocar y luego de terminar, debían esperara que se fueran los clientes, mientras los dueños de los negocios cuadraban, para pagarles.

Johnny Ventura en su biografía relata un poco cómo era la situación de los músicos entonces: "El tratamiento a los músicos era tan despectivo, que en muchos casos, se les forzaba a entrar a centros sociales por la puerta de atrás… (…) En la mayoría de los casos, no se les permitía compartir con los socios e invitados. Se les aislaba como a personas afectadas por enfermedades contagiosas. Esa situación la encontramos los del Combo Show y nos propusimos romper con ella".

Casi inmediatamente, Calderón, como ya dijimos, nació "multitarea". Puso una tienda en la que, además de distribuir y vender sus discos, hacía lo propio con otros artistas. O sea, él es uno de los responsables también del nacimiento de la música como industria en la República Dominicana. Aunque en ese sentido tuvo sus fallos por falta de conocimiento. Creó el sello JMC, con las iniciales de su nombre; pero no lo registró oficialmente, y cuando intentó hacerlo unos años después, ya estaba tomado por otra persona y las condiciones de la industria musical y suyas particulares habían cambiado.

Afirma, sin temor a equivocarse, "que el éxito de sus canciones provocó que en el país se dinamizara la música, no solo como creación, sino también como negocio".

Ventura recuerda que en esa época, a principios de los 60, ellos empezaron "a hacer una especie de competencia. En esa época, para que tú entiendas, no importa la fama que tu tuviera, el disco se vendía de la siguiente manera: estaban los colmados, con una vellonera; nosotros íbamos con el disco, lo llevábamos a la vellonera, si los tígueres que estaban ahí le gustaba la canción, el dueño lo compraba, y si no, nos decían 'tráelo después'".

De hecho, el empresario artístico Luis Medrano, en una participación que tuvo en el evento, "Bachata Omplo", realizado en el Centro Cultural de España en el 2003 sostiene que: "El género comienza a tomarse en serio histórica y comercialmente hablando, cuando Radhamés Aracena, locutor y productor discográfico que explotaba el merengue típico, observó el éxito de José Manuel Calderón con "Condena"/"Qué será de mí" Y decide invertir en la denominada música de amargue".

La altísima demanda de los discos de José Manuel Calderón, en una época en que los reproductores de música no estaban al alcance de todo el mundo, fue lo que lo ayudó a seguir produciendo otros temas, convirtiéndose inclusive, en autor.

Para aquellos que quieren establecer la influencia del Jibarito de Lares en la bachata, deben saber que este es sólo un intérprete. No es compositor, aunque haya tenido la visión de mezclar la música jíbara de Puerto Rico con los valses y sonidos del Ecuador y Perú, especialmente, de Julio Jaramillo.

Aunque las primeras dos canciones grabadas por Calderón no eran de su autoría, ya para la edición de su primer disco de larga duración, el cual fue titulado: "Este es José Manuel Calderón" (1963), trajo varias canciones escritas por él que se han quedado como clásicos de la música dominicana, no solo del género, sino como parte de nuestro acervo sonoro.

Entre las mismas, se destacan: "Lágrimas de sangre", "Te perdono", "Yo no soy dichoso", "Nuestro amor", "Desilusión", "Te desafío", y a la que nunca tendrá con qué pagarle su intemporalidad con el arte: "Llanto a la Luna".

Luna, dime tu si ella me quiere
Como yo la quiero a ella
Como tan solo se quiere
Una sola vez...
Luna...
Tú que eres como ninguna
Que de noche nos alumbras
Juntitos con las estrellas
Escuchando mi canción

Mi canción que es como un grito
Que le pido al cielo
Ese sueño que el pobre del pobre
No puede alcanzar

Pero siempre se tiene esperanzas
Cuando se quiere
Este amor puro como es el mío
Que nunca se muere...

Luna dime tú si ella me quiere (bis)

Esta es la canción que nunca ha podido dejar de cantar en sus presentaciones, y el tema suyo que más artistas han grabado (Victor Víctor, Wilfrido Vargas[2]) y que la crítica tanto ha alabado.

Confiesa Calderón que en un momento determinado pensó en demandar a Wilfrido Vargas por cambiar el título de su canción "Llanto a la luna", por "El loco y la luna", a la cual también agregó otras palabras; pero se aconsejó a sí mismo que no lo hiciera, y pasado el tiempo, piensa que hizo lo correcto.

En esa época (1985), fue entrevistado por Joseph Cáceres para la revista Galería, del periódico El Nacional y en ella dijo estar complacido con las adaptaciones que otros

---

2   Gracias a esta versión de Wilfrido Vargas, que este tituló "El loco y la luna", Calderón recibió reconocimientos en los Estados Unidos, disco de oro incluido y los mayores pagos autorales que ha recibido en toda su vida.

artistas hacen a sus temas, en referencia también a Aramis Camilo, que también incluyó "Llanto a la luna" en su repertorio y discografía.

En la entrevista, Calderón dijo de la versión de Wilfrido Vargas: "la considero muy bien hecha y le doy mi apoyo, un ciento por ciento. Yo quiero darle las gracias a Wilfrido por haber escogido entre tantas canciones, un tema de mi autoría".

Con el primero que tuvo el privilegio de grabar a dúo este tema fue con Víctor Víctor, para su irrepetible disco: "Bachata entre amigos", en el que puso a artistas de la talla de Joan Manuel Serrat, Pablo Milanés, Silvio Rodríguez y Víctor Manuel San José a grabar sus canciones en bachata. De los artistas dominicanos que entraron en ese reino de grandes ligas, no faltó "Llanto a la luna", de su autoría.

Menciona con orgullo y respeto, que debió salir a buscar a Víctor Víctor para conocerlo, "por las tantas cosas bonitas que decía de mí en los medios de comunicación".

Solo las primeras dos canciones de Calderón fueron calificadas "de amargue" estas fueron grabadas, solo con guitarra y requinto. El propio artista fue quien le introdujo otros instrumentos a las mismas. Le puso maracas, y poco tiempo después, fue también el que las sustituyó por la güira, uno de los instrumentos básicos del género, y que se usa hasta hoy.

En términos de sonido, nunca se limitó, le puso los bongós, piano y hasta timbales en algunos casos.

No en vano, dice el maestro del saxofón, Crispín Fernández que: "La bachata es uno de los géneros que más capacidad de fusionarse tiene". Y eso lo han demostrado sus cultores en sus todos estos años de existencia, desde el primer disco sencillo de Calderón.

Un género para contar historias

Como dice Deborah Picini: "La bachata es en esencia un género vocal, hecho para contar historias -no existe la bachata instrumental[1]. Además de su característica instrumentación guitarrística, uno de los rasgos definitorios es que se canta en un estilo muy dramático, casi sollozante. La calidad vocal de los intérpretes de bachata varía según el grado en el que el cantante quiera enfatizar la emoción que está expresando: el ruego, la exhortación y la desesperación se consiguen dándole una cualidad trémula a buena parte de la interpretación"…

Esa condición quejumbrosa de la bachata provino del dolor que sentía el desengañado joven, y por la necesidad de trascender su condición social y económica fue que Calderón buscó compañeros para cantar. Por eso puso mayor empeño en tocar mejor la guitarra, aprendió a escribir canciones, a sacar sus propias melodías y a buscar sonidos personales en cada arreglo de sus canciones.

Entre la música y el drama personal que le dio vida a su carrera, se queda con la música. Dice que no revelará

---

1   Aunque hace unos pocos años, el maestro Félix del Rosario nos legó como una "suite" una versión orquestada e instrumental del tema: "El Hombre de tu vida", de Joe Veras.

nunca el nombre de esa niña que hoy es una mujer casada, desde hace varias décadas, que es madre y abuela como él. Que no ha tenido entre sus propósitos trastocar sus vidas. Que no le gustaba referirse a ese caso, porque durante 35 años estuvo casado con la madre de sus hijos y que, aunque ahora está divorciado, no fue una decisión suya. No haría nada para empañar los años que vivió con la madre de sus hijos ni con el recuerdo de algo tan bonito, y a la vez, lejano.

Ese amor de juventud merece respeto porque, lo ayudó a progresar, lo hizo elegir las canciones correctas, escribir las canciones desde el sentimiento del corazón sufrido y fue musa involuntaria de sus grandes canciones: "Llanto a la Luna", "Yo no soy dichoso", "Te perdono" y otras de compositores que aludían a situaciones similares como "Quema esas cartas", del argentino Alfredo Gobbi:

Quema esas cartas donde yo he grabado
Solo y enfermo mi desgracia atroz
Que nadie sepa que te quise tanto
Que nadie sepa, solamente Dios

Quémalas pronto y que el mundo ignore
La inmensa pena que sufriendo está
Un hombre bueno que mató el engaño
Un nombre bueno que muriendo va…

Y como si fueran perlas para coronar lo que su alma de enamorado desengañado y solitario le dictaba, escribió: "Yo no soy dichoso", con versos como estos:

Dichosos son los que dicen
Que nunca han sufrido
una tortura de amor
Los que diciendo mentiras
Tratan de ocultar
Penas y dolor

O "Vano Empeño"[2], de Pedro Flores, que en los 90 fuera grabada por Anthony Ríos como parte de un homenaje que le rindió al artista nuestro, cuyas valoraciones siempre han sorprendido a Calderón. "Anthony Ríos me quiere mucho. Siempre habla bien de mí y hemos estrechado los lazos de amistad a lo largo de estos años.

Aunque aprendas a odiar hasta el momento
En que por bien o mal te conocí
Nunca podrás borrar del pensamiento
las horas que has pasado junto a mí.
Aunque apeles a los medios de la ausencia
Para curarte el recuerdo que te queda de mi amor
Aunque dejes que haya otro que se siente
Donde antes me sentaba a encenderte de pasión
Aunque digas que es mentira,
aunque niegues mis amores
Aunque grites que es una equivocación

Como colofón, se debe señalar que hay una última canción, la de la madurez, escrita a este amor de juventud y

---

2 Esta canción fue grabada primero por El Trovador Codina, también de Puerto Rico, como su autor. Esa primera versión es solo voz y guitarra, quien le hace la orquestación al estilo que hoy conocemos, es JMC.

que Calderón acaba de grabar, titulada: "Y te quiero todavía", cuyas letras rezan:

Te quise y mucho más te quise
cuando tu amor me prometiste
Aquellas promesas volaron
Y nunca más volviste
Cuánto he sufrido
Por tu ingrato amor
Porque yo no he podido
Olvidarlo jamás
Y es por eso que hoy
Te he llamado para oír tu voz
Para que sepas de mí
Para yo saber de ti
Perdóname por favor
No vayas a colgar
Que te quiero decir
Lo que ha sido de mi vida sin ti.

Tu silencio fue mayor que el amor
Que un día me prometiste
Mi corazón no te guarda rencor
Por lo que tú le hiciste

Tú no tienes la culpa
Toda la culpa es mía
Mucho yo te quería
Y te quiero todavía.

Conservo tu retrato
la carta está guardada
y el cachito de tu pelo también
lo llevo en el corazón

Se opusieron tus padres
Tus miedos y la envidia
Troncharon mis sueños
Mataron la ilusión
De tu eterno trovador
Vino la humillación
La discriminación
Que no éramos iguales
Preso quedé en tu amor
Encarcelado estoy
Y no has venido a verme mujer
Y no has venido a verme
Y no has venido a verme mujer
Y no has venido a verme.

Esta canción está musicalizada y grabada. Ya se la ha entregado a algunos amigos de los medios y las emisoras, como iniciativa de promoción y esperando que la suenen.

Le preguntamos si su intención tiene que ver con el deseo de que ella la escuche, y se pone dubitativo. Hace un silencio, luego admite no albergar ninguna esperanza de que ese sentimiento se materialice fuera de la música. No tiene pretensiones de protagonizar una historia de amor al estilo de Florentino Ariza y Fermina Daza, protagonistas de la novela, "El amor en los tiempos del cólera", de Gabriel García Márquez: "Ya somos viejos y abuelos. Ya tengo 78 años".

Su presencia en la trayectoria de sus canciones, sin embargo, devela que no ha dejado de ser la musa por la que empezó a sentir y a escribir, a sufrir y a llorar, a extrañar, amar, odiar, esperar y, sobre todo, cantarle a un sentimiento que se ha mantenido incólume en su corazón, como cuando no se reconocía siendo "el vendedor de paletas".

Ahora, tal vez serían apropiadas las letras del puertorriqueño José Miguel Class, con su misma voz y el arreglo original:

Sálvame

Autor: *José Miguel Class*[3]

*Basta con los desprecios que tú me hiciste
para morirme ahora de sufrimientos;
solo podrás salvarme con tu cariño,
me vuelvan a besar tus labios tiernos.
Sálvame de la muerte que se aproxima,
sálvame pronto amor de este tormento;
no quiero ser la víctima de tu desprecio
ya que por largo tiempo yo fui tu dueño.
Amor, sálvame ahora,
no permitas que muera de sufrimiento. (Bis)*

---

3   También conocido como "El Gallito de Manatí", exitoso cantante de la época, en Puerto Rico.

Sálvame de la muerte…
Amor, sálvame ahora…

Un dato curioso es el de Calderón, quien fue encajando hasta convertirse en el modelo ideal de la bachata. Fue el primero en intentar con un bolero que no se pareciese a nada. Si bien los cambios musicales de su primera canción son notorios y diferentes a los sonidos de entonces, donde mejor logra distanciarse es en la interpretación, donde no solo el añoñe, el desgarre o el lloraíto azucarao, se hacen presentes, sino que está la parte más elocuente de todos sus testimonios: en la pronunciación.

La canción "Condena", la interpreta como un dominicano común, veamos estos versos:

Con tantas pena (s) en mi pobre vida
Mis esperanza (s) están perdida (s)
Para arrancal (arrancar) esta cruel condena
Pol (por) culpa del destino que me hizo fatal
Argún (algún) día vida mía, el nos tiene que juntar…

Esos gazapos orales demuestran algo que él ha venido diciéndonos desde el principio: "No había nadie que le dijera a uno nada ni lo que estaba bien ni lo que estaba mal". En ese mal, en ese no saber cómo; pero querer hacer y hacerlo, está el embrión de lo que es la bachata.

Estos versos son de la versión original; pero luego fueron rectificados por el propio Calderón quien ha regrabado esta canción con mayor conciencia en varias ocasiones.

Me alegra mucho haber escuchado de la voz de Víctor Víctor, para mí una voz más que autorizada, cuando nos dijo que la bachata, cuya maleabilidad está a toda prueba, aún está en construcción.

La bachata aguanta de todo: merengue, electrónica, reguetón, son, salsa, sinfónico (aunque no se haya grabado oficialmente, sí se hizo un concierto de bachata sinfónica en el Teatro Nacional, en el que Calderón estuvo presente (que reseñamos en otro espacio de este libro), balada, rock. Para muestra ahí anda el sonido de los Maco Peje (son-bachata), el batidor pelao de Eladio Paredes y el de Eladio Romero Santos (a quién se le perdió una muñeca que, al parecer, la encontró Anthony Santos, cuyo repertorio de amargue y vivencias ha sido sustituido por un bacharengue que a cualquiera mata y no por las mujeres).

EN PRIMERA PERSONA

Imágenes que cuentan

1. Mis padres, Luis María Calderón Peña e Hilda Fe Carbuccia de Calderón.

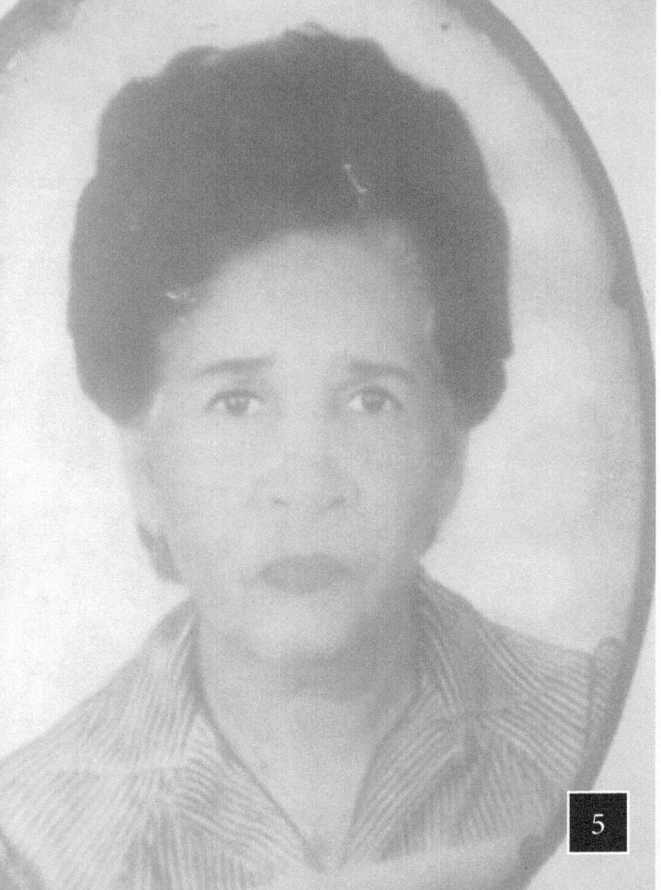

2. Junto a mi madre, Hilda.
3. Junto a mi familia, José Manuel, Maritza, Maritza madre, Calderón, José Luis, Brant y Félix Manuel.
4. Mis hermanas.
5. Mi madre.

8. La casa donde crecí en San Pedro de Macorís.

9. Modelo de casa donde vivía cuando grabé "Qué será de mi"/
"Condena", en Villa Juana.

8, 9 y **10.** Mi familia: hijos, nietos, yerno.

Juan Ortiz, Marino Reyes, Alcista Figueroa, Calderón y Qirico Ortiz.

Ángel Peña, Charles Charles, Calderón, Manuel Hernández e Isaias Hernández.

Mi hermano Ramón Calderón y mi sobrino Jenkee Nuñez.

Anjie Nunez, mi sobrina.

Luis M. Calderon, mi hermano.

Mi familia.

PARTE V

LO QUE NO SE HA DICHO DE LA BACHATA

Los protagonistas de la primera bachata

Hemos dicho con mucho orgullo, que el género musical denominado bachata, es tal vez la única música en el mundo que tiene Acta de Nacimiento. Además, tiene padres, dolientes y protagonistas a los cuales hay que dejar asentados en la historia. En este caso, quisimos recoger los nombres de técnicos y músicos, los cuales grabaron la primera canción romántica dominicana con las características que dieron origen a la bachata.

Ya hemos contado en otros apartados cómo fue, y aquí queremos dejar sentado quiénes fueron. Empecemos por los que grabaron en el pequeño estudio de La Voz del Trópico, ubicada entonces en la calle Abreu, del sector San Carlos, que Fabio Inoa había alquilado a don Joaquín Custals. Fue allí dónde nació oficialmente "Condena"/"Qué será de mí" y "Borracho de amor".

La grabación se hizo con un solo micrófono y duró varias horas, ya que se grababa de un tirón, cualquier equivocación de un músico o el artista, había que volver a empezar desde el principio.

Esa noche fueron: José Manuel Calderón, líder, productor y segunda guitarra. Eligió las canciones y le puso voz.

Andrés Rodríguez: requinto (guitarra prima)
Luis Pimentel: segunda guitarra
Chito Pimentel: marimba
Ramón Ramírez "Paleondo": bongó.
Bernardo: maracas
Técnico: Fabio Inoa

Joaquín Custals, dueño de La Voz del Trópico y quien dio la orden de que la estrenaran en la radio esa misma noche.

Los locutores que tuvieron la responsabilidad de colocarla en la radio por primera vez, fueron: César Bobadilla (Canelita) y Papá Rojita.

La grabación oficial

Aquí están los protagonistas de la primera grabación en un estudio profesional, que en este caso fue en La Voz Dominicana. Fue este sencillo el que alcanzó ventas insospechadas para la época.

Los músicos fueron:
José Manuel Calderón
Andrés Rodríguez
Luis Pimentel
Cuso Cuevas, en el contrabajo (sustituyendo la marimba por el bajo)

Ramón Ramírez "Paleondo": bongó.
Franciscón[1], quien sustituyó a Bernardo en las maracas
Técnicos: Francesco Montelli y Miguel Pichardo

Los muchachos del Trío Los Juveniles sintieron un gran júbilo al encontrarse con un estudio más grande y preparado para la grabación y, sobre todo, porque en vez de un solo micrófono, en el estudio de La Voz Dominicana, se grababa con dos.

---

1 Franciscón murió en la Revolución de Abril, defendiendo la Constitución.

¿Por qué la primera canción que grabó Calderón salió al aire el mismo 30 de mayo de 1962?

Localizamos a Fabio Inoa, el técnico de sonido con el que José Manuel Calderón grabó la primera versión de "Condena"/"¿Qué será de mí?" Su testimonio es muy importante, sobre todo, porque él nos da el eslabón que faltaba. ¿Por qué Fabio Inoa y los muchachos del Trío Los Juveniles graban un disco, una especie de demo, y este demo sale al aire la misma noche, cuando se supone que un técnico de sonido, que grababa comerciales en La Voz del Trópico, no debía tener influencias ni poder para que algo como esto saliera al aire?

Nos dio un poco de trabajo localizarlo. El propio Calderón nos dio una pista: "Me dicen que Fabio vive en Bonao; tiene una fábrica de agua". Empecé a llamar a amigos periodistas de la provincia, como Pito Acevedo y Juan Carlos Jiménez; pero ninguno sabía de quién le hablaba. La verdad es que yo tampoco sabía porqué estaba buscando un locutor, en lugar de un técnico de sonido.

Tras una búsqueda infructuosa por semanas, una noche se me ocurrió poner su nombre en Facebook. Fabio Inoa. Por supuesto, me salió uno, con el cual descubrí que tenía dos amigos en común. Acudí a una de ellas, la poeta y escritora María Palitachi. Ella no supo decirme. En Facebook se tienen amigos que son desconocidos, de gente que simplemente forma parte de tu pequeño universo tecnológico. Cuando vi que esta no era la vía, le escribí un mensaje privado: "Estoy buscando al locutor Fabio Inoa, quien grabó con José Manuel Calderón la primera bachata. Quiero saber si lo conoces, no creo que seas tú, porque eres muy joven". Solo me contestó con una frase en un signo de interrogación: "¿Locutor?".

Claro, era técnico de sonido, no era locutor. Fabio Inoa, primero estuvo ligado a la radio, a través de sus labores en la parte técnica, de la que se confiesa autodidacta; pero esto no impidió que formara parte de la cadena de la industria de la música, ya que un tiempo después de formar parte de la historia, al ser el primer técnico en grabar el embrión de lo que después devendría en bachata, fue a donde quien vino a parar -como arrendatario- la Distribuidora de Discos Dominicana que había fundado Petán. Inoa, además, jugó un papel importante en el desarrollo de la música dominicana, pues además del negocio del disco, fundó su propio estudio de grabación (lo que es EMCA) y su propio sello musical (Discos Fabiola). Además de que fue quien inició al poderoso disquero y dueño de medios, Bienvenido Rodríguez en el negocio de la música (este vendía libros y enciclopedias y Fabio le convenció de que en sus viajes por los pueblos, llevara discos para vender. Esto y otros detalles me los suministró él mismo, cuando por fin pudimos conversar por teléfono: él en Bonao y yo desde mi casa, en Santo Domingo.

En esta conversación con Fabio Inoa fue que nos enteramos, que el fue arrendatario de la fábrica de discos que habían tenido José Arismendy Petán, Salomón Sanz, Machito Jiménez, Martí Otero y ese grupo: "Yo trabajaba en Radio Jánica con ellos, entonces salí a la Voz del Trópico, y cuando quemaron a Radio Caribe, cogí para La Feria y ahí yo me despedí. Salí, cogí 500 pesos prestados al 20% y fui a Puerto Rico y compré una grabadora. Ya en el 1965 o 1966 estaba más o menos el estudio en plena revolución; yo grabé el himno al PRD, José Francisco Peña Gómez[1] me lo recordaba siempre. En el 1964, el estudio estaba pequeño con un canal; pero estaba formal, aunque yo inicié en el 1961, cuando arranqué en lleno, fue en el 1964".

---

1   Líder del Partido Revolucionario Dominicano (RIP).

ENTREVISTA A

Fabio Inoa

Lo que pasó la noche que se grabó el demo de "Condena"/"¿Qué será de mí?".

Marivell: Me contó Calderón que usted fue el técnico de sonido que grabó su primera canción.

Fabio: Sí, yo era el técnico de sonido. Yo tenía el estudio de grabación de La Voz del Trópico cuando José Manuel Calderón fue y grabó.

MC: ¿Que tú recuerdas?, ¿fue de noche que grabaron?

FI: No recuerdo mucho, no. Creo que era de tarde; las grabaciones eran largas, se duraba mucho grabando. No es como ahora que se graba por parte. Antes había que grabarlo todo, y si te equivocabas, había que empezar otra vez.

MC: De este momento, por ejemplo, me interesa mucho el tema de la grabación. Porque si bien es cierto que José Manuel Calderón grabó, y esa grabación resultó ser la primigenia en lo que habría terminado siendo la bachata, me interesa también el tema de cómo se grababa en esa época de la poca cantidad de estudios de grabación en la imposibilidad de la propia dictadura, porque no todo el mundo podía grabar.

FI: Ahí solamente estaba la Voz Dominicana que grababa algo, estaba doña Atala y yo. Yo estaba dedicado más a las grabaciones de jingle y anuncios, porque dejaba más y porque las grabaciones de discos no eran tan frecuentes, y los bachateros no eran tantos, A veces tenía uno que fiarle y lo pagaban más adelante. En el caso de La voz del Trópico, era como ensayo, porque los equipos no eran gran cosa.

Lo que ellos grabaron en ese momento, es lo que terminaría siendo la música que denominaron de amargue, primero, y luego, bachata. Es cierto que lo que grabaron no sería otra cosa que un "demo" -sobre todo si lo vemos desde hoy-; pero mientras los muchachos caminaban de la calle Espaillat, en la Zona Colonial, para Villa Juana y zonas aledañas, felices porque habían logrado grabar, en La Voz del Trópico pasó algo que les hubiera explotado el corazón de haber estado ahí.

MC: Calderón nos cuenta que era un acetato de 78 rpm[1] y que para ellos.

Era lo máximo que podíamos esperar. Recuerdo que yo llevaba la bicicleta arrastrándola para ir en el grupo con los músicos. No había transporte como ahora y todavía imperaba

---

1   Revoluciones por minuto.

el miedo en la ciudad, pues los calieses aún no habían desaparecido.

(Sucede que don Joaquín Custals, dueño de la emisora, estaba ahí cuando ellos se fueron, y cuando vio a Fabio Inoa, luego que terminó en el estudio, le preguntó qué era lo que habían hecho, y al escucharla, junto a un grupo de amigos, les encantó y mandó a ponerlo al aire.)

El propio Fabio Inoa nos cuenta que: "Fue el mismo Joaquín quien la puso en la Voz del Trópico, y al otro día, también la gente llamaba y decía que de una vez le gustó".

MC: Fabio ¿y tú sentiste en ese momento que algo diferente estaba pasando?

FI: No, realmente en ese momento no. Tú sabes que las cosas uno las grababa y comenzaba a trabajarla; pero no era con esos fines, porque uno no sabía, no era adivino para saber lo que resultaría, cómo saldrían las cosas. Era un bolero como otro cualquiera que uno grababa, y resultó que fue un éxito de Calderón.

MC: ¿Después tuvieron otro tipo de relación de trabajo-comercial?

FI: Bueno, éramos muy amigos, porque yo hasta visitaba su casa y era muy amigo de su mamá, teníamos buena relación, porque él siempre estaba en el estudio y su mamá iba con él a acompañarlo a grabar. Después que grabamos pasó un tiempecito para que se vendiera mucho el disco.

MC: Sí. Lo que me llama la atención es que a la gente inmediatamente le gustara.

FI: Sí, de que le gustó, le gustó seguido a la gente. Se puso a través de la Voz del Trópico, a Joaquín -que siempre le gustaban sus tragos y estaba como con 10 personas tomando en la emisora con él esa noche-, se lo pusimos y ellos lo respaldaron y eso fue un motivo para que lo tocaran esa noche y al otro día también. Entonces, al público le gustó y siguió llamando para pedirlo.

MC: Fabio, ¿y qué otra característica recuerdas de esa época, de esos primeros años de la bachata?

FI: Bueno, yo digo que la bachata fue una cosa natural, nadie pensaba que iba a tener esa acogida y uno la grababa; pero mira, por ejemplo, el caso de Bienvenido Rodríguez. Él lo que vendía era zapato y yo insistí con él para que se llevara unos cuantos discos. Se llevó como 300 pesos en discos, y a la semana siguiente, se llevó más de 3,000. Bienvenido ni estaba pensando en eso, yo porque insistí con él y los clientes lo respaldaron hasta que se dedicó a eso y dejó los zapatos.

MC: ¿Vendía mucho la bachata en esa época?

FI: Sí, claro que sí, se vendía. Y todos esos artistas grababan allá, y cuando doña Atala venía, pues también lo hacían allá en el estudio que ella tenía por la calle El Conde.

El estudio de Fabio Inoa se llamaba Grabaciones Fabiola en honor a su hija. Así mismo llamó a su disquera: Fábrica de Discos Fabiola y Compañía.

MC: ¿En qué formato grababas los anuncios en esa época en que se hizo "Condena"/"¿Qué será de mí?".

FI: Se grababa cinta, primero; después, los estampers, y de ahí, los discos. Lo hacíamos todo.

MC: ¿No hiciste radio?

FI: No, lo mío es y fue técnico, no como locutor.

MC: ¿Y cómo te formaste en eso?

FI: Así, de la nada. Una cosa que nació así. Yo no estudié esto, no fui a la escuela. En ese tiempo casi no había esa preparación; el talento era natural.

MC: ¿Llegaste a grabar con Bernardo Ortiz?

FI: Claro. Casi junto con Calderón, grabé con Bernardo. Todos grababan allá.

Calderón no tenía claro cómo era que sus canciones habían sonado en la emisora. Sí, supo que el locutor de la mañana, Bobadilla Rivera, lo puso; pero no que había sido por la intervención directa de don Joaquín Custals. Fueron los locutores de la emisora y el propio Fabio Inoa, quienes convencieron a Calderón de que tenía que grabar esos sencillos en La Voz Dominicana. Ya el público lo había aceptado, y pedía el invento con insistencia.

El primer artista que Kubaney firmó, fue Calderón

Hay cosas que son fáciles de decir; pero a veces imposibles de sostener en el tiempo. Sin embargo, las que cuenta el pionero de la bachata encuentran sustentación en los testimonios de otros.

"Lo que nadie podrá decir nunca es que algún artista de amargue, algún cantante de guitarra, se atreviera a grabar. El primero fui yo y ese es mi mayor orgullo. Que viniendo de donde venía, y poner hasta lo que no tenía, apostando a mí, fue de verdad, una osadía".

Nos dijo que la compañía disquera Kubaney, de Mateo San Martín en Miami, se interesó en él y vino al país a negociar con él.

En la página de sus memorias, Mateo San Martín refiere este hecho:

"Yo había empezado a viajar a República Dominicana a principios de 1963 en busca de José Manuel Calderón, el cual estaba sonando mucho en Puerto Rico. Después de haberlo contratado, continué con otros artistas: Anibal de Peña, Nelson Muñoz, Tríos Los Gentiles y pude lograr la única grabación que realizó Rafael Encarnación, quien después de grabar su único disco, falleció en un accidente, estrellándose la motocicleta que conducía contra un automóvil".

Al pegarse Calderón en la República Dominicana en el 1962, sus canciones llegan a Puerto Rico, donde el público las hace suyas. En ese momento en que Mateo San Martín está buscando expandirse fuera de los cubanos con los que trabajaba y de su recién autoexilio, le llamó la atención el impacto del artista que sonaba en las dos islas, simultáneamente.

Así que, habla con su representante en Puerto Rico acerca del fenómeno Calderón y de su interés en ficharlo para su compañía.

Willy Rodríguez, que así se llamaba su representante en Puerto Rico, le llamó para decirle que el disquero cubano Mateo San Martín quería verlo; el artista, que no la estaba pasando mal, le mandó a decir que viniera al país, "porque yo no vivo en Puerto Rico".

Y, por supuesto, Mateo vino: "Y convenimos un contrato, convirtiéndome de ese modo en el primer artista dominicano que firma con dicha casa disquera". No solo el primer dominicano, sino el primer artista que Mateo firma fuera de Cuba.

Cuenta José Manuel Calderón que, al mismo tiempo de firmar ese contrato por cinco años, con su influencia abrió las puertas de esa empresa a otros cantantes del país.

Entre estos, a los hermanos de barrio, mayores que él los dos: Johnny Ventura y Rafael Solano.

Cuando Mateo llegó con su propuesta de firma, ya Calderón tenía prácticamente la producción completa grabada. Con la cantidad de sencillos que había vendido, se había capitalizado lo suficiente como para seguir invirtiendo en su carrera.

Es bueno recordar que Calderón, al nacer como artista, tuvo que nacer como disquero, promotor y empresario. Es como él mismo dice: "Aquí no había nada. Todo tuvimos que inventarlo".

Tiempo después de vivir las amargas vicisitudes de un artista vilipendiado hasta por los mismos que le contrataban, fueron apareciendo algunas personas que decidieron probar suerte como promotores y organizadores de eventos, y en este sentido, menciona a Jaime Nolasco, El Mago Sandy y Papi Lafontaine, quienes "empezaron a buscar picoteos en Santiago". Recuerda a Papi Lafontaine, porque este último terminó viviendo en los Estados Unidos; establecieron una amistad hasta su fallecimiento en el vuelo 587 de American Airlines[1], acontecimiento al que Calderón le

---

1 El vuelo 587 salió del Aeropuerto John F. Kennedy para Santo Domingo el 12 de noviembre del 2001, con 260 pasajeros, en su mayoría dominicanos, quienes perecieron al estrellarse el mismo en Rockway, en Queens.

escribió y grabó una bachata, la cual provocó reacciones muy positivas en ese momento.

Calderón y la Güira

Cuando conversamos con El Jibarito de Lares sobre las diferencias entre su música y la música de cuerda que hacemos en la República Dominicana, lo primero que nos dijo al compararla, el "bolero dominicano", además de muy adelantado musicalmente -las revoluciones por minuto- en lugar de maracas, "le pusieron güira".

Ese ha sido uno de los temas de divergencia entre los investigadores de nuestra música y los inicios de la bachata, pues la güira que se colocó en principio no tenía la misma preponderancia que se le fue dando después.

Desde "Quema esas cartas", que fue su tercer sencillo, el percusionista Franciscon y Calderón empezaron a usar la güira en las canciones de amargue.

Comenta Calderón que, en cambio, en Puerto Rico lo que usaban era timbal en lugar del bongó, en su naturalización del bolero.

"Nosotros usábamos el bongó, que también se ponía bajito, y a medida que esta música ha ido evolucionando, ha ido tomando protagonismo", explica.

Recuerda que la influencia que tenían era de los tríos, tango, canciones mexicanas y Jaramillo, entre otros. "Su estilo de bolero no es bachata. Hay una diferencia muy grande y cada día se va ensanchando más, porque la bachata es capaz de soportar innumerables innovaciones".

Afirma Calderón, y periódicos de la época lo confirman, que El Jibarito empezó cantando jíbaras y que empezó a tocar boleros a finales del 62 y principios del 63.

Otras canciones de esa época que fueron las primeras en tener güira fueron: "Vuelve otra vez", "Llanto a la luna" y "Vano empeño".

El pionero dice que ahora es imposible pensar en una bachata sin güira. Al cambiar el uso de las maracas por este instrumento de aluminio, tocado con alambre tensado, Calderón sentó uno de los precedentes imprescindibles del ritmo al que imprimió con su voz el tono de quejumbre y pena. Otros lo han llevado hasta el extremo, y algunos han suavizado; pero nadie ha podido desvincularla de la bachata, en cualquier tiempo.

¿EL AMARGUE TIENE QUE VER CON LAS NOTAS MUSICALES?

En su libro, "La bachata y la identidad dominicana", la catedrática Julie A. Sellers busca el trasfondo del vocablo "amargue", que no aparece en el diccionario. Ella contextualiza en la experiencia local, de esta forma:

"El amargue no se limita fácilmente a la definición de una sola palabra, pues tanto para los músicos como para sus aficionados, significa mucho más. De la misma manera en que la saudade -la esencia sentimental de la música portuguesa, el fado- no se traduce con una sola palabra, el amargue abarca un espectro amplio de emociones y asociaciones, incluso muchos de los mismos sentimientos de melancolía, nostalgia, pérdida, anhelo y deseo que comprenden la saudade."

Richard Elliot, aborda la imposibilidad de traducir la palabra saudade, porque no encuentra una sola palabra que la represente. Sellers sostiene que, tal vez ejemplifique "la imposibilidad de las condiciones para describir un aprecio de fado por uno que no hablara portugués", continúa diciendo: "Lo cual enfatiza el carácter esencialmente portugués tanto del sentimiento de la saudade como del fado".

Sellers concluye entonces que: "De la misma manera, la palabra 'amargue' podría servir para subrayar la singularidad tanto del sentimiento como de la bachata, como únicamente dominicanos".

Afirma que Elliot tiene acuñada una expresión con la cual explica el fado y que ésta misma puede servir para subrayar las emociones que encierran; "las gramáticas de la nostalgia".

Tal como "el fado… trata del anhelo, de la saudade" expresando lo que está perdido y lo que tal vez nunca sea encontrado, de lo que nunca ha sido, pero de lo que tal vez sea", como describe Elliot la canción portuguesa.

"La bachata dominicana comunica varias facetas del amargue, Así el amargue es un ingrediente esencial a la bachata, y el bachatero tiene que sentir ese sentimiento para poder interpretarlo de verdad", amplía la académica.

Dentro de las muchas descripciones testimoniales que Julie Sellers recoge, nos quedamos con tres: una del ex Aventura, Henry Santos, quien sostiene que: "El amargue es una combinación de sentimientos verdaderamente desgraciados y una guitarra muy triste". Me parece genial esa metafórica, forma de pasarle el sentimiento de tristeza al instrumento de cuerda, base fundamental de la bachata. A esta música, a la que todavía le cabe un considerable mar de fusiones, lo único que no le puede faltar, es una guitarra "que llore".

Leonardo Paniagua dice que, para la bachata cumplir su misión, no basta con que la canción exprese el amargue, sino que la letra le haga pensar a quien le escucha, "lo mismo que me está pasando a mí" y le provoque el amargue.

Otro de los Aventura, Lenny Santos, quienes al parecer, por los éxitos que logró esa agrupación, todos sus integrantes aprendieron muy bien los códigos de la bachata, pues alude a que no hay que bailar la bachata todo el tiempo, sino que "la puedes escuchar y llorar". Es más categórico cuando afirma que "la bachata es curativa".

Muy bien expresado por el bachatero dominicano residente en Nueva York, Raffy Burgos, quien le dijo a Sellers que "la bachata tiene el poder de convertir el sufrimiento en algo que se puede disfrutar, y así alivia la tristeza".

La mejor parte, agregamos, es que ese "lloraíto azucarao", que a la vez se llora y se canta -se siente- también tiene su efecto "curativo", todo el que pasa por un amargue "llorao, cantao y bailao", amanece más aliviado de como entró al proceso de amargue. Y este es un testimonio personal.

Muchas veces se ha intentado vincular "el amargue" y la "melancolía" que genera la bachata con su tonalidad. Quisimos saber un poco más y conversamos con dos productores musicales destacados del país. Conversamos por la vía telefónica con el destacado músico y arreglista, Pengbian Sang, quien ha trabajado con los proyectos bachateros de Félix D´Oleo y Frank Ceara. El músico que en la actualidad sustenta el proyecto retro-jazz, coincide en la idea de que "los tonos menores en general tienen una sonoridad más triste"; pero en el caso que nos ocupa -el de José Manuel Calderón-, él mismo saca "Llanto a la Luna", porque "está en tono mayor".

El músico explica que la bachata es más triste no necesariamente por la música, sino más bien por "la temática y la forma de interpretarla. En el caso de la bachata, al ser más lenta, se siente más".

Pengbian dice que ha pensado en las cualidades de la bachata y que el resultado no cambia por el tono en que se haga: "La sonoridad de un tono menor es más triste que un tono mayor; pero no es de rigor que para que una canción sea más triste o alegre, tenga que ser en un tono menor o mayor".

Aunque conformes con las explicaciones de Pengbian, acudimos al destacado arreglista Manuel Tejada, uno de los protagonistas de la bachata, al inventar o innovar el sonido de la misma con teclados, guitarras y sonidos electrónicos que dieron vida a la denominada tecno-bachata junto a Sonia Silvestre y Luis Días. Una voz más que autorizada en el tema, tanto por su hacer como por su capacidad de observación de todas las músicas, y en particular, de los géneros populares de República Dominicana. Bastaron dos preguntas y sus respuestas, para sellar el cuestionamiento.

Marivell: Estoy haciendo un trabajo sobre José Manuel Calderón, quien fuera el primero que grabó bachata. Una de las cosas que se me ha puesto en la cabeza es la tristeza de la bachata, la graban en tonos menores. ¿Eso es así?

Manuel Tejada: Bueno, tú mencionaste al señor Calderón, pionero de la bachata, creo que su bachata, si mal no recuerdo, el nombre es "Llanto a la Luna" y está en tono mayor. Entonces, esa teoría de inmediato se cae, aunque puede ser válido, y sin duda los tonos menores (y es algo muy complicado de explicarle a la gente que no sepa de música); pero los tonos menores sí son melancólicos, eso está demostrado, digamos, psicológicamente y psiquiátricamente, que producen un cierto estado de ánimo de melancolía más que de tristeza. No creo que sea un patrón, que la bachata tenga que ser en tonos menores para que demuestre tristeza, porque eso de otra manera, es demostrar tristeza incluyendo la lírica, y no me gusta la palabra tristeza, sino más bien la palabra melancolía, porque además eso pudo haber sido una parte de la historia de la bachata, pero si vamos a la realidad, la bachata es mucho más que eso.

Le tomó la palabra prestada a Juan Luis quien dice que la bachata dominicana es "como luz para los americanos": "Yo pienso que sí, porque es una manera de demostrar todos los sentimientos de melancolía, recuerdos, amores o desamores que se han tratado a través de la historia en la bachata, hoy en día la bachata ha cambiado muchísimo y ya quizás el tema de la tristeza no sea lo que más se use, sino más bien el amor o el desamor".

MC: En el caso tuyo, cuando ibas a trabajar las tecno-bachatas, ¿a qué dilemas estilísticos te enfrentaste en el proceso?

MT: Bueno, eso que nosotros hicimos fue en base a las canciones que escribió Luis Días y sin dudas, eran canciones de mucha realidad, de la vida cotidiana de la gente común. No solamente dominicanas, sino de cualquier lugar, y la idea de eso fue realmente como decimos ahora, construir lo que era la bachata, lo que se conocía como bachata. De hecho hay pocos elementos sonoros, salvo el bongó, que podamos decir que son elementos de la bachata; pero el uso de sintetizadores, el uso de electrónica en aquel momento, y hoy día mucha gente se jacta de decir que han metido instrumentos electrónicos a la bachata. Eso lo hicimos nosotros hace más de 20 años. Entonces, eso no tiene, para mí, nada de novedoso decir que hoy día hay una bachata urbana, porque incluye elementos de hip hop, porque incluye elementos de electrónica. Eso, la vida entera todos los músicos que tuvimos el chance de crecer en la tecnología, pues lo utilizamos.

MC: Lo que pienso es en ese proceso de ustedes. De alguna manera sentó las bases de lo que está pasando hoy con la bachata.

MT: Bueno, entiendo que sí. Con toda modestia entiendo que nosotros hicimos un trabajo, que no sé si revolucionó o cambió; pero por lo menos, sentó pautas para el futuro de lo que es esa música.

ENTREVISTA A

Dagoberto Tejeda

Aquí, la conversación, breve; pero muy definitoria, con Dagoberto Tejeda[1]. La misma fue realizada en medio del Carnaval de Villa Mella, un domingo de marzo del 2016. Con Dago, como lo nombramos, es tan fácil conversar. Primero, por su disposición, por las investigaciones que ha hecho sobre la música, y luego, la cultura popular dominicana. Es como una enciclopedia viviente.

MC: ¿Estás de acuerdo con que la bachata existía antes de los años 60?

DT : Toda historia siempre tiene un antecedente. Nada comienza de 0, sino que se van juntando toda una serie de elementos y de variables. En este caso, a nivel musical hay una convergencia de una presencia de elementos rítmicos nacionales con células musicales que vienen desde mucho tiempo, que se van reencontrando y, al mismo tiempo hay una presencia de variables externas. En este

---

1   Cofundador del afamado Grupo Convite, en el que también estaba Luis Días, quienes junto a otros artistas y compositores se dedicaron a investigar las manifestaciones artísticas y folclóricas de todo el país, con viajes de campo, grabaciones, conversaciones, etc. Uno de los grandes folcloristas dominicanos.

caso la parte de Colombia y la parte de México jugaron un papel determinante y fundamental con una tradición que nosotros teníamos del bolero, y de Cuba, con el son.

Desde ese punto de vista, no hay una bachata que nace en un momento dado y se queda estática, sino que se va enriqueciendo, se va transformando con la introducción de instrumentos, con la producción a nivel melódica y rítmica, hasta coral, y lógicamente, a nivel temático. A nivel temático es una expresión de los barrios. Es una expresión, es una crónica social de ese punto de vista. Yo he sido de los que he discutido más cuando hablan de contenido bonito. No, no, no, eso de que Juan Luis fue el que honró la bachata cuando la llevó al Teatro Nacional... Yo siempre digo que es al revés. Incluso, Juan Luis lo que hizo fue blanquear la bachata. La bachata es una expresión con su propia identidad, que tenga variaciones, interpretaciones y creaciones, eso es normal en todos los ritmos; pero desde ese punto de vista, entonces, la bachata es una expresión dominicana, que no existe en otro país. En el país hay un modelo que se define a partir de la eliminación de Trujillo; ese modelo de la bachata que se comienza en los años 60. Antes pueden haber elementos que se liguen a un antecedente; pero el modelo comercial comienza realmente en la década del 60.

MC : Por ejemplo, el caso de José Manuel Calderón, que fue el que grabó la primera bachata, precisamente un año después de la muerte de Trujillo, el 30 de mayo del 1962.

DT : Y aún la producción de Calderón no corresponde al modelo que tenemos hoy de bachata. Él fue de los que dio la ruta y el camino, entonces, en ese momento todavía no se correspondía a lo que tenemos hoy, porque han habido toda una serie de aportes. El Añoñaíto, cuando le mete la güira, la guitarra, pasa a un segundo plano. Entonces entra el bongó[2], por ejemplo, cuando entra la güira…

MC: La güira fue Calderón que se la puso…

DT: Pero… Pero una cosa es la presencia de la güira y otra es la parte rítmica de la güira y el papel de la güira dentro del conjunto, porque la guitarra siempre estuvo con todos los bohemios, con muchos boleros. Ahora, cuando pasa de un primer plano a un segundo plano, y donde tú tienes, por ejemplo, la reaparición casi del seis, ¿verdad?, entonces el alambre va a tener una dimensión que no tienen los boleros tradicionales. Lo que quiero plantear con eso es que hay que verlo como un proceso permanente de enriquecimiento, la parte, por ejemplo, a nivel bailable. No hay un esquema ni que lo diga ninguna academia de que estos son los pasos. No, no, no, la bachata se baila a partir del sentimiento, como la gente lo siente, cómo se interactúa la pareja. Claro, tiene una característica a nivel de un bolero. Va rápido hacia delante y hacía atrás; pero cuando tú ves, por ejemplo, la música con el baile, ¿por qué los extranjeros prefieren la bachata o el merengue en el baile? Por que en el merengue los extranjeros no manejan -lo que es una herencia africana- la cadera como la maneja la dominicana y el dominicano. En la bachata, son dos varillas que se ponen.

---

2   JMC aclara que usó el bongó desde la primera grabación.

Entonces, es más fácil para el extranjero bailar bachata que merengue.

MC: Así mismo es. Una cosa que veo, es que, aunque se le quiso tildar en la época peor a la bachata socialmente, esta era una música de campesinos; la bachata nació en los barrios de la capital.

DT: La bachata primero es una expresión urbana. Nació en los barrios de la ciudad de Santo Domingo ni siquiera en los barrios de los otros pueblos. Nace ahí como una crónica, como un testimonio social; pero cuando hablamos, por ejemplo, de la categorización social y los prejuicios del racismo, nosotros vemos que comienzan a endilgarle el prejuicio de que es música de barrio, es música de guardias y que lo que incita es al desespero, al desamor, a la muerte. No, la bachata como crónica social tiene que ser fiel al contexto donde nace. No es una abstracción poética. No. Es una representación literaria a nivel de la identidad de la realidad, de lo que está ocurriendo.

MC: Del corazón

DT: Sí.

MC: Se pudiera decir…

El "lloraíto azucarao" de José Manuel Calderón

"El día primero de agosto del 1962, apareció la primera grabación fonográfica de José Manuel Calderón. 'Borracho de amor' y 'Condena'/'¿Qué será de mí?'. Se apoderaron del ámbito criollo, seguidos por los éxitos, 'Quema esas cartas', 'Te perdono' y 'Llanto a la luna', con las cuales el creador del 'lloraíto azucarao' alcanzó la cifra récord de venta en lo que a su género se refiere."

Cuánto me gustó encontrar este texto del poeta y compositor azuano, Eugenio J. Ruiz Casado, en la contraportada del primer disco de larga duración del artista presentado a principios del 1963. Los sencillos que fueron su imprenta en el mundo del disco son declarados éxitos, y el poeta, que buscó doña Atala Blandino para que describiera el disco de Calderón, da en el clavo. Nunca mejor dicho: "lloraíto azucarao". En esa simple imagen poética, con la cual el escritor hacía frente a las denostaciones de "música de guardia" y "música de amargue", con las que fuera recibido el incipiente género.

"El lloraíto azucarao" de Calderón es lo que da pie al tono como conocemos la bachata. En esas primeras canciones, hace un movimiento que diferencia definitivamente el nuevo género musical de su antecesor sonoro: el bolero.

Ruiz Casado continúa describiendo al artista: "Pero no solamente es cantante y guitarrista. José Manuel Calderón es, además, compositor". Con mucho cuidado sigue describiendo que "el primer álbum titulado "Te Perdono", llena de orgullo a su autor, al tiempo que sitúa en altura de prestigio al país, y es una obra en la que se manifiesta el noble esfuerzo de un ahijado de las musas, o cual debe servir de ejemplo y estímulo a los tantos astros de la canción romántica que rutilan en nuestro firmamento artístico".

"Aquí está, pues, José Manuel Calderón, en doce inigualables creaciones que brindan a sus admiradores, entre otras intimidades, un suplicante 'Llanto a la Luna', la tibieza de unas 'Lágrimas de sangre' y la angustia anhelante de un 'Vuelve otra vez', concluye el poeta azuano.

En la temática de las canciones -de súplica, llanto y dolor- del primer disco de José Manuel Calderón se estableció la pauta definitiva para escribir, grabar y hasta fusilar canciones de otros géneros, para llevarlos al amargue que le dio sentido a lo que, finalmente, terminó siendo bachata.

Calderón también sentó las bases de cómo se tenían que cantar estas canciones. En la forma de interpretarlas, con quejumbre, añoñe y evidente pena, nació el "lloraíto azucarao", norma desde él mismo, hasta los que le sucedieron. Luego lo siguió con más énfasis "El añoñaíto" Luis Segura, y Anthony Santos, Luis Vargas, Raulín Rodríguez, Zacarías Ferreira, Romeo Santos y Prince Royce.

Una guitarra y dos estilos: El Jibarito de Lares y Calderón

Muchos han intentado colocar el inicio de la bachata en las canciones de guitarra de artistas puertorriqueños como Odilio González, mejor conocido como El Jibarito de Lares, o Blanca Iris Villafañe. Sin embargo, ninguno lo ha afirmado. Para muestra están las declaraciones del propio Jibarito, cuando en el 2012 fue reconocido por Domingo Bautista y Frederick Martínez, El Pachá, a quienes dijo que nunca ha cantado bachata, y que desde sus inicios en la música, el género que interpreta es denominado "bolero jíbaro".

El propio José Manuel Calderón dice que no estuvo expuesto a la música de El Jibarito de Lares, quien antes de 1962 se dedicaba a interpretar música puertorriqueña jíbara y que el primer tema interpretado de este artista en el país fue, "Celos sin motivo", posterior a sus primeras grabaciones.

En la nota de prensa publicada el 1 de octubre del 2012, y enviada a los medios por el programa, "Con Domingo y Pachá", se hace pública la declaración de El Jibarito, quien reconoció: "La llamada bachata es un género netamente dominicano, nunca he cantando bachata; esta música es dominicana, lo que yo hacía es un tipo de bolero jíbaro", reafirmando el origen dominicano de la música de amargue y a sus intérpretes criollos que otros le han querido adjudicar.

Cuestionado para este libro en una entrevista realizada en el lobby del Hotel Lina, nos responde: "Dicen que yo soy el propulsor de la bachata, aunque yo nunca he hecho un CD de bachata; pero sí los apoyo grandemente y los felicito de corazón, porque en este momento está sonando fuerte la bachata, ciertamente en mi país, en Nueva York y en casi todos los países está sonando la bachata".

El Jibarito de Lares es oriundo de la ciudad de Lares, quien inició su carrera interpretando décimas, lo que era denominado como música "jíbara". En el 1956 inició su carrera como cantante folklórico, debutando en Nueva York, en el Puerto Rican Theater. A principios de los 60 fue que empezó a trabajar con el bolero y pegó su primera canción en 1962, "Celos sin motivo".

El propio Jibarito nos reitera que empezó a trabajar el bolero de cuerdas inspirado en los valses peruanos y ecuatorianos: "Nunca he sentido a la bachata dominicana deudora de mi música, porque a mí no se me parece".

El Jibarito, como artista conocedor de los peores años de la bachata, dice que lo último que querría un artista en su sano juicio -en esa época- era ser considerado bachatero: "Ese era el peor insulto que podía haber".

He aquí un extracto de la entrevista realizada con motivo de este trabajo biográfico a El Jibarito de Lares. La misma se realizó en mayo del 2014, fecha en que vino al país por motivo de las madres dominicanas.

Marivell: ¿Usted vino hoy a celebrar el Día de las Madres dentro del espectro de la música dominicana?. Si a usted le dicen que es un bachatero, ¿qué diría?

Jibarito: Te soy honesto ni la palabra me gusta.

MC: ¿Por?

JL: Porque se decía que la bachata, el público no la aceptaba. Ahora mismo la bachata está corriendo el mundo.

MC: Aunque Anthony Ríos grabó una de sus grandes producciones musicales en bachata, y fue en homenaje al Jibarito de Lares, ¿qué significó para usted?

JL: No... Imagínate, cuando yo lo escuché, una persona como Anthony y ese tema mío en bachata, y la verdad que me gustó mucho.

MC: ¿Y el Jibarito no se atrevería a grabar un CD de bachata?

JL: Es posible que sí, me gustaría hacerlo, y además aquí hay un excelente guitarrista llamado Mártires de León. Si me gustaría...

MC: Aquí se habla mucho del Jibarito como antecedente a lo que es la bachata, ¿qué piensa Jibarito de eso?

JL: Sí. Mucho gusto... Dicen que yo soy el propulsor de la bachata, aunque yo nunca he hecho un CD de bachata; pero sí los apoyo grandemente y los felicito de corazón, porque en este momento, está sonando fuerte la bachata. Ciertamente en mi país, en Nueva York y en casi todos los países está sonando fuerte la bachata.

MC: Hablando del Jibarito en sus inicios, ¿cómo era el bolero que sonaba en esa época?, ¿qué estaba buscando Jibarito en la música?

JL: Bueno, yo buscaba un sonido distinto al puertorriqueño.

MC: ¿Pero esas canciones "Entre espumas", "La selva", fueron con Yomo Toro?

JL: Bueno, la mayor parte de lo que yo he grabado ha sido con Yomo Toro.

MC: Estoy trabajando con la biografía de José Manuel Calderón que también grabó mucho con Yomo Toro.

JL: Bueno, yo lo he escuchado mucho en Puerto Rico; pero donde vi una muestra más grande fue cuando empezamos a grabar en Nueva York; y estuve por muchos años grabando con el conjunto de Yomo Toro.

MC: ¿Cómo se conocieron? ¿O sea, el primer disco suyo fue con Yomo Toro?

JL: A mí me gustaba lo que era mi música jíbara puertorriqueña y música folclórica; de ahí es que viene. El Jibarito de Lares y los campesinos somos los jibaritos. Mi pueblo natal se llama Lares. Es un pueblito pequeño en la isla donde se practica la agricultura, café, plátanos y muchas cosas, que produce mucha comida.

MC: ¿Cómo fue cuando creaba su música? La cual era diferente, porque era un "bolero" distinto. ¿Hubo alguna reacción negativa?

JL: No hubo nada negativo. Lo único es que, a mucha gente "El Jibaro" como que no le gustaba, porque eran de ciudades; pero poco a poco fue llegando hasta el día de hoy.

MC: ¿La música nunca tuvo una reacción negativa, ¿O sea, nunca la bombardearon?

JL: No. Gracias a Dios, no, porque yo siempre he tratado de llevar mensajes positivos en todas las letras que hago de diferentes compositores.

MC: ¿Qué usted escribe?

JL: No, yo no escribo.

MC: ¿Cómo es la selección de las canciones?

JL: Las selecciono de acuerdo a mi estilo. La que creo que me gusta, y solo mensajes positivos.

MC: ¿En qué año empezó usted?

JL: Empecé en el 56. Fue cuando hicimos las primeras músicas jibaritas. El bolero y lo demás llegó luego del 59; el primer bolero que hice, pegó bien.

MC: Entonces, ¿en los 60 fue que se empezaron a pegar sus temas?

JL: Todos. Y aquí, gracias a Dios y a un señor que se llamó Radhamés Aracena[1] de la Guarachita. Ese fue el que me ayudó a llegar aquí, a Santo Domingo[2].

MC: En el 62 nació la primera bachata, se llama "Condena", por José Manuel Calderón.

JL: José Manuel Calderón, trabajé muchísimo con él.

MC: Es la época en que Calderón sale, después de usted; ¿usted cree que la bachata fue influenciada por su música?

---

1 Nos explica Calderón que Aracena tenía negocios con Mario Hernández, dueño de la disquera BMC regional.

2 Recordemos que Radio Guarachita inicia en el 1964.

JL: Ellos dicen que sí. Yo creo que parte de ella.[3]

MC: ¿En qué parte usted la siente?

JL: Aquí lo movieron un poquito más, porque el bolero mío es un poquito más lento y la percusión mía es muy distinta. A veces todo, por que nosotros no usamos la güira[4].

MC: ¿Qué usaba el jibarito en su música?

JL: Timbales, congas, los mismos instrumentos que el bolero.

MC: Pero salió distinto, ¿y por qué?

JL: Por los instrumentos salió distinto a la guitarra

MC: ¿Fue intencional?

JL: Sí. Buscando unos cambio nuevos.

MC: ¿Qué fue lo que causó ese cambio de género en usted?

JL: Oh, buscando los valses, el valse sudamericano, de Perú, Ecuador. Buscando otros mercados, yo traté de llevarlo rápido.

---

3   Fueron procesos paralelos de la búsqueda de un bolero de guitarra que tomaron distintas formas en varios países de América, según nos consigna Alexis Méndez, ya citado en este libro.

4   Este es uno de los instrumentos imprescindible de la bachata, lo que la diferenció definitivamente del bolero, que se tocaba con bongós y maracas.

MC: A lo largo de todo el proceso hubo un tiempo que usted compartió con Blanca Iris Villafañe[5], que eran como hermanados en el términos de sonido, ¿es así?

JL: Sí, y también nos acompañó Yomo Toro[6].

MC: O sea, que si usted debiera decir que hubo un inicio, que quizás pueda ligarse la bachata, estuvo más relaciona con Yomo Toro[7] por compartir con su persona?

JL: Bueno, él era un experto, era muy comercial.

La única coincidencia entre El Jibarito de Lares es el origen. Según nos comentó Alexis Méndez, en el proceso de lectura y corrección de este libro: Con ellos,

---

5   Blanca Iris Villafañe es la versión femenina del bolero folclórico que representa el Jibarito de lares y fue quien inició en Puerto Rico la emancipación femenina en el bolero, cuya mayor identificación sonora es la guitarra o requinto de Yomo Toro.

6   Yomo Toro es el cuatrista más reconocido y venerado de Puerto Rico. Fue el primero en llevar este instrumento nacional de su país a la salsa. Permaneció en la Fania All Star desde 1971 hasta 2012. Aunque no aparece registrado en las pocas biografías suyas en la red, Yomo Toro tocaba el requinto y fue una pieza indispensable de las producciones musicales del Jibarito de Lares y Blanca Iris Villafañe. Acompañó con el requinto a Felipe Rodríguez y produjo varias producciones a Calderón en NYC. Este artista tocó en varias oportunidades con el más destacado requintista dominicano Edilio Paredes.

7   El propio José Manuel Calderón consigna que Yomo Toro cuando le producía los discos le decía a sus músicos que iban a toca "al estilo Calderón".

y otros intérpretes de diferentes partes de Latinoamérica, se dan procesos paralelos a partir de aquel bolero moruno de Los Panchos y otras músicas, como los valses criollos, pasillos y rancheras.

"Los dos estaban intentando hacer un bolero de guitarra que fuera distinto. Él dice haberse ido por el sonido de los valses peruanos y ecuatorianos. Calderón, en cambio, eligió seguir un estilo más hermanado a la ranchera y al optar por las canciones de fuerte contenido romántico, se fue a una fuente indiscutiblemente melodramática: el tango argentino. De hecho, muchos de sus éxitos son canciones conocidas de autores argentinos populares en las décadas del 40, 50 y 60".

"La influencia que oíamos eran tríos, tangos, boleros mexicanos. Boleros de Julio Jaramillo, pero los boleros de ellos no son, porque aunque se parezcan, hay una diferencia muy grande, y cada vez se han ido distanciando más en la medida en que se han ido sumando cosas y haciendo innovaciones. Todo eso quedó atrás", nos afirma Calderón en conversación de enero del 2017.

Yomo Toro, que estuvo ligado al Jibarito de Lares y a Blanca Iris Villafañe en la producción de sus discos y en el acompañamiento en conciertos en vivo en Puerto Rico y Nueva York, también le tocó producir varios discos de José Manuel Calderón, "el pionero". Dice que fueron como siete producciones musicales[8] a principios de los 70. Esos procesos de grabación

---

8   No hemos podido establecer exactamente cuáles fueron, por la poca

en los estudios, los recuerda el pionero de la bachata, porque este le decía a sus músicos: "Vamos a tocar al estilo Calderón", con lo que establecía claramente, que el género musical y la forma de ejecutarlo, distaba de sus experiencias anteriores, en que hasta acompañaba con el requinto a Felipe Rodríguez y otros tríos del bolero borinqueño.

Desde que empezaron a sonar las primeras dos canciones de José Manuel Calderón, se consignó un término para referirse a esa nueva música "de amargue".

Diferencias, ¿o coincidencias?

Es que hay mucha diferencia en términos, tanto interpretativos como de sonido, con otros hijos del bolero que parió el continente americano. El Jibarito de Lares se decantó por una base de percusión con timbales, congas, mucho más lento y sin usar güira, como nos dijera. En cambio, la güira se la puso Calderón a su forma de hacer bolero. Fue Calderón quien agregó tumbadora, timbales, bongós, y hasta piano, creando el sonido que le dio vida a la base rítmica de la bachata. Inclusive, uno de los grandes éxitos, "Llanto a la Luna", la grabó en una base de piano, que fue tocado por Bienvenido Fabián, luego de superado el impase por los cambios que hizo el pionero a la bachata primigenia de su autoría.

---

información que traen los discos, la mayoría en formato trasladado a CD, en forma de éxitos; pero sin los créditos correspondientes.

"Estábamos buscando algo distinto al bolero de guitarra, que era lo que se tocaba en las fiestas de casa o de patios, como le llamaban a las reuniones bohemias. Heredamos el nombre de ese proceso que se fue gestando por años en las casas de pueblos y campos, donde no había muchos aparatos de música, y las reuniones se hacían con los que sabían tocar un poco de guitarra, y eran capaces de improvisar o cantar canciones conocidas con pocos instrumentos. Desde la primera grabación, empezamos a sentir con simples modificaciones en el tiempo musical -acelerándolo un poco, algo distinto, luego con la inclusión de los bongós y la güira. A partir de 'Luna', podemos decir que logramos hacer nacer un nuevo ritmo", nos dice nuestro biografiado.

O sea, que Calderón no es solo el primero que grabó una bachata, sino el que le dio personalidad a la base rítmica con que esta nació. Aunque la misma iría fortaleciéndose con el tiempo y con la influencia de cada nuevo artista que se le unió en la travesía. Ya no solo fue bolero, ranchera, tango o plena, también se curtió con la cumbia, el vallenato, la balada y el merengue; volvió a ser un éxito acompañado de una guitarra.

¿Bacharengue?

Y, si la base rítmica es parte esencial de un género, no hay dudas de que el pionero de la bachata es él, el mismo que le introdujo la güira, cadencia que separa definitivamente el sonido de la música de amargue del bolero.

¿Y si la nueva tendencia musical no hubiera tenido éxito inmediato? ¿Si no hubiera tenido otros cultores que le siguieran los pasos, y luego no se hubiera establecido una maquinaria a partir de sus logros? Está claro que no estuviéramos hablando de José Manuel Calderón Carbuccia, porque las razones para hacerlo, no existirían.

Radio Guarachita y Calderón

Aunque muchos de los autores de libros sobre la bachata han dejado entrever que Radhamés Aracena fue la punta de lanza de la pegada de la bachata, hay que establecer la verdad. Y de esa verdad solo es dueño José Manuel Calderón.

Resulta que la primera bachata, desde el mismo que día que fue grabada, empezó a sonar en la Voz del Trópico, y luego en Onda Musical. Después, en todas las velloneras del país. Por lo cual, en principio, la bachata se pegó en el pueblo amante de la música de guitarra y el bolero. No tenía una oposición tan abierta. Aunque esta se manifestaba en la denominación de la misma en términos despectivos. La oposición fue creciendo en la medida que seguía incrustándose en el corazón del pueblo.

No se debe negar que igualmente la tocaban en las barras, en las que habían prostitutas (cueros), muchos chulos y guardias, los cuales compartían sus dolores y alegrías con las coplas y las voces amargadas del bolero, la ranchera, el tango, el bolero cantinero, el bolero de cuerdas, del pionero, y luego de los que le siguieron los pasos en la línea del amargue y la bachata.

El propio Calderón, junto con su amigo de infancia, y luego empresario y disquero, José Rolando Padrón, iba de barra en barra vendiendo sus discos para las velloneras.

Aracena, en esa época producía un programa en la misma Onda Musical. Era un programa donde ponía música "campesina", o sea, "merengues típicos y guarachas que eran los protagonistas de "El siete a ocho del Mejoral", todo un suceso, por su estilo de animarlo y porque ahí colocaba los discos que vendía en su tienda "La Guarachita", distribuidora, principalmente de, guarachas, sones, y también música de campo adentro o de acordeón.

Fue él una de las primeras personas a las que acudió Calderón, para "pedirle soporte en nuestro proyecto musical, que invirtiera y lo grabara como ya lo hacian con algunos músicos típicos".

Calderón conoció a Aracena en La Voz del Trópico, donde este tuvo uno de sus programas y a la que el joven iba constantemente a participar de los programas de aficionados de la emisora.

"Le llevamos el primer sencillo, lo puso, y su primera reacción fue aconsejarnos dejar eso, porque él no le veía mucho futuro", expresa Calderón.

Sin embargo, el éxito de los primeros sencillos de Calderón, que se pegaron prácticamente todos, fue lo que lo motivó a continuar apoyando la grabación de otros intérpretes de aquella música de guitarra, y luego a instaurar su propia emisora.

"Hasta ese momento, él nunca había grabado música de guitarra y como no me llevé de su consejo de abandonar esa música y lo que hice caló en el gusto popular, él cambió de parecer", afirma.

A menos de un año de José Manuel Calderón grabar, Radhamés Aracena empezó a firmar y a grabar otros artistas, entre ellos: Inocencio Cruz, El Diablo Williams, Los Hermanos Veloz, Joaquincito, Cuco Valoy[1] y Los Ahijados (este último grabó en tiempo de son "Condena"/"¿Qué será de mí?").

"Además de mí, Rafael Encarnación y su hermano, Julio César Encarnación, Mélida Rodríguez (La Sufrida), Fabio Sanabia, Óscar Olmos, Eladio Romero Santos[2], Luis Segura[3], Miguelito Cuevas, Ramón Cordero, Blas Durán[4] y mu-

---

1   Cuco Valoy también se dejó influenciar por el fenómeno de la bachata y se convirtió él en "El Pupi" de Quisqueya.
2   Eladio Romero Santos tuvo un gran éxito y se puede considerar como el que mejor representa el movimiento del merengue en guitarra de bachata o bacharengue. En el país y en Nueva York se convirtieron en éxitos, "La Muñeca", "La mujer de mi hermano" y "La mujer policía".
3   Antes de sacar su propio proyecto musical, Luis Segura llegó a ensayar para tocar con JMC en el patio de la calle Moca 41, donde Calderón vivía; pero tocaba la guitarra segunda, que era la misma que tocaba Calderón, por lo que no pudo entrar al trio.
4   Se inició con sus propios recursos. Era vendedor de discos de pueblo en pueblo junto a Bienvenido Rodríguez y fue uno de los primeros artistas que pegaron canciones con la recién fundada disquera Karen Records. Por supuesto, en la época de Karen y sus primeros años, Blas no cantaba canciones ni de doble sentido ni de sentido explícitamente sexual.

chos otros se iniciaron con sus propios recursos en el mundo de la música y la grabación."

Aunque bachateros como Luis Segura y Blas Durán, no iniciaron en Radio Guarachita. Por ejemplo, el segundo empezó con Bienvenido Rodríguez, ambos terminaron en las manos de Radhamés Aracena, que les dio gran difusión y el gran éxito de Segura, "Pena", del 1982, fue bajo el amparo de su legendaria emisora.

"Como tengo que repetir una y otra vez, en principio, Radhamés Aracena no tenía emisora. Era un hombre de negocios con la música, que decidió volcar su conocimiento del hombre campesino y sus gustos. Su ya demostrado buen manejo de la distribución de discos y su destreza como hombre que hacía radio, para complementar su empresa, y fundó Radio Guarachita[5], que salió al aire en 1964".

En una entrevista concedida a Joseph Cáceres y que salió publicada el 22 de diciembre del 1985, Calderón aclaraba esto con estas palabras: "Aquí en el país, mucha gente ha pensado que pertenezco a la constelación de artistas de la Guarachita, de Radhamés Aracena; pero nunca he tenido contrato con ese sello; solo negocios de distribución de los derechos de explotación que me han dado compañías extranjeras".

No podía ser menos romántico y canalla el día elegido para inaugurar esta emisora: el Día de San Valentín. Algo

---

5 La emisora estaba ubicada en la calle Palo Hincado No. 74, justo frente al Cuerpo de Bomberos de Santo Domingo.

muy propio de una estación que se dedicaría desde entonces a exaltar el dolor por el amor no correspondido. Algo característico de la música dominicana, "en ese llorar bailando" que nos ha caracterizado.

Al locutor Aracena hay que reconocerle el arrojo de empresario, que hizo el capital con el disco para sustentar sus negocios en la radio. Que formó a toda una generación de locutores con los que cambió el estilo de animar la radio en el país. Además del impacto social que tuvo Guarachita, escenario perfecto para el arraigo de la bachata.

Aunque eran amigos, Calderón no puede decir que se benefició de su incursión en la radio. De hecho, los años más valiosos de Radio Guarachita silenciaron prácticamente a Calderón. Los éxitos de Calderón eran difundidos en la misma en otras voces.

Con el impacto que tuvo la emisora, la cantidad de artistas que se hicieron famosos a través de la programación de Radhamés Aracena, las demás emisoras, que habían contribuído a llevar al pionero a número uno, dejaron de pautarlo, lo mismo que al género (Onda Musical, La Voz del Trópico, Radio Santo Domingo), y de repente, la bachata se convirtió en una música exclusiva de Radio Guarachita y la disquera de Aracena, en una especie de "entren tó", que también trajo la música en su expresión, con las palabras mal dichas, y el doble sentido arreció el rechazo general por el género.

Aracena se especializó en hacer públicas las dificultades cotidianas del pueblo llano en un lenguaje inteligible para todos. De 1964 hasta bien entrados los 80, Radio Guarachita produjo y promovió toda clase de artistas en la modalidad de bachata. Aunque también sonaba vallenatos, salsas y algunos merengues y otras expresiones musicales de sellos a los que representaba en el país, como Discos Fuentes, de Colombia.

Con singulares excepciones, la mayoría de las canciones de bachata se dedicaban a tratar las dificultades del corazón del pueblo llano en su lenguaje natural.

En ese proceso resalta la carrera de Leonardo Paniagua y Luis Segura, entre muchos otros que supieron mantener su discografía con una lírica limpia.

Si bien esa libertad produjo un libertinaje estético, tanto sonoro como literario, hay que decir también que de tantas y distintas manifestaciones surgió la evolución del género, y cada quien, a su paso y a su conocimiento, sumó algo para que exista la bachata de hoy.

Es muy cierto que, mientras la música de amargue estuvo en sus manos, la voz y la autogerencia de Calderón tenía letras más bien románticas y amargadas; pero sin dobles sentidos ni malas palabras. Se nota su intento de colocar bien las voces, los coros, los instrumentos.

También eran muy buenas las letras y la música de Rafael Encarnación, Inocencio Cruz, Fabio Sanabia y Luisito Segura. Por lo que, la detracción de la que era víctima la bachata, se arreció con la nueva emisora y su estilo que vino a romper con todos los parámetros de la locución, la publicidad y la programación a la que estaban acostumbrados el público y los propios locutores.

En medio del fulgor de Radio Guarachita, de hecho, nos cuenta José Manuel Calderón, que este ponía a decir por la radio que se fijaran bien lo que estaban comprando. Además del negocio de la grabación y la difusión, lo principal de Aracena era vender los discos de sus artistas en su "Tienda de discos La guarachita". De hecho, sus programas de radio eran espacios alquilados para promocionar los discos que él producía y vendía. Antes de que Cuco Valoy se convirtiera en disquero, cuando tenía el dúo con su hermano Martín Valoy, llamado Los Ahijados, era Radhamés quien lo producía y vendía sus discos de guaracha y son.

La recién fundada Radio Guarachita[6] se convirtió en el vínculo entre el campesino del campo y el campesino que había emigrado a la ciudad. Un medio creado para que la población de origen marginal tuviera una voz representativa, cuya acción más duradera, además de la música, fueron los denominados "anuncios públicos".

"Yo no me di por vencido ni seguí su consejo. No me sentí mal dado que él no grababa bachata o disco de guardia, como luego se le decía de forma despectiva. Hice las diligencias que ustedes ya conocen y grabé mi disco como pude. Suce-

---

6   En el 1962, cuando Calderón grabó, ya Radhamés Aracena tenía una tienda de discos en la calle El Conde, otras en San Pedro de Macorís, Santiago y Barahona.

de que mis discos comienzan a venderse y, dada la demanda, él tiene que comprarlos para su tienda", recuerda.

Cuando Radhamés Aracena se percata del fenómeno Calderón, lo que hace es empezar a grabar las canciones que él pegaba en la voz de otros cantantes; pero en tiempo de son.

Entre estas canciones están las dos primeras, "Condena"/"Qué será de mí". A tiempo de son, con Los Ahijados, y el vals "Borracho de amor", con los Hermanos Veloz.

Ahí empezó a verse el deseo de entrar en el negocio de la música que había implantado el pionero. La razón es una sola, dice calderón: "Eso se debía a que mis discos se estaban vendiendo sin parar".

Borracho de amor
(el respaldo de "Condena"/"¿Qué será de mí?")
Desde el día en que tus ojos
Me hirieron con su fulgor
No sé lo que siente mi alma
Que no tiene calma, culpable de amor.
Pero si me quieres como yo te quiero, te ofrezco mi amor
Llevarte algún día por bello sendero plateado de sol
Un nidito haremos para que en la noche, juntos cantemos,
tú y yo, canciones de amores y, juntos dormidos,
quedemos los dos.

Luego la muerte
Que venga y me encuentre
Borracho de amor.

Aracena consigue firmar a Inocencio Cruz y le graba, a mi estilo, el tema, "Amorcito de mi alma" que, sin lugar a dudas, fue un éxito rotundo; luego grabó a El Diablo Williams con "La esquina acostumbrada", a Joaquincito con "El licor no mata penas", y a muchos otros. De tal manera que, ya estaba produciendo bachata.

Le iba bien, y le compraba muchos discos, para satisfacer la demanda de la gente en sus distintas tiendas. Dice que desde entonces, este hecho le causaba alegría, no solo por el éxito propio, sino también por el de los demás. "Porque estaban haciendo algo que yo empecé".

Ya Aracena había grabado estos artistas cuando se le ocurrió comprar y abrir en el 1964, la emisora Radio Guarachita.

"Radhamés Aracena hace la programación a su estilo, produce la música a su antojo. Es en ese entonces donde se sumerge por completo a grabar bachata o a contribuir de forma notable al crecimiento de dicho fenómeno musical, el cual hace crecer su empresa y lo convierte en el As del negocio. A pesar de que nunca fui artista de su empresa, llegamos a acuerdos para sonar mis discos en su emisora, mientras yo seguía produciendo mis discos con el sello J.M.C."

Es bueno anotar, que Calderón firmaba acuerdos para producir y promover sus álbumes a nivel internacional; pero los derechos nunca los cedió en República Dominicana.

Esa decisión, que probablemente le podía reportar más beneficios a nivel local, tal vez contribuyó a que los dominicanos no tuvieran tanto contacto con su música a nivel promocional.

Él estaba en Nueva York. Radio Guarachita y sus artistas habían tomado el segmento de la población que seguía la bachata. Tenían copada la radio, las tiendas de discos y los pocos espacios en los que podía colocar su trabajo.

Calderón se encontraba en los Estados Unidos, donde duró cinco años, tiempo que bastó para silenciar su vigencia en la radio nacional. Del 1967 al 1972, la historia de este artista se escribió en Estados Unidos, aquí nunca volvió a sonar con la insistencia que había logrado entre el 1962 y el 1967.

Pero, lo que queremos aclarar es que aunque la mayoría de los libros establecen a José Manuel Calderón como uno de los artistas a los que promovió Radio Guarachita, es bueno saber que ni su fama ni su incursión artística están vinculadas a ese notable fenómeno radial, que todos recordamos y agradecemos.

"Cuando Radhamés fundó Radio Guarachita, me invitó a formar parte de su sello; pero las condiciones no me eran favorables, y en más de una ocasión le dije que no", expresa el artista.

Calderón ya se había convertido en uno de los artistas más vendidos del país. Ya había pegado y tenía acuerdo internacional con la empresa del cubano Mateo San Martín, Kubaney Records, cuando se fundó Radio Guarachita.

Cuando regresó, Aracena intentó ficharle nuevamente para su sello; pero a Calderón no le convencieron las condiciones tan desventajosas que le ofrecía.

"Los que no llegaban a él con las condiciones que el ponía, se embromaban. No me interesaba, porque fui el primero que tuve disqueras internacionales. Él convirtió el asunto en un monopolio y aquí sonaba lo que él quería", afirma el artista.

Son muchos los comentarios de artistas de esa emisora que afirman recibieron muy poco o ningún pago por sus grabaciones. Por supuesto, en esa época alguien se pegaba y tenía garantizadas presentaciones que le generaban entradas exclusivas. Ahora con el cambio que ha dado el negocio musical, los disqueros exigen una cuota de las presentaciones, porque como ya no se venden grandes cantidades de discos, si el empresario no participa de los conciertos y presentaciones particulares, es impensable que pueda cubrir gastos y sacar beneficios como antes.

Calderón le agradece a Aracena, y nunca intentó hacerle daño o beneficiarse de él. Cuenta que: "Me puso de vez en cuando, nunca como a sus artistas. Recuerdo que una vez, busqué a un abogado para ponerle una demanda, porque se estaba atribuyendo canciones mías; pero logramos negociar un acuerdo a través del abogado. El acuerdo fue un pacto de caballeros, no le impuse ningún desagravio económico".

Fueron igualmente cercanos. Aracena nunca renunció a su amistad, y mucho menos a sus canciones, a las que evidentemente amó toda su vida. Siempre lo visitaba en su casa, en la misma que vive ahora, en la calle Club Rotario, de Alma Rosa 1era. y hacía que le cantara sus canciones.

Fue tanto así, que Radhamés Aracena le dejó una de las tareas más difíciles que ha tenido: la de cantar en sus funerales.

Recuerda que a este le descubrieron un cáncer, el cual supuestamente se lo llevaría en menos de cinco años; pero como este tenía dinero, se fue a los Estados Unidos, se operó y estuvo con su familia 16 años más. Luego de ese tiempo, tuvo que someterse a otra operación, según se consigna en un reportaje firmado por Severo Rivera, para el periódico El Listín Diario de fecha 16 de diciembre de 1997, en el que le fueron colocados cuatro By Pass. La propia viuda de Aracena, Zunilda Read, le explicó que este no superó la recuperación, "pues se le presentaron complicaciones renales".

Por eso, hablar de la muerte no era extraño entre sus relacionados. Tuvo tiempo de pedir que al enterrarlo[7], le acompañaran sus canciones favoritas de tres de sus cantantes amigos: Leonardo Paniagua, Luis Segura y Calderón, los primeros, dos de sus mejores artistas en Guarachita.

En la nota del Listín Diario, titulada: "A Radhamés Aracena lo despiden con bachata", se establece que él había pedido a sus familiares que así fuera. "Y así ocurrió".

---

7   El radiodifusor murió el 11 de diciembre del 1997.

Relata Rivera que "en el camposanto, los bachateros Luis Segura, José Manuel Calderón, La India Barahonera, Lino Díaz y Esteban Mariano, interpretaron trozos de sus canciones más populares, y que fueron grabadas por el fallecido empresario para su sello Zuni"[8].

"Qué difícil momento para mí. Uno cantando y todo el mundo llorando… No lo he vuelto a hacer jamás. Me han llamado hasta para pagarme; pero siempre digo que no. Ese dinero yo no me lo gano", afirma.

Él, que nunca perteneció a Radio Guarachita ni se siente que fuera distinguido con la parte de difusión, dice que, pesar de eso, nunca sintió rencor por lo que no pasó y que se dejó estar en el gusto de Radhamés Aracena, a quien tuvo que cantarle "Llanto a la luna", así en la vida como en su muerte.

Tras lo cual, declaró a la prensa: "Fue un gran amigo y colaborador, le agradezco todo su apoyo. Este es un momento muy triste para mí, porque su pérdida es irreparable, que la sienten los artistas y el pueblo. Lo conocí en el año 1962, cuando tenía su programa en la voz del Trópico".

---

8   Menos Calderón que como ya se sabe nunca grabó exclusivamente para este sello ni ningún otro de Aracena. Aunque sí llegó a acuerdos de distribución con él.

EN PRIMERA PERSONA

Los primeros cantantes del género

Es imposible olvidar ese tiempo en que mi presencia en la escena artística dominicana, generó todo un movimiento dentro de la clase pobre y rural de los barrios de la capital y de otros pueblos. Si alguien como yo había podido transformar lo que era en ese momento el exigente mundo de la música dominicana, con mi guitarra y mi voluntad, ¿por qué no intentarlo?

Me imagino que eso habrán pensado otros, porque al poco tiempo de haber iniciado, empezaron los muchachos a motivarse y a hacer sus propias propuestas dentro del género. Eso sí, manteniendo las líneas generales en principio, y poco a poco fueron apostando y sumando sus propias ideas.

Me atrevo a hacer este listado de lo que pasó con la música de amargue en esa primera década, del 60 porque yo estuve ahí, porque tuve que asesorar, encaminar e inventarme una fórmula que nació conmigo, no solo de grabar, de cantar y componer, sino también, de autogestionar distribución, colocación y promoción, sin otro recurso que la experiencia que iba generando siguiendo mis propios pasos.

En principio, soy riguroso en el tema del orden en que fueron grabando y saliendo al ruedo mis compañeros. Al final, los procesos fueron tan paralelos, que no me atrevo a decir quién fue primero y quién después, pues lo hago desde mi memoria.

Listado de los primeros cantantes que cultivaron la bachata. Década del 60:

- José Manuel Calderón
- Inocencio Cruz
- Rafael Encarnación
- Víctor Estévez
- Luis Segura
- Óscar Olmos
- Antonio Gómez Salcedo
- Fabio Sanabia
- Mélida Rodríguez
- Bernardo Ortiz
- Edilio Paredes
- José Manuel de la Cruz
- Fausto Rey (Ramón Sepúlveda)
- Raffo, El Soñador
- Blas Durán
- Ramón Cordero
- Cuco Valoy (El Pupi de Quisqueya)
- Jaime Mendoza
- Augusto Santos

- Eladio Romero Santos
- Los Hermanos Paula
- José Ledesma
- Teófilo Garcé
- Julio César Encarnación
- Joaquincito
- El Diablo Williams
- Cándida Rosa
- Hermanos Veloz

PARTE VI

EL PIONERO EN EL ÁMBITO INTERNACIONAL

EN PRIMERA PERSONA

Mi música y yo de viaje

Cuando grabo y pongo a la venta la canción, "Llanto a la luna", a principios del año 1963, me dirijo, como de costumbre, a distribuir los discos a las emisoras. En ese entonces, me encuentro con uno de mis grandes colaboradores, mi entrañable y recordado amigo, Jesús Torres Tejeda. Él era la única persona que mantenía relaciones con un gran artista de nombre muy conocido e influyente en toda América Latina, El Caribe y Estados Unidos, me refiero a Felipe Rodríguez (La Voz), a quien le entregué una carta escrita por Jesús Torres Tejeda, mediante la cual este le pedía, que dentro de sus posibilidades, me ayudara a introducir en las emisoras de Puerto Rico, mi disco, "Llanto a la luna", el cual ya en Santo Domingo se había colocado como todo un hit.

Felipe me recibe, me da su apoyo y, acto seguido, me refiere a la emisora **KDM** en la Parada 15 de Santurce, donde me recibe un locutor de nombre José Carlos Colón, a quien le dije de dónde venía, quién me enviaba y lo que deseaba. Recuerdo que me dijo: "No te preocupes, muchacho, te vamos a ayudar". Y así fue, el disco "Llanto a la luna" se difundió en Puerto Rico a nivel nacional, dando paso a las presentaciones en los teatros y la televisión. A raíz de esto, me sigo abriendo paso en la isla y aumentando mis relaciones en el medio artístico. Grabo en Puerto Rico algunos temas, tales como: "Besos inolvidables" y "Me dices que te vas", con Wiso, un músico que tocaba un requinto fabuloso; luego grabo con Güicho (el requinto maravilloso) que grababa a mi amigo Tommy Figueroa y a otros famosos artistas boricuas.

Realizaba viajes con frecuencia a Puerto Rico; pero siempre regresaba a Santo Domingo, donde vivía. El pueblo puertorriqueño siempre lo llevaré en mi corazón, porque me dio un gran apoyo, me demostró mucha lealtad y cariño; aplaudían mis presentaciones, me respaldaron cien por ciento. ¡Que viva Puerto Rico!

Con mi éxito en Puerto Rico es que Kubaney se interesa en producirme, y me hace un contrato que me abre las puertas de New York y otros puntos de los Estados Unidos, gracias a la promoción que realizaba dicha casa disquera. Los latinos en New York comenzaron a consumir mi música.

Aún no conocía New York y un día, mi buen amigo y cantante, el rey del merengue, Joseíto Mateo, vino de allá y me trajo el mensaje de otra casa disquera que estaba interesada en mí y quería negociar tan pronto terminara mi contrato con Kubaney. Me refiero a la BMC, del mexicano, don Mario Hernández, empresa que grababa a Odilio González, El Jibarito de Lares, José Miguel Class, El Gallito de Manatí, Lucho Bowen y muchos otros. Al terminar mi contrato con la Kubaney, convengo con BMC, haciendo mi primer viaje a New York para firmar el contrato y grabar enseguida mi primera producción discográfica con ellos. Llegué el 9 de agosto del 1967.

Antes de salir de Santo Domingo, había acordado con mi esposa, Maritza O. Tejeda, que nos radicaríamos en New York, aprovechando la ocasión para probar suerte. Llamé a mi compadre y amigo, Rolando Padrón (a quien le agradezco muchas cosas, dentro y fuera de la música), para que me fuera haciendo la diligencia de encontrar un apartamento, y de ese modo, tener un lugar propio donde quedarme. Así fue, le compró un apartamento a Víctor Collado, un gran trompetista de mariachi, quien se iba para Puerto Rico a cumplir con un contrato. Quiero resaltar que era muy amigo de Víctor Collado y de su hermano, el músico Manolín Collado. Varios años más tarde, aproximadamente en el 1970, grabé con Víctor Collado el único LP que tengo con mariachi, que dicho sea de paso, fue exitoso. Entre los músicos, Víctor hizo una selección: había tres del mariachi Vargas, dos músicos cubanos y el resto dominicanos.

Una vez adquirido el apartamento, recibo a mi señora en septiembre del 1967 y, en lo adelante, procreamos nuestros primeros tres hijos: José Manuel Calderón Jr; Brant Calderón y Maritza Calderón, respectivamente.

José Jiménez Belén, un periodista y locutor dominicano, muy bueno por cierto, el cual era muy amigo mío desde

Santo Domingo, me contrata y me lleva a debutar en un negocio en Queens, llamado Las Palmeras. Ahí estuve un fin de semana y hubo una buena promoción con el periódico El Tiempo, de New York, en el programa de don Gaspar Pumarejo. Un cubano que se las traía, y nada más pisar su programa, resultaba ser de gran beneficio para el evento y sus artistas.

Así comienza mi faena en New York. No les miento cuando digo que al llegar a ese país, nací de nuevo. En Santo Domingo, vivía muy bien, porque mi música tenía muy buena demanda, y yo mismo hacía de productor, vendedor, cantante y relacionador público; lo era todo, y contaba con el apoyo de mis paisanos. No quise regresar hasta que no tuviera residencia legal, razón por la que, me valí de "Mr. Cobin", como le llamaban sus clientes, un abogado que preparaba los papeles de residencia. Finalmente lo logré, fui a Toronto y allí me dieron la residencia con la que podía salir y entrar sin problemas; sin embargo, en ese lapso de tiempo, se terminó mi contrato con la BMC y, en lo adelante, convine contrato con diferentes disqueras, tales como: NELIZ Records, La Flor, Vic Mar, Borincano, Riney, hasta que me cansé de grabar para disqueras y estar atado a contratos, razón por la que, vuelvo a producir y promover mis propios discos dentro del conocimiento y mis posibilidades.

Me fui relacionando directamente con la radio y los locutores, donde pude conseguir apoyo. Como ejemplo, tengo el caso de Rafael Pineda, Dios bendiga a Ramón Vizcarrondo, Polito Vega, Carlitos Kinao, Héctor Aguilar, entre otros de la época. Ellos sonaban mis discos en las emisoras y yo los distribuía a las tiendas de discos; de esta forma fui viviendo en New York, con una guitarra en la mano cantando en muchos negocios de Washington Heights, donde mi música era muy conocida. También, con mucha frecuencia, cantaba en los teatros hispanos donde hacíamos presentaciones durante toda una semana, acompañado por Yomo Toro y algunas veces por Nieves Quintero, Miguelito Puventud y Catala, todos músicos puertorriqueños, a quienes siempre recordaré con mucho orgullo, por ser y haber sido su amigo.

Regreso a Santo Domingo después de haber pasado "centro" en USA junto a mi familia, compuesta por mi esposa y mis tres hijos, con la finalidad de radicarme nuevamente en mi país, donde luego me nacen dos hijos más: el poeta José Luis Calderón, en el 1975, y el ingeniero, Félix Manuel Calderón, en el 1984.

Sigo adelante con mi música dándole más calor en mi país y surgen de nuevo otros éxitos como: "Bebiendo en la barra", "Esa que va por la calle", "La saqué de la barra", "La limosna", "La mancha", "Me bebí tu recuerdo", "Tatuaje del alma", entre otros.

En la actualidad sigo produciendo y componiendo canciones. He tenido una carrera interminable, gracias al gran poder de Dios. He conocido y he compartido con muchos artistas en grandes espectáculos. He recibido muchos trofeos y reconocimientos de casas disqueras, de ACROARTE, de programas de televisión, de fundaciones, de programas de radio y de diversas instituciones; pero el más grande de todos es el reconocimiento del pueblo. Quiero, a través de mi libro, dar las gracias a Dios y a todos ustedes; les puedo garantizar que más allá de la muerte, estaré siempre muy agradecido por todas las cosas buenas que han hecho por mi persona. Espero nunca defraudarlos y siempre serles fiel. Gracias desde lo más profundo de mi alma.

Puerto Rico:
El primer espacio conquistado

En la conferencia dictada por el destacado empresario Luis Medrano, durante la celebración de "Bachata Ompló", titulada: "La bachata como producto artístico", este define la bachata como: "El más impetuoso fenómeno musical dominicano". Continúa diciendo que, en sus orígenes, esta fue "una canción clamor, que arraigó para siempre en el corazón del pueblo, por una sencilla razón: es el sentimiento puro de amor y desamor de la gente humilde, expresado en los términos más llanos y francos".

En esa disertación, Luis Medrano afirmó lo que hemos venido sosteniendo, que el género "comienza a tomarse en serio, históricamente y comercialmente hablando, cuando Radhamés Aracena -locutor y productor discográfico que explotaba el merengue típico-, observó el éxito de José Manuel Calderón con, 'Qué será de mí', y decide invertir en la denominada música de amargue".

Eso trajo como consecuencia, que Aracena inaugurara la emisora Radio Guarachita en el 1964 y su emisora se convirtiera "en un bastión para su promoción y proyección a nivel nacional" y que, además, este fenómeno fuera capitalizado por un sello discográfico del mismo nombre: "La Guarachita". Lo importante es demarcar que ambos sucesos fueron posteriores al éxito de José Manuel Calderón.

Tambien Medrano aborda los primeros mercados en el exterior que ganó el género a mediados del decenio de los sesenta, y señala a Puerto Rico y Nueva York, y estableciendo que estos mercados fueron conquistados "con José Manuel Calderón a la cabeza, quien había alcanzado otro éxito similar a su primera canción con 'Llanto a la Luna'.

Los nexos de Calderón con Puerto Rico incluyen a Yomo Toro, El Jibarito, Blanca Iris Villafañe y al ya citado, Felipe Rodríguez. Es bueno recordar que el mismo año que salió "Condena", el pionero viajó a Puerto Rico, con una carta de recomendación del destacado locutor y productor de radio, Jesús Torres Tejeda[1], para el gran bolerista Felipe Rodríguez[2], quien le abrió las puertas de la radio y la te-

---

1   Destacado locutor, también oriundo de San Pedro de Macorís. Productor de importantes programas de radio que enaltecían al artista dominicano y la poesía nacional. Programas indispensables de nuestra radio son: "De Fiesta con el recuerdo" y "La Noche pide un poema". Torres Tejeda publicó, en el 1996, un libro titulado: "Fichero Artístico Dominicano", con las biografías de artistas y creadores de la música romántica dominicana, cuyo segundo tomo incluiría a Calderón; pero se vio truncado al sorprenderlo la muerte el 9 de diciembre del 2002.

2   También conocido como "La Voz", (Caguas, Puerto Rico, 1926-1999), cantor de tríos y boleros a dúo, en solitario, que enriquecieron el cancionero bolerístico. Inolvidables: "La cama vacía", "La última copa", "Golondrina viajera", "El bardo", entre otros. Tuvo un programa de radio y era referencia en Puerto Rico. Por eso fue de gran apoyo para Calderón, para entrar de su mano a la isla de Borinquen.

levisión en Puerto Rico. Un país al que tuvo que ir muchas veces durante los primeros años de su venturosa carrera, pues, el público lo requería.

El Jibarito de Lares, quien sí recibió el apoyo radiofónico de Radhamés Aracena, también se sembró en el gusto local. Y su bolero, distinto, campesino, de cuerdas e inspirado en los vals peruanos y ecuatorianos, como el mismo afirmó a una servidora, se quedó como una marca indeleble en el público dominicano. Tanto es así, que aún canta en el país. Sus presentaciones son aplaudidas por los viejos y seguidas por las nuevas generaciones que lo mamaron en su casa, en las piernas de sus padres, madres o de sus abuelos.

Como una gran mayoría de artistas puertorriqueños, Calderón y El Jibarito de Lares se admiran y respetan mutuamente. Ambos dieron testimonios de cariño y admiración al otro en conversaciones indistintas. Ellos se hicieron grandes amigos en la estadía de Calderón en Nueva York, porque así como El Jibarito ha sido profeta en nuestra tierra, Calderón lo ha sido en la hermosa Borinquen.

Calderón dice que sus mayores influencias en Puerto Rico están ligadas al propio Felipe Rodríguez, Davilita y El Gallito de Manatí. Y, no al Jibarito, como algunos han querido dejar creer con la intención de establecer un origen exógeno a la "canción romántica dominicana", como ya dijimos, la denomina el cantautor de fama internacional, Víctor Víctor, a la bachata.

La primera gran aventura de la Bachata 1967

Es mucho lo que se ha hablado y escrito sobre cómo las primeras migraciones de dominicanos a los Estados Unidos, se llevaron en el equipaje, como testimonio anticipado de la nostalgia, la música de amargue o bachata.

Pero son pocos los que hacen constar que entre estas poblaciones había uno que encarnaba en sí mismo el alma, el sentir y la génesis primigenia del género, que muchos denostaron y que al pueblo tanto gustaba: José Manuel Calderón.

Por recomendación de Joseíto Mateo, cuando terminó el contrato con Kubaney, José Manuel Calderón decidió irse a Nueva York; ya tenía noticias de que había impactado bien allá. Como la BMC mando a decir con Mateo que lo quería firmar, decidió ir a abrirse paso en esa plaza.

El 9 de agosto del 1967, tomó un vuelo de Panamerican con destino a esa gran ciudad. Allí fue recibido por su amigo de infancia, y compadre de sacramento, José Rolando Padrón. Llegado ahí, se hospedó en la 510 de la 172 Street, hasta que llegara su esposa quien un mes después, le siguiría los pasos.

Calderón viajó con visa de paseo y, desde que llegó, se buscó un abogado ("Mister Colby") para que le hiciera la residencia como artista. En el medio del papeleo, le nació un hijo: José Manuel Calderón Jr. Ahí devolvieron el papeleo y lo iniciaron a partir del niño.

Él no se arrepiente de haberse ido. Allí se encontró con gente como Polito Vega, Carlos Kinao, Rafael Pineda, Héctor Aguilar, los locutores que estaban pegados allá. Y ellos le sonaban sus discos, "a todo lo que da", según nos dice.

En su estadía allá, Calderón trabajó levemente en una factoría; pero salió de una vez, porque entendía que eso no era lo de él. Luego empezó junto a su amigo y compañero, Luis Pimentel, a dar clases de guitarra. Además, puso una tienda de discos con su nombre, en la que empezó a vender sus grabaciones y todo lo que estaba pegado en ese momento. No quería estar sentado esperando a que lo contrataran.

Muy pronto conoció a un dominicano que lo apoyó mucho: José Jiménez Belén. Belén era dueño del periódico "El Tiempo", fue quien logró que el astro de la televisión latina de ese tiempo, Gaspar Pumarejo, lo invitara a su programa, que se pasaba por el canal 47.

No era fácil ser entrevistado en ese programa, pues la demanda era muy grande. El mismo día de su participación, también fueron invitadas Rocío Durcal y La Sophy. Las entrevistas eran separadas, pues, cada cual andaba buscando proyectarse a otro nivel en la gran urbe.

En el "Show de Gaspar Pumarejo" se anunció la llegada "para quedarse" de Calderón y su debut en el teatro "Las Palmeras", de Queen, donde fue recibido a casa llena.

De ahí fue fácil continuar presentándose en los teatros hispanos de la época, junto a artistas como: Johnny Albino, Felipe Rodríguez, El Jibarito de Lares, La Lupe, Sandro y Blanca Iris Villafaña, entre muchos otros.

En esa época, nos refiere el artista, en Nueva York los que mandaban eran los boricuas. Como ya Calderón se había pegado en la Isla del Encanto, lo recibieron con cariño y lo apoyaron. El empresario que más lo movía en presentaciones de teatro e importantes eventos, era un tío de Yolandita Monje, llamado Rubén Batista Monje.

Tal y como le había prometido a Joseíto[1], se puso en contacto con el mexicano Mario Hernández, con quien grabó dos producciones musicales, entre las que estaban las canciones: "Todo por seguirte" (de Luz Elena Tirado), "Cuando los años pasen" (de José Alfredo Jiménez), ambos grabados con la Orquesta de Johnny Ventura; también incluyó, "Amorcito de mi alma", en una versión que impactó para bien. Lamentablemente, la BMC no hizo nada por promocionar y hacer trascender el mercado que ya tenía de boricuas y dominicanos a José Ma-

---

1   Con quién tratamos de confirmar estos datos; pero no lo recordaba.

nuel Calderón. Cansado de pedir atención, pues BMC se concentraba en Odilio González "El Jibarito de Lares", Lucho Bowen (de los Bowen Villa Fuerte) y al Gallito de Manatí. Malas lenguas, le dijeron a Calderón que la intención de firmarlo, de BMC, era para neutralizarlo, aunque él no suscribió esta idea luego ha tenido testimonio que le hacen temer que pudo ser. Le pidió a Mario que le diera el *release*, y aunque duró más tiempo del que a él le hubiera gustado, se lo dio, luego de vender sus producciones a Rico Records.

Ahí nació una nueva relación artista-disquera importante con Rafelito Cartagena, quien tenía su distribuidora de discos en la 10ma. Avenida.

Después de comprarle a BMC las producciones, "Todo por seguirte" y "Amorcito de mi alma", Rico Records hizo otros negocios con el denominado -en esa urbe-, como "La Voz de Quisqueya" y "Cantor de emociones", adquiriendo producciones anteriores , y le grabó una nueva: "El Romántico" (1974).

En esa estadía en Nueva York, grabó un disco completo en el estudio Jeysina[2] del esposo de la compositora, Yvette Marchand, en el que participó Tito Puente, con arreglos musicales del cubano de primera línea, Joe Loco. El disco estaba compuesto por canciones de autores como Chiquitín Payán e Yvette Marchand, entre otros.

---

2   El estudio quedaba en la 51 y 7ma Avenida, de Nueva York.

Tenían la idea de lanzar a José Manuel Calderón con orquesta, en asociación con la afamada productora Myrta Silva, que llegó a anunciarse en la radio; pero el proyecto se paralizó, porque el contrato suyo con la cadena Telemundo, no se renovó.

El disco no llegó a carátula. Calderón tenía una copia en acetato y eso, como bien nos dice, se cuartea y se daña. "No es como la pasta que dura mucho". Tenía las pistas del mismo, cuyas orquestaciones eran hermosas; pero se las prestó a Raffy García del programa, "Cascada de éxitos", de Rahintel, quien las usaba para cantar en el programa y, al final, no súpo a dónde fueron a parar las mismas.

Calderón decidió regresar a República Dominicana, luego de sentar una impronta en Nueva York, en el 1972.

"Mi bachata fue acogida en Washington Heights, y se expandió a otros puntos de los Estados Unidos, gracias al apoyo de mis paisanos y de los latinos".

Desde entonces, Calderón viajó varias veces al año a los Estados Unidos. Allí, tras la bachata hacerse famosa y la necesidad de ser documentada, buscan su testimonio para ofrecer conferencias a estudiantes, músicos y maestros.

Durante su estancia en los Estados Unidos y sus viajes, José Manuel Calderón se presentó en conciertos, espectáculos, restaurantes y discotecas. Durante esas presentaciones compartió escenario con una gran pléyade de artistas que estaban en la palestra.

Estos artistas provenían de toda Hispanoamérica; pero sobre todo de Puerto Rico, Cuba, México y República Dominicana. Aunque también tuvo contacto con intérpretes de Ecuador, Argentina, Perú y otros con menor presencia de inmigrantes en esa época en la ciudad de los rascacielos.

El listado sería largo, pero empecemos por verdaderas leyendas, como; La Lupe y Sandro. Algunos de estos artistas no cantaban, sino que eran famosos por sus actuaciones en telenovelas, las cuales eran muy seguidas por el público de toda la región, como el mexicano Manuel López Ochoa, protagonista de la telenovela "El Hijo de Ángela María" (que hizo lo suyo en Dominicana, porque hasta mami la vio y la comentó por muchos años, como si fuera un acontecimiento).

El embajador de la música popular, José Manuel Calderón, siempre era muy destacado en los carteles promocionales de esos eventos; en estos se destacaba su dominicanidad.

Era asiduo en los conciertos que se organizaban en Teatro Puerto Rico, Teatro San Juan y Teatro Academy, donde se presentaba con Tommy Figueroa, Blanca Iris Villafaña, Felipe Rodríguez, Johnny Albino, Hilda Murillo, Irán Evory, El Mariachi Viva México y Los Guaracheros de Oriente.

En algunas actividades de entonces, era denominado como José Manuel Calderón "El amargado". Le acompañaban distintas agrupaciones, entre ellas: La Orquesta Candela y su compadre, Andrés Rodríguez, quien nunca dejó de acompañarle y, al poco tiempo de este irse a Nueva York, emprendió camino hacia esa ciudad.

Cuenta que, la mayoría de estos espectáculos eran promovidos por Rubén Batista Monje, Raúl Alarcón, Rafael Díaz Gutiérrez y Tamara Show. Dentro de esa agenda, también le llegaban contrataciones para las islas del Caribe, entre ellas, Aruba y Curazao.

A medida que crecía la colonia dominicana en Estados Unidos, crecía el interés por esta música e iban llegando otros artistas a conquistar la plaza y a sembrar de bachata, amague y merengue abachatao sembraban el mercado. Entre los primeros se hallaban, Ramón Cordero y Edilio Paredes.

ENTREVISTA A

Javish, del Conjunto Quisqueya

San Juan, Puerto Rico, ha sido una ciudad a la que siempre ha tenido que volver. Primero, para complacer a su público con sus presentaciones, y también por razones especiales.

Así como recuerda el cariño con que fue recibido cuando fue por primera vez a esa ciudad, recuerda la deferencia que recibió en su más reciente estadía, donde fue reconocido por el Consulado Dominicano allá.

También recibió otro reconocimiento que le llena aún más de orgullo: el disco con canciones suyas, que grabó el dominicano Javish, uno de los líderes principales del merengue en ese país.

Javish, fundador del Conjunto Quisqueya, y voz líder del mismo, grabó un homenaje a Calderón y lo hizo en el mismo tiempo musical, que se titula: "Bebiendo en la barra"[1].

Las canciones contenidas en este disco, son: "Bebiendo en la barra", "Llanto a la luna"[2], "Nuestro amor", "Sálvame", "Declaración de amor", "Quema esas cartas", "Dos rosas", "Esa que va por las calles", "Desilusión", "Todo por seguirte", "Borracho por un amor" y "Prisionero de tus brazos".

El pionero refiere que, esa es una de las experiencias más bonitas que ha vivido. No solo por el reconocimiento de que fuera objeto en ese país, sino porque en ese momento pensó que allí se había establecido el "Día de la bachata"[3], tal como se celebra el Día de la Salsa y el Día del Merengue.

Esa experiencia en Puerto Rico provocó que José Manuel Calderón solicitara públicamente que el país asignara

---

1   Del mismo hay dos versiones, con las mismas canciones; pero con dos títulos: "Bebiendo en la Barra", y el otro, "Homenaje a José Manuel Calderón".

2   Esta canción que fue grabada como "Llanto a la Luna", adquirió nuevo nombre a partir de la grabación de Wilfrido Vargas, quien la titulara: "El loco y la luna", y aquí aparece con el título cambiado; pero en Homenaje a Calderón, la segunda edición del disco se hizo la corrección del nombre y aparece como "Llanto a la luna".

3   Parece no existe un Día Nacional de la Bachata en Puerto Rico, aunque se utilizó el término para un concierto que se celebró el 24 de abril del 2010, en el que participaron Zacarías Ferreiras, Luis Miguel del Amargue y Prince Royce. El concierto se llamaba "Día Nacional de la Bachata en Puerto Rico", y en él participaron Raymond y Miguel y Joseph Fonseca. Así lo aclara, sin dejar establecido cuándo ni qué ni quién Javish en la entrevista que está en estas mismas páginas; pero en la que definitivamente niega el hecho. Nos encargamos de hacer la investigación para aclarar la confusión.

un día para la bachata. La solicitud de Calderón fue excedida por la decisión de la Cámara de Diputados, la cual promulgó una ley que declara la bachata como "Patrimonio Cultural del País"[4].

En ese sentido, José Manuel Calderón declaró al periodista de Diario Libre, Severo Rivera, "Siempre pedí que le pusieran un día a la bachata, porque ha sido un fenómeno musical que nos representa en el mundo. Fui el primero que comencé, y la verdad que me llena de gran satisfacción… Le agradezco su llamada, porque no sabía de su respeto".

En esa entrevista telefónica, Calderón expresó que a pesar de todos los obstáculos que confrontó "el género demostró que llegó para quedarse. La bachata se impuso, el pueblo la defendió y luego la vistieron de gala y fue al extranjero. Ha dejado muchos millones de pesos y dólares a quienes han apostado a ella".

Esta ley[5] basada en la evolución histórica y social y trascendencia encarga al Ministerio de Cultura de "promover, preservar y fomentar su expansión a la vez que consolidará su promoción como ritmo propio del país". Ninguna iniciativa hasta ahora, ni el solicitado Día de la Bachata, ha sido motorizada a partir de la Ley 25-15.

---

4   Esta ley fue aprobada el 21 de abril del 2015, por una iniciativa del senador de Barahona, Eddy Mateo, que fuera aprobada por el senado el 29 de octubre del 2014, y promulgada el 18 de enero del 2015 por el Poder Ejecutivo, como la Ley 25-15.

5   Buscar completa en documentos adicionales de este libro.

Con el propósito de seguir reafirmando el impacto de la bachata en Puerto Rico, donde José Manuel Calderón también fue pionero, conversamos con Javish Victoria:

MC: ¿Cómo le llega a Javish la música de José Manuel Calderón?

Javish: Mira, eso me llegó por un amigo. Un amigo que era cónsul en Puerto Rico, Máximo Taveras. Él me dice: "Javish, a ti te tienen que quedar bien las canciones de José Manuel Calderón". Chico, pero eso es bachata, yo no soy muy bachatero, tú sabes, como que no es mi estilo. Me dice: "No, pero es que te cae bien", me dice: "Yo te voy a hacer la producción a ti, y tú la grabas. Bueno, pues bien, dale… Mira, hicimos, creo que doce canciones, y ha sido una de las mejores bachatas que yo he hecho en mi vida. Obviamente, las canciones me ayudaron mucho… Me consiguió un muchacho muy talentoso, que se llamaba Mochila.

MC: ¿Cómo se llama?

Javish: Mochila, José Rosario, que es sumamente talentoso y captó el estilo mío -el chamaco es un virtuoso de la guitarra-. Tú sabes que todos los músicos tienen algo de locos y este toca la guitarra, toca el bajo… Toca todo, y el resultado está ahí. Entonces, ¿que pasa? y promoví en Puerto Rico el tema "Bebiendo en la Barra" y fue un exitazo; aquí no lo he hecho, porque aquí se le abre el pecho a cualquiera, aquí si tú no tienes padrino ahora mismo, aquí hay problemas, y es una pena, porque eso es una joya y yo sé que aquí, si oyen el disco, por lo menos oyen dos ó tres canciones, gustara.

MC: Pero, ¿qué significó para ti conocer a José Manuel Calderón?

Javish: Yo lo llevé a Puerto Rico, cuando iba a lanzar mi disco. ¿Quién mejor que él? Y para sorpresa mía, es tremendo ser humano, tremenda persona, una persona sumamente humilde, un caballero en todo el sentido de la palabra. Cuando lanzamos el disco, obviamente, yo aproveché la ocasión y lo presenté, y eso fue un éxito. Fue un escándalo, porque él tiene su gente. O sea, él tiene mucha gente que lo sigue, que cuando empezaron a oírlo con sus canciones, imagínate tú. Bueno pues yo dije: "No voy a cantar, porque ya son todas tuyas, así que arranca", y fue una experiencia bien bonita…

MC: ¿Sabes que desde que él se pegó aquí, se pegó en Puerto Rico?

Javish: Sí, sí, él tiene mucha incidencia en Puerto Rico. Entonces, como él es "El pionero de la bachata", ha podido permanecer. Además, a él se le tiene un respeto muy fuerte. Todos los bachateros le tienen un respeto muy fuerte. Obviamente, me incluyo yo, porque tengo que rendirle pleitesía. A las cosas buenas hay que rendirle pleitesía.

MC: Y cuando hacías merengue, la gente no quería saber de la bachata, ¿no se te hizo difícil grabarla?

Javish: Hubo un tema una vez que nosotros grabamos que era una bachata, que se llamaba "El Pajón", ¿tú te acuerdas de eso?

MC: Claro. Sí, sí, en los 80.

Javish: Y funcionó, ¿tú entiendes? Y yo recuerdo que hicimos un video que Yaqui (Nuñez del Risco), fue con nosotros a Samaná

MC: ¿A grabarlo?

Javish: Hicimos el vídeo de "El pajón"[6] en Samaná , y fue un éxito. Fue una bachata, pero lo hicimos en merengue, obviamente. A mí no me entraba mucho la bachata, no me entraban; pero bueno, las cosas cambian y uno tiene que ir con el tiempo, tiene que ir con la ola, no contra la ola, y se me ha dado. En puerto Rico, obviamente, me mantengo muy bien, porque yo tengo mi grupo hace años, y en Puerto Rico me quieren mucho, es una trayectoria muy fuerte.

MC: Tengo entendido que en Puerto Rico hay un Día Internacional de la Bachata, ¿coincidió con esa invitación tuya a Calderón?, ¿como es eso?

Javish: Bueno, Día Nacional de la Bachata como tal no. Bueno, que yo sepa, no. O sea, coincidió con José Manuel que yo lo llevé allá, a lo mejor a otro espectáculo, pero no… No creo, que yo sepa no. Hay Día Nacional de la Salsa, sí, y de Merengue también.

MC: Pero aún no de la Bachata...

---

6 Tema de Julio Ángel Sánchez.

Javish: No, de la Bachata no. Hay una emisora de unos muchachos que están ahora rompiendo con todo lo que es Cima 103, de Martin Bretón y el soberano Raffy Cabrera, que están haciendo muy buen trabajo con todo lo que es bachata, pero mira, Puerto Rico es bachatero.

MC: Pero muy...

Javish: Puerto Rico es bachatero, total. En Puerto Rico tú vas al campo más remoto y es bachata, bachata.

MC: Bachata pura.

Javish: Obviamente, Romeo (Santos) ha ayudado mucho.

MC: O sea, que al final, ¿Puerto Rico es merengue y bachata?

Javish: Merengue y bachata, merengue y bachata, olvídate del que te diga lo contrario. No, es más, más bachata que merengue.

MC: Ahora.

Javish: Sí, ahora, pero no hay fiesta sin merengue, no existe.

Luego de esta conversación con Javish, y mientras trabajábamos en este libro, una mañana de domingo, recibió Calderón una llamada de Máximo Taveras, el Cónsul General de Puerto Rico e Islas Vírgenes, que apoyó a Javish en el disco y reconoció al pionero de la bachata en medio de mucha atención de los medios e intereses del público. Tras conversar con el artista, le solicitamos el número telefónico para que el propio Taveras nos contara cómo están los rastros de Calderón en la Isla del Encanto, y nos resumió: "El público de 40 años en adelante lo quiere, lo recuerda y se emociona cuando lo oye en alguna emisora de radio", y nos aseguró que no es exclusivo de Puerto Rico, pues en Las Islas Vírgenes, también reclaman su presencia y recuerdan sus grandes canciones.

Máximo Taveras nos reconfirmó que, decididamente, no existe un Día de la Bachata en Puerto Rico, y que esas celebraciones se quedaron en el ámbito de lo comercial, aunque podría ser en un futuro, ya que ha venido conversando esa idea con el gobernador Pedro Roselló, y este se ha mostrado muy abierto a la idea.

PARTE VII

GRABACIONES, DISCOS, CANCIONES

EN PRIMERA PERSONA

Mi primera grabación con orquesta

Dado el éxito con guitarra, y siendo muy amigo de Johnny Ventura, opté por grabar dos temas con el Combo Show. Le propuse la idea y, enseguida, me dijo que sí. Me envió uno de sus arreglistas, mi también amigo, el maestro Luis Pérez, con los temas: "Todo por seguirte", composición de Luz Celenia Tirado, y "Cuando los años pasen", de la autoría de José Alfredo Jiménez. Ensayamos en la feria y grabamos en Fabiola, el estudio de grabación que Fabio Inoa había inaugurado recientemente en El Conde esquina Espaillat, de la Ciudad Colonial. Como de costumbre, envié a hacer los masters al extranjero, y una vez me lo entregan, acto seguido, los llevo para que sean prensados los discos. Así es como grabo con el Combo Show de Johnny Ventura.

El éxito fue tan bueno a nivel internacional que, sigo haciendo discos con la orquesta del maestro Luis Pérez y grabo seis temas más, donde estuvo incluido otro hit, titulado: "Prisionera de Luzbel". Bajo indicaciones de mi compañía disquera, BMC, grabo seis temas más con la orquesta del boricua Manolin Morel Campo, y otros seis con Lary Godoy, un famoso músico, creo que de origen japonés, radicado en New York, quien dirigía la Sakamoto, una orquesta japonesa que hizo un repertorio de música en español.

Todo eso va sucediendo y mi carrera va en ascenso. Al terminar mi contrato con la BMC, el señor Tony Angileri, -esposo de Ivette Marchand, autora del tema, "Si no puedo ser tu amor, no puedo ser tu amigo", el cual interpreto-, dueño del estudio de grabación Jaysina, ubicado en la 51 St. de NY, me propone grabar un LP junto a Tito Puente y arreglos de Joe Loco, un gran profesional de su área.

Este proyecto, según Tony Angileri, contaba con el apoyo de Myrta Silva[1], "la gorda de oro", quien tenía un programa de televisión en el canal 47 de Nueva York, el cual gozaba de una gran aceptación, pero después de haber concluido con la grabación, a ella se le vence el contrato con el canal y no se puede hacer todo lo que se tenía planificado por ese medio. En su lugar, se hizo un cartel y se promocionó un poco por una emisora de allá. Dado el hecho de que ya no se contaba con el apoyo de Myrta Silva, el dueño se desentendió del proyecto y en consecuencia, ahí quedó todo.

En ese proyecto participaba con una canción de Chiquitín Payán, titulada: "Tu amante", que cantó con mucho éxito, Nelson Muñoz; también grabé con la orquesta de José Morillo, en Nueva York.

---

1   Compositora, la primera mujer timbalera en la Unión de Músicos de EE.UU., autora de canciones como: "Qué sabes tú".

A pesar de mi incursión en la música con orquesta, mi fuerte siempre ha sido la bachata. Grabé un promedio de seis o siete LP con mi amigo Yomo Toro, un famoso guitarrista puertorriqueño; luego con otros que también gozaban de mucha fama, tales como: Nieves Quintero, Ángel Luis Catalá, Jorge Renán Salazar, del Ecuador, y Luis Wicho Figueroa, quien acompañó muchos temas de mi amigo Tommy Figueroa.

Tengo una producción muy bien lograda con el órgano de Charlie Palmieri, Yomo Toro, Nieves Quintero, Papi Andino, la cual recomiendo. Aunque en Santo Domingo ha circulado gran parte de mi música, hay un sin número de temas que nunca se han promovido aquí, razón por la cual, mucha gente no los conoce. Esta situación se da porque las casas disqueras con las que grababa no les interesaba tanto este mercado, dado que en dicha época, no era muy rentable para ellos. Situación muy diferente hoy en día, hasta el punto que tenemos buenos estudios de grabación, preferidos en muchas ocasiones por importantes compañías de la industria de la música internacional.

Un dato interesante es que después del estudio de La Voz Dominicana, quien pone el segundo estudio de grabación es doña Atala Blandino, en el cual soy el primero que grabo, abandonando a RTVD, donde llegué a grabar varios temas; luego, Fabio Inoa, por la demanda que este género tomó, también puso su estudio Fabiola y de esta manera fue creciendo (Estudios EMCA), hasta que, por razones que él mismo explica, lo vendió.

Discografía: Entre cuerdas y lágrimas

Establecer la discografía completa de José Manuel Calderón, no es tarea fácil. Grabó mucho con varias disqueras, aquí, en Estados Unidos y Puerto Rico y muy desordenadamente. Más de 45 sencillos doble cara donde quedaron plasmados los principales éxitos de su carrera como tinta indeleble. A Kubaney le grabó 7 producciones musicales en 5 años y, luego en Nueva York, los compromisos eran, por lo menos, dos producciones al año. De esas, recuerda que siete fueron con Yomo toro, quien daba instrucciones a los músicos de grabar "a lo Calderón", denotando que estábamos ante algo distinto, y muchos recopilatorios de éxitos en los que se incluían canciones nuevas. Desde el 1962 hasta ahora, nunca ha dejado de grabar. Este recuento inicia con su primer disco: "Este es José Manuel Calderón", y termina con el más reciente, "Payaso", editado en abril del 2017.

Este es José Manuel Calderón (1963)

Lágrimas de sangre, José Manuel Calderón
Muchacha linda, JMC y Pedro Vargas Santana
Serpiente Humana[1], (Derechos Reservados)
Te Perdono, JMC
Nuestro amor, JMC
Yo no soy dichoso, JMC

---

1   Siempre ha sido publicada con derechos reservados. No se han encontrado datos de la canción ni aún ahora con la gran fuente de consulta en la que se ha convertido la Internet y Google. El artista refiere que la misma le fue entregada por la propia doña Atala Blandin; pero él no retiene quien lo cantaba en ese momento.

Qué será de mí/Condena, Bienvenido Fabián
Llanto a la Luna, JMC
"Borracho de amor"[2],
Quema esas cartas, Alfredo Gobby[3]
Vano Empeño, Pedro Flores[4]
Herida imborrable, Andrés Rodríguez y José Manuel Calderón
Perdóname[5] DR
Sálvame[6] (José Miguel Class)
Si no puedo ser tu amor, no quiero ser tu amigo (Ivette Marchand)

Detalles del disco

Este fue el primer LP de larga duración de José Manuel Calderón. Las canciones de este disco marcaron toda una época en la radio, las velloneras de los colmados y las barras del país. El caso fue que, nadie se quedó inmune de su encanto.

---

2   Esta canción la cantaba un joven que se llamaba Ramón del Mariachi de Manolín Collado. Él se la aprendió de ellos. Probablemente sea oriunda de México; pero no aparece asentada en ningún cancionero ni en You Tube.

3   Director de orquesta y compositor, llamado también "El violín romántico del tango".

4   Puertorriqueño. Autor de afamados boleros que fueron grabadas por grandes artistas entre ellos Los Panchos, Marco Antonio Muñiz ("Perdón", "Obsesión", "Esperanza Inutil", "Amor perdido", "Si no eres tú", entre muchas otras).

5   Lo cantaba José Antonio Salamán, un cantante boricua, de quien Calderón lo oyó. Aún no aparece el autor.

6   En la publicación original de la misma, aparece como Derecho Reservado. En la investigación para este libro descubrimos que la misma es del puertorriqueño José Miguel Glass.

Prácticamente se pegaron todas las canciones. Y, pasado el tiempo, empezaron a formar parte del cancionero dominicano.

Entre ellas, destacamos: "Llanto a la Luna", "Lágrimas de Sangre" y "Yo no soy dichoso" (JMC), proveniente del tango; la primera canción que extrajo de esa música que tanto le gustaba a los jóvenes de su tiempo. De hecho, cuando le comentamos nuestra percepción de la influencia que había tenido sobre sus primeras canciones el tango, nos lo confirmó y nos contó que en esa época el país estaba lleno de muchachos que se peinaban y vestían como Carlos Gardel. En cambio, la canción que eligió y es una de las favoritas de muchos en su voz, es "Quema esas cartas", de Alfredo Gobbi. En este disco también está, "Si no puedo ser tu amor, no puedo ser tu amigo", de la puertorriqueña Ivette Marchand. Increíblemente, en este disco, también está, de esa misma autora y ambos cantados por el mismo artista puertorriqueño, José Miguel Class: "Sálvame". Ambos temas se pegaron en voz de Calderón. Luego, él y la compositora entablaron una larga amistad, que devino en que ella le escribía canciones especialmente para él. También la relación se prolongó, pues al este irse a vivir a Nueva York, empezó a grabar en el estudio de Tony Angileri, esposo de ella. Calderón asume entre sus cantantes preferidos a Class, popularmente conocido como El Gallito de Manatí. Sin embargo, entre las interpretaciones de ambos, hay una gran diferencia, igual en los arreglos musicales, porque aunque ambos usaron guitarra, su sonido y compás son muy diferentes. Al igual que El Jibarito, este prefería el sonido de las cuerdas al estilo de los valses peruanos, que llevó a la cúspide del bolero a Julio Jaramillo.

De las canciones de este primer disco, dos fueron grabadas en los años dorados del merengue por la primerísima orquesta de Wilfrido Vargas. Una de ellas fue "Llanto a la Luna", a la que le cambió el nombre por "El loco y la luna", y le hizo uno de esos arreglos fantásticos que lo llevaron a la cumbre internacional. Incluyéndole algunas dramatizaciones, rapeos, coros llamativos y unos aires de música disco que resultaron muy atractivos, sobre todo, porque le dejó el sonido de la bachata en la guitarra, constituyéndose en una de las tantas revoluciones sonoras que protagonizó el beduino Wilfrido. En esa canción se distinguen los coros de Rubby Pérez, Eddy Herrera y el propio Wilfrido, mientras que la voz principal era de Jorge Gómez.

Nos confiesa Calderón que en algún momento pensó en ponerle una demanda a Wilfrido; pero se acordó del impasse de doña Atala Blandino con Bienvenido Fabián cuando él, inocentemente, le cambió el título por "Condena" a "Qué será de mí", haciéndole honor a cómo el público tituló la canción.

Se siente feliz de no haberlo hecho, pues "El loco y la luna" le dio el único Disco de Oro que ha recibido por superventas.

"Mi estrella, con Mariachi"

Sello: Brant[7]
Arreglos y fondo Musical: Víctor Collado
Ingeniero de sonido: Carlos Zaragoza
Diseñador por Héctor[8] Calderón
Estudio de grabación: Jaysina
Productor: José Manuel Calderón
New York, 1970

---

7   Este sello lo creó para publicar sus producciones en EE.UU

8   Sin apellido.

Esta producción destaca la actuación especial de Luis Pimentel (El Internacional) y también la inclusión de "Cariñito de mi vida", propiedad de Luis Segura, y una canción del argentino, Heleno. En la misma, dedica una canción a su madre doña Hilda, "Mi Viejita Santa", y tiene otros dos títulos de su autoría: "Mi Estrella" y "Perdónala, señor".

Lado A
Equivocación, R. Alejo
Se perder (El Jugador), D.R
Regresa pronto, Heleno
Amargura, D.R.
A la orilla de un palmar, D.R.
Viejita Santa, J.M. Calderón

Lado B
Falso proceder, D.R.
Cariñito de mi vida, Luis Segura
Besando la cruz, D. R.
El amargado, D.R.
Mi estrella, J.M. Calderón
Perdónala, Señor, J.M. Calderón

El Romántico, José Manuel Calderón

Este LP es de 1974. Salió bajo el sello de NELIZ Record Productions, con contrato de distribución con Rico Record Productions, tanto para Nueva York como para Puerto Rico. En esta producción se consigna que contiene los éxitos "más aplaudidos de su reciente gira a los Estados Unidos".

Como puede observarse en los créditos, la pléyade de grandes músicos que participaron en la grabación del mismo, bajo la batuta de un grande, el puertorriqueño Ralph Cartagena, quien alcanzó grandes éxitos en varios géneros (salsa, merengue, bachata), entre ellos Yomo Toro, Charlie Palmieri[9] y Nieves Quintero[10].

Disquera: Neliz Records
Distribuited: Rico Record Productions
Productor: Ralph Cartagena
Recorded at The Factory
Recording Engineer: Fred Winberg
Recordind Directed by Tony Pabón
Cover Design: Errol Gershfeld
Músicos:
Charlie Palmiere, Órgano
Nieves Quintero, Bass
Yomo Toro, Guitar
Manolín González, Flute, Alto, Tenor, Sax
Cándido Rodríguez, Drums, Timbales
Milton Albino, Bongos, Cowbell

---

9 Compositor, pianista y director de orquestas de salsa, jazz afrocubano y latino. Nacido en Nueva York, de padres puertorriqueños. Hermano de Eddi Palmieri. Fue quien sembró la base para la transformación que tuvo la música latina en EE.UU. En su banda La Charanga Duboney, se inició Johnny Pacheco como flautista. Siendo tan populares que tocaban hasta cuatro veces por noche en la ciudad de los rascacielos.

10 Nacido en Bayamón, Puerto Rico, país donde es considerado como el mejor cuatrista de todos los tiempos.

Canciones:

Lado A
Resignación, D.R.
Notas de una canción, Agueda V. Blandino[11]
Suelta esa copa, D.R.
Entrega, José Manuel Calderón
Desengaño, José Manuel Calderón

Lado B
Desprecio / JMC-Rolando Padrón
No desespere, José Manuel Calderón
Triste Lucha, D.R.
Huella de dolor, D.R.
Solo Dios, Pucho González

En la contraportada de este LP se consigna que, "sus fanáticos recuerdan muy bien su primera grabación 'Condena', por el gran éxito que obtuvo nacionalmente, al igual que en todo Estados Unidos. Desde entonces, José Manuel Calderón ha obtenido éxito tras éxito en todas sus grabaciones, y hoy en día su público lo aclama por su voz melodiosa y sentimental. Siempre timbra su voz con una gran emoción y nosotros nos atrevemos a llamarlo 'El romántico'".

---

11 Excelente compositora. Sobrina de doña Atala Blandino. Tuvo un hijo con el también compositor Luis Pérez, a quien Calderón acompañaba a darle serenatas.

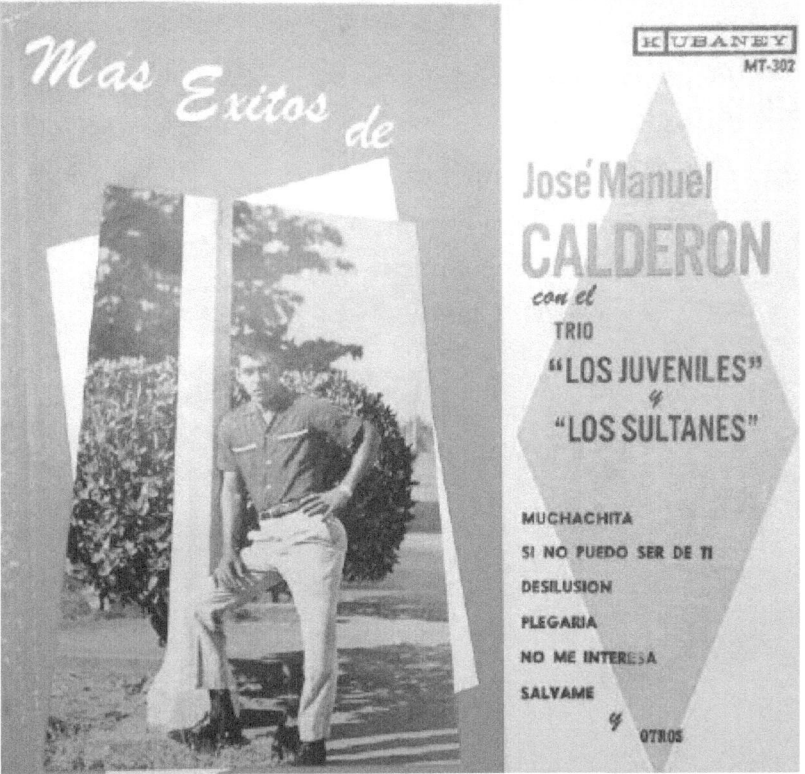

Más éxitos de José Manuel Calderón con el Trío Los Juveniles y Los Sultanes

Editado por Kubaney

Cara A
Llamarada
Muchachita - JMC
Si no puedo ser de ti
Adiós pedacito de mi alma - Maso Rivera
Si supieras llorar - Carlos Monte de oca
Desilusión - JMC

Cara B
El redentor - DR
Falsa - B. Ortíz
Plegaria - José A. Jiménez
No me interesa - Luis P.
Desdichado - R. Hernández
Sálvame - José M. Class

José Manuel Calderón "Odio Gitano"

Este disco editado por Brant, tiene en la portada a José Manuel Calderón con dos fotos en poses diferentes, dándose la espalda, tiene en la contraportada a Luis Pimentel, El Internacional, quien le acompañó en la grabación o selección de éxitos, sin otros créditos.

Lado A
Declaración de amor (Amorcito de mi alma) - Ney Serrano
Te equivocas
Odio Gitano - DR
Séptimo sacramento - Humberto Hernández
Tu desdén - DR
Súplica - DR

Lado B

Llanto a la luna (Pobre del pobre) - JMC
Mamita - DR
Agonía
Cariño del alma - DR
No te puedo perdonar
Navidad sin ella - DR

Es bueno consignar que para la época, no se tenía muy en cuenta los derechos de autor, por lo que, la mayoría de estos discos, sobre todo los de éxitos, no tenían autores, y los que Calderón se aprendía por ahí de otros cantantes, les ponían simplemente "DR", o sea, Derechos reservados.

José Manuel Calderón y sus éxitos

Kubaney, MT 284.

Lado A
Te desafío - JMC
Los dos perdimos - J. A. Jiménez
Dime que sí - DR
Arrepentimiento - JMC
Vida miserable - JMC
Dime qué pasó

Cara B
Mis deseos - A. Rodríguez
Llamada de amor - JMC
Si volvieras - DR
Recordando tu amor - Oscar Olmos
Perderte o morir - DR
Cobarde - JMC

José Manuel Calderón Canta

Brant PLPS 236

Spanoramic Recordings SPL 177

Acompañado de Luis Pimentel y su Conjunto de Estrellas

Lado A
Que será de mí "Condena" -bolero, B. Fabián
Yo te compro el corazón, Guajira

Bendición celestial, Bolero
Tu promesa de amor, bolero, M. Amadeo
Tu fracaso, R.P. Gómez

Lado B
Mi vida es tuya, B. Ortiz
Por orgullo y vergüenza, bolero, O. Olmo
No me olvides, bolero R. María
Vuelve otra vez, bolero, D. Pichardo
Rebeldía, D.R. Pasillo
Amor y falsedad, D.R. Vals

En este disco destaca "Mi vida es tuya", otra de las creaciones de Bernardo Ortiz, autor del clásico, "Dos Rosas"; también "Vuelve otra vez", de Darío Pichardo. Hay una creación de uno de los primeros bachateros Óscar Olmos. En el mismo José Manuel Calderón, "El embajador de la canción popular dominicana", da créditos musicales a Luis Pimentel y su Conjunto de Estrellas. En la contraportada se adjudica la distribución del mismo a Neliz Records, en Puerto Rico, y a Rico Record Dist., en Nueva York. El arte, nueva vez, al puertorriqueño Héctor Herrera.

16 Éxitos Inolvidables de la Colección Discos de Oro de José Manuel Calderón
Leo LP 02-J

Kubaney
257

Lado A
Declaración de amor (Amorcito de mi alma) – Ney Serrano
Sálvame DR
Si no puedo ser tu amor, no quiero ser tu amigo, Ivet Machán
Besos inolvidables, DR

Prisionero de tus brazos - DR
Desilusión, JMC
Te desafío, JMC
Adiós pedacito de mi alma, Maso Rivera

Lado B
Condena (Qué será de mí) Bdo Fabián
Plegaria -José A. Jiménez
Si volvieras -DR
Desdichado, R. Hernández
Vuelve otra vez, Darío Pichardo
No te podré olvidar, DR
El redentor, D.R
Más tragos, DR

Un producto de Discos Leo, Santo Domingo, República Dominicana, 1983.

José M. Calderón

Lad 343
1980

Lado A
Tuya es mi vida, DR
No me juzguez, DR
Capricho, DR
Dónde estás, DR
De engaño, DR

Lado B
Viva el amor, Calderón
Triste camino, DR[12]
Relicario, Calderón
No has caído, Calderón
Corazón cobarde, DR.

Tengo las carátulas de estos LP, son propiedad del artista; pero no tienen los discos dentro. No tienen mayores detalles, de músicos, estudios o ningún otro detalle. Solo que se grabó en Hialeah Gardens, Fla.

---

12   El autor es el puertorriqueño Benito de Jesús, la canción en la voz de Calderón se hizo famosa con el título "Bebiendo en la barra".

José Manuel Calderón
"El Pionero de la Bachata"
Ensoñación

CD. Baile Records

JMC-1654

No te podré olvidar, Carlos Solís
Ensoñación, JMC
Oye mi súplica, D.R
Mi presente, D.R.
Déjame besarte, Luis Pimentel
A buen precio, Bernardo Jácquez
Loca, DR
Maldito amor, DR
No sé, JMC
Un fracaso más, JMC
Me siento convencido, Luis Segura
La población, JMC

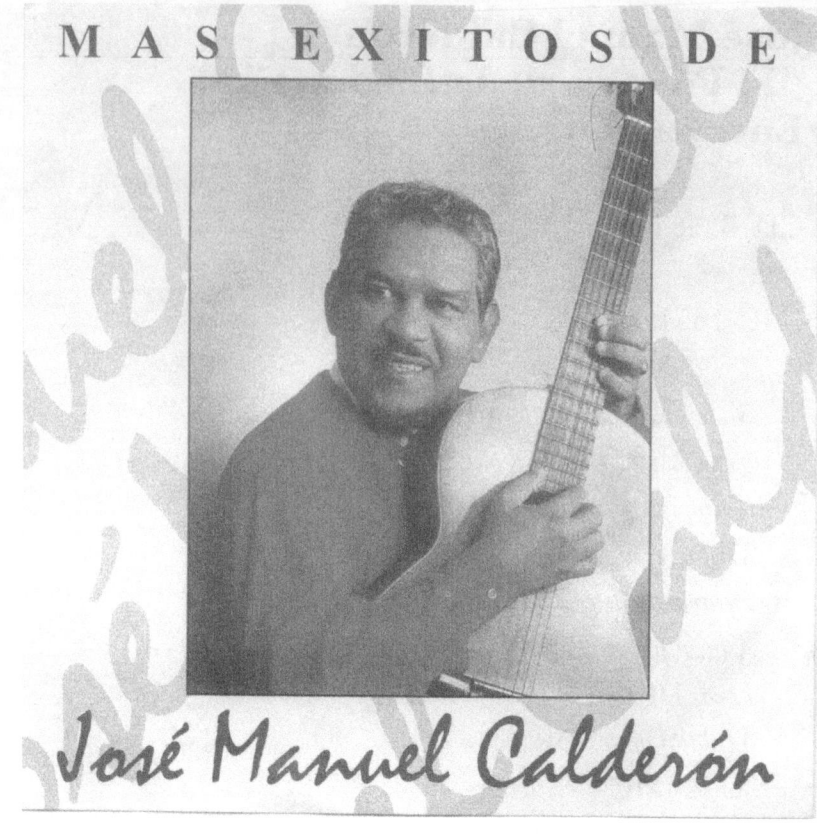

Más éxitos de José Manuel Calderón

Como dejar de quererte, DR
Vuela paloma, DR
Lágrimas de barrio, DR
Qué te ha dado esa mujer, DR
El golpe mortal, DR
Orgullo maldito, DR
Diez mandamientos, DR
Carta en el ropero, DR
Por caminos prohibidos, DR
Porque voy a llorar, DR.

Toma mi corazón, DR
La Limosna, DR

Créditos:
José Manuel Calderón
NYC, 1992

19 éxitos del pionero creador de la bachata
José Manuel Calderón

Lado A
Triste camino
La saqué de la barra
Esa que va por la calle
La mancha
Recordando tu amor
Dos rosas
Dime que sí
Tatuaje en el alma
Espera corazón

Lado B
Te desafío
Herida imborrable
Tus promesas de amor
Me dices que te vas
Llamada de amor
Cuando los años pasen
Vuelve otra vez
Nuestro amor
Todo por seguirte
La limosna

1995, Santo Domingo, JMC 122-1995

José Manuel Calderón
Limosnero de amor

CD
No me vuelvo a enamorar, JMC
Corazón herido, JMC
Tú y yo, JMC
Te sigo queriendo, JMC
Limosnero de amor, JMC
No me pidas que te olvide, JMC
Sonámbulo, P. Correa
Seguiré tras de ti, JMC
Embrujo, Romauldo Brito

Usted es la culpable, Marcos Díaz
Esta noche es mía, Rodrígo Escobar
Pecado del alma, Guillermo Cepeda Valencia

Créditos:
Requintos: Edilio Paredes, Jaime Mendoza
        y Francisco Antonio Jiménez
Guitarra: Enriquito Pimentel
Bajo: Ramón Ramírez Paleondo
Bongó: Ramón López y Jaimito Mendoza, güira
Bandoneón: Ignacio Guzmán
Cantante y coro: Arleis Ramírez
Foto: Miguel Lajara
Soni Estudio, Ing. Sonido: R. Montilla
Director musical: José Luis Calderón
Técnico asesor: Ing. Brant Calderón
Baile Records, JMC CD1257

José Manuel Calderón, La Voz de Quisqueya Cuando los años Pasen

Amor sobrado, F. Sanabia
Borremos el pasado, F. Sanabia
Amarnos por siempre, F. Sanabia
El corazón no miente, DR
Amorcito de mi alma, Ney Serrano
Dos Rosas, Bernardo Ortíz
Prisionera de LuzBel, DR
Ven, José Manuel Calderón
Algo diferente, Luz E. Tirado
Imposible, DR
Todo por seguirte, Luz E. Tirado
Imposible, DR
Cuando los años pasen, José Alfredo Jiménez

Esta es una versión de éxitos originales, dirigidos a coleccionistas, en la que se le da crédito a Yomo Toro, en la guitarra. También a las orquestas de Johnny Ventura, Luis Pérez & Orquesta, a Manolín Morel Campo y a Larry Godoy. Este disco fue grabado en Estudio Jeysina y bajo el sello Neliz Records Productions.

José Manuel Calderón
14 Grandes éxitos

Lado A
Bebiendo en la barra, Benito de Jesús
Indiferencia, José Manuel Calderón
Esa que va por la calle, DR
Tu castigo, DR
Humo, cerveza y licor, Alfonso Vélez

Lado B
Yo no puedo, DR
Te traigo serenata, DR
Mi noche y mi día, José Manuel Calderón
Tu estrella y la mía, Guijarro Alguero
Rondalla, DR
Malagüeña, Te casarás - JMC

Temas originales bajo licencia de Kubaney. Con las guitarras de Fernando Gautreaux (del Trío Los Juglares), Francisco Antonio Jiménez (Quico), Edilio Paredes y Frank Méndez. De esta edición, Baile Records. Cassette pasado a CD.

Equivocada

Baile Records, 2005. Santo Domingo.

Equivocada, JMC
De mi misma sangre, A. Martínez
Adiós, adiós, DR
La tragedia del vuelo 587, JMC
Pensando bien, DR
Yo la vi: Carlota, JMC
Cruel infame, DR
¿Quién eres tú?, DR
No más por tu culpa, DR
Todo concluyó, DR
Juramento, Ismael Pérez Gonzalo
Mi linda mamita, Vicente. Palma

Producción: Equipito de David Paredes y Mártires de León

Concierto de bachata

Canciones:
Rumbo al Sur, Francisco Vidal
Tres motivos, Naldo Campos
Bolero rokorolero, Segundo Rosero
Yo te perdono, Roberto Cantoral
Mamita, D.R.
Huye de mí, Hugo Almánzar
Mi linda mamita, Vicente R. Palma
Faltándome tu, Carlos Falquez
Juramento, Ismael Pérez Gonzalo
Que camino sola, D.R.
Sírvame otra copa, D.R.

Este disco, producido por el propio artista, para su sello Baile records en el 2004, rescata dos de las constantes estilísticas de Calderón como cantante, su pasión por el bolero y por la bachata. Géneros que mezcla en la lírica y lo acompaña de unos arreglos de bachata de acuerdo con lo que estaba de moda en ese momento en el país. Bachata para cantar, pensada y armada, sobre todo, para bailar.

Payaso

Baile Records, 2017.
Ella se fue (Payaso), JMC
Amor manchado, DR.
Copas de licor, DR.
Quien yo quiero no me quiere
Mi adorada, JMC
Dos medallitas, DR.
Marabú, Javier Chiquito
Mozo deme otra copa, Iván Cruz
Tan mía, Ernesto Sandoval
Te amaré vida mía, Cuco Sánchez
Te quiero todavía, JMC

Esta es la más reciente producción de José Manuel Calderón, quien nunca ha desistido de cantar, hacer presentaciones en vivo, conceder entrevistas de radio, periódicos y televisión. Mucho menos de grabar, su discografía crece constantemente.

Como siempre, Calderón elige las canciones de acuerdo a su gusto, algunas que ha oído y se le quedaron en la memoria del alma. Otras compuestas por él en los últimos tiempos.

De alguna manera, puede decirse que la bachata y José Manuel Calderón han sido cronistas de su época. Lo han sido en la temática de sus canciones y en las variaciones del ritmo, por eso, es bueno anotar este dato en el momento en que él se hizo eco de la tragedia del vuelo 587, derribado días después de la caída de las Torres Gemelas y que dejó 265 personas muertas. Calderón sacó el sencillo a pocos días del hecho (12 de noviembre del 2001) y luego lo incluyó en el primer larga duración que editara, que resultó ser en 2015.

La amplia discografía del Pionero de la Bachata está muy dispersa. A pesar de que él asume tener más de 70 producciones grabadas, la cantidad de compañías con las que grabó aquí en Santo Domingo y en Estados Unidos, le hacen perder la pista. Siempre se vio compelido a grabar más producciones musicales de la cuenta, pues por las altas ventas que tenía y la firma con las disqueras, debía grabar un sencillo doble cara, cada tres meses y hasta dos LP de larga duración en un año. La situación se vio agravada cuando, en la necesidad de seguir abasteciendo un mercado que seguía pidiendo y buscando sus canciones de siempre, sacaban constantemente discos de larga duración de éxitos, en los que se reciclaban canciones por cada compañía disquera. También era una época, sobre todo la dominicana, donde no se le daba preponderancia a los créditos impidiendo saber quiénes participaron en una producción musical. Los disqueros de entonces tampoco eran muy rigurosos en ese sentido.

EN PRIMERA PERSONA

Canciones ajenas que hice mías

Agradezco a Dios que me dio la capacidad de reconocer las canciones que debía grabar. Lo mismo ajenas que mías. Por eso, en mi larga batalla con la música de cuerdas y amargue a cuestas, son muchas las canciones de otros que se fueron haciendo imprescindibles en mi carrera. La mayoría de estas canciones me las aprendía de oído, y si llenaban mi corazón, las sentía buenas para compartirlas con mi público.

Aquí están las canciones de otros que contribuyeron a mi éxito. A esos creadores, les agradezco la magia que tuvieron para plasmar esas emociones en estas canciones, que son ajenas; pero que siempre serán mías.

1. *Condena/¿Qué será de mí?* – Bienvenido Fabián
2. *Borracho de amor* – D. R.
3. *Quema esas cartas* – Alfredo Gobi
4. *Sálvame* – José Miguel Class
5. *Si no puedo ser tu amor, no puedo ser tu amigo* – Ivette Machand
6. *Triste camino (Bebiendo en la barra)* – Benito De Jesús

7. *Adiós pedacito de mi alma* – Maso Rivera
8. *La limosna* – Der. Res.
9. *Esa que va por la calle* – (D. R.)
10. *La saqué de la barra* – (Der. Res.)
11. *La mancha* – (Der. Res.)
12. *Si volvieras* – (Der. Res.)
13. *Todo por seguirte* – Luz Celenia Tirado
14. *Cuando los años pasen* – José Alfredo Jiménez
15. *Vano empeño* – Pedro Flores
16. *Desdichado* – Rafael Hernández
17. *Vacío* – (Der. Res.)
18. *Malagüeña* – Elpidio Ramírez
19. *Prisionera de Luzbel* – (Der. Res.)
20. *Amorcito de mi alma (Declaración de amor)* – Ney Serrano
21. *Dos Rosas* – Bernardo Ortiz
22. *Llamarada* – (Der. Res.)
23. *Tus promesas de amor* – Mike Amadeo
24. *Besos inolvidables* – (Der. Res.)
25. *Me dices que te vas* – (Der. Res.)
26. *Borracho de amor* – (Der. Res.)
27. *Perdóname* – Der. Res.
28. *Dime que sí* – (DR)

Canciones de otros exitosas en su voz

Este listado de canciones de otros autores que grabó y que se convirtieron en éxito, fue la punta de lanza para salir a investigar y establecer quiénes las escribieron. Pues, en la mayoría de los discos, simplemente se le colocaba DR (Derechos Reservados), con lo cual se asumía desconocer el autor.

Tras el escarceo, conversamos con el artista, sobre la situación con el listado en la mano y, sobre todo, enseñándole dos o tres casos que se quedarían sin establecerse el origen. Pues no aparecen ni en Wikipedia ni en ningún libro sobre el bolero que haya llegado a nuestras manos.

Calderón me explicó que en ese momento el disco no era un negocio en sí mismo, y que los compositores no protestaban mucho con el uso de canciones, porque los derechos de autor y todo lo relativo a beneficios por venta, por interpretación o derechos de ejecución, era prácticamente inexistente.

En su caso, se aprendió muchas canciones que sonaban en la radio o que otros cantaban, de Villa Juana; pero no se preocupaba de saber quién las había escrito.

Ese mismo fue el caso de sus dos primeras canciones: "¿Qué será de mí"/ "Condena" y "Borracho". Ambas se las aprendió de otros cantantes.

Qué será de mí/Condena

Autor: Bienvenido Fabián. Se la oyó a El Rubio, un vecino en la calle Moca 41, donde vivía quien, a solicitud, le copió las letras.

Borracho de amor[1]

Autor: Derecho reservado. Se la escuchó cantar a Ramón, a quien le decían El Che, quien formaba parte de "El Mariachi de Manolín Collado". Le solicitó que le copiara las letras; pero nunca supo quién la escribió. De hecho, en toda la web no

---

1   Esta canción, de la que nunca ha aparecido el autor, se le adjudicó a Calderón en una tesis titulada: "Propuesta indecente: Tratamiento de la mujer en la bachata", de Ondina Plasencia, de la Universidad de Umea, en Suecia. en la que habla de la sociedad dominicana y los amores patriarcales que se reflejan en la bachata. Tomando como ejemplo "Borracho de amor" y "Serpiente humana", de Calderón "Bachata Rosa" de Juan Luis Guerra, "La Bella y la Bestia" y "Propuesta indecente", de Romeo Santos. En la misma, la autora establece que esta canción acusa a la mujer porque el hombre se siente mal, "no tiene calma" y ella es la culpable de esta pena. Lo propio hace con "Serpiente humana", en la que el hombre, respondiendo a la realidad social y ética de la época, se expresa en en tono de protagonista y de quién dirige a la mujer "traicionera".

aparecen esas letras ni un posible autor de este título. Como ya dijimos, no se era tan riguroso con los nombres de los autores, por lo que él no tuvo reparo en etiquetar como Derecho Reservado al autor, que ha quedado en un inescrutable misterio.

Quema esas cartas

Autor: Alfredo Gobbi. Ésta nació tango y fue grabada en este ritmo por Juan D´Arienzo, Los Visconti y Julio Martel. En vals fue grabada por Julio Jaramillo y Alberto Moreno. También por Antonio Tormo y su Conjunto de Guitarras. Y aquí la grabó Calderón para su primera producción musical en el 1963.

A propósito de "Quema esas cartas", y otras canciones como "La limosna" y "Llamarada", salidas directamente de la autoría y voces de tangueros argentinos, le hicimos notar al Pionero de la Bachata que hemos sentido mucha presencia en su música del tango y nos dio la razón. Dentro de las primeras grabaciones de José Manuel Calderón, se hace notoria la influencia del tango que él mismo asumió en conversaciones con quien escribe.

A lo largo de su carrera, Calderón ha grabado y regrabado sus grandes éxitos, una y otra vez, pero si nos vamos a la primera producción musical, nos damos cuenta de que su inclinación por el tango era evidente en canciones como "Quema esas cartas", donde no solo la interpretación, sino también los arreglos musicales son deudores del tango. "Marivell, en ese tiempo, el tango gustaba mucho en este país. Lo sonaban en la radio y a los muchachos de mi edad de los 50 y 60 nos gustaba peinarnos y vestirnos como Carlos Gardel".

Ahí entendí un poco más la naturaleza de la música de Calderón, quien se dejó seducir más bien por los colores del tango. Inclusive, hizo una producción en Nueva York donde se hacía acompañar de un prestigioso bandoneonista argentino. Su influencia estaba definitivamente entre el tango y la ranchera. "Quema esas cartas" es una de esas canciones imprescindibles del repertorio de Calderón.

Sálvame

Autor: José Miguel Class "El Gallito de Manatí".

A propósito de esta canción, estuvimos buscando en YouTube a "El Gallito de Manatí" y lo encontramos en una presentación junto al Mariachi de Jalisco, donde fue presentado como "el artista puertorriqueño que más discos ha vendido cantándole a México".

A propósito de la conversación con El Jibarito de Lares, sobre la extendida idea de que la bachata dominicana fue influenciada por las canciones de este, lo cual él negó. Hicimos lo propio con Calderón y él reconoció haber tenido una influencia de dos artistas puertorriqueños, a los que admiraba: El Gallito de Manatí y Felipe Rodríguez "La Voz".

Puestos uno y otro, vemos que son dos arreglos e interpretaciones muy distintas, las de El Gallito de Manatí y la de Calderón.

La del boricua, con tendencia a la ranchera, más al estilo corrido, y la de Calderón, con enfática autoridad interpretativa y con mayor dramatismo.

Esta canción también fue grabada por Wilfrido Vargas en tiempo de merengue, en el 1987. Le puso la voz "el amargado del merengue", como era llamado el primer venezolano que formó parte de la Orquesta de Wilfrido Vargas: Leo Díaz, que se convirtió en otro éxito de esa prestigiosa orquesta.

Si no puedo ser tu amor, no puedo ser tu amigo

Autora: Ivette Marchand

Esta canción de la esta compositora puertorriqueña, también fue grabada por El Gallito de Manatí y Calderón, por Alci Acosta. Las pusimos las tres y son distintas. El Gallito se va para la ranchera abiertamente, Alci Acosta la graba en bolero rítmico con acompañamiento de una gran orquesta, mientras que Calderón le hace un acompañamiento con guitarra mezclado, más son y percusión "bachatosa". Aparte, Calderón le incluye la superposición de voces a modo de coro.

Triste Camino / Bebiendo en la Barra

Autor: Benito de Jesús (Barceloneta, PR. Oct. 25- Jun. 24 2010).

En la grabación de esta canción, Calderón acelera las revoluciones de su música y adopta el sonido ya con todas las características de la que sonaba en el país, mientras estaba en los Estados Unidos. Aunque a su música le decían música de guardia y de prostitutas, no es hasta que regresa de EE.UU en 1972 cuando empieza a incursionar en la temática de estas canciones.

"Triste Camino" fue grabada primero por el afamado Trío Vegabajeño, al que pertenecía su creador, Benito de Jesús, autor además de grandes canciones del bolero, como: "La Copa rota", "Sigamos pecando", "Nuestro juramento" y las emblemáticas, "Preciosa", "En mi Viejo San Juan", "Lindo querubín" y "Traigo un ramillete", el cual popularizara en merengue, Félix del Rosario.

Adiós pedacito de mi alma

Autor: Maso Rivera (Toa Alta, PR. Nov. 13, 1927-San Juan, Feb. 2001).

Tomás Rivera Morales, mejor conocido como Maso Rivera. Fue el mayor exponente de la música jíbara. Tocaba el cuatro y, como tal, compuso más de mil piezas instrumentales.

La canción hasta ahora solo aparece en la discografía de "El Pionero de la Bachata".

La limosna

Autor: Horacio Sanguinetti (Uruguay, Mar. 19, 1914 – Dic. 19, 1957).

La saqué de la barra

Autor: Luis González

Esta canción, cuya temática tan oportunamente se adapta a lo que se esperaba de la música de amargue -tras ser endilgada precisamente a barras, prostitutas y guardias cobraos-, es una ranchera del mexicano Luis González, quien tiene muchos temas calificadas como rancheras cantineras. Hay que destacar que los arreglos y las interpretaciones son muy distintas una de la otra. González la canta al estilo quebradita, y Calderón, en su ya definida línea entre tango, ranchera y el lloraíto azucarao que le puso imprimió desde la primera grabación a sus canciones.

La mancha

Autor: El Chico Elizalde

Esta canción es de Everaldo "El Gallo Elizalde", uno de los grandes de Sinaloa, fundador de la afamada Banda El Recodo. Y con esta canción, Calderón reafirma la pasión que siente desde joven por la música mexicana. Por supuesto, el pionero lo que hace es trasladar las letras y la melodía a su estilo; pero hace una personalización tan grande de la misma, que no se parece en nada al arreglo ni en el sonido final de la interpretación.

Definitivamente, al hablar de la bachata y sus aportes, nos olvidamos que en la voz de barítono de Calderón tenemos una de las mejores y más emotivas voces del país. Al contrastarlo con las voces de los artistas que han grabado sus canciones, José Manuel Calderón resplandece.

Si volvieras (DR)

Sigue siendo reservado.

Todo por Seguirte

Autora: Luz Celenia Tirado

De la compositora y poeta puertorriqueña Luz Celenia Tirado, esta canción fue grabada también por Lucho Bowen.

Tiene todas las condiciones del contenido temático de la bachata, sin embargo, ambos la hacen en tiempos musicales distintos: Bowen como vals y Calderón como bolero.

Por seguirte cuántas cosas yo he perdido
Entre ellas la alegría de vivir
La sonrisa se ha esfumado de mis labios
Y aún pretendes que termine mi existir
Hoy me miro en el espejo
y reconozco
Que las huellas del dolor las llevo aquí
Y he notado bastantes cabellos blancos
Desengaños que dejas hasta el fin
Los cariños que adoraba lo he perdido
Hoy mi madre no me besa y es por ti.

Luz Celenia Tirado, además de cantante, actriz y maestra de ceremonia, es folklorista y cultivadora de la décima puertorriqueña. También escribió "Por retenerte" y otros éxitos, los cuales llevaron a la fama a "El Jibarito de Lares".

Yo creyendo que eras un Dios
Que desde el cielo vino hasta mí
Te veneraba y te adoraba con frenesí.

Cuando los años pasen

Autor: José Alfredo Jiménez

Hay que destacar la amplia mirada y la belleza de las canciones que eligió Calderón para su repertorio. Le preguntamos quién elegía las canciones que grababa y nos dijo que siempre las eligió él. Aunque tuvo varias disqueras, el primer artista que firmó Mateo San Martín al salir de Cuba fue a él; pero cuando llegó ya todas las canciones de su primer disco estaban grabadas. Eso no impidió la firma del contrato. Y, en los próximos que firmó, siempre se derogó el derecho de seleccionar su repertorio, pues "yo no podía cantar una canción que a mí no me gustara. No sé cantar lo que no siento".

Hacemos esta reflexión acerca de las canciones que grabó, en las que se incluyen grandes compositores de la lengua hispanoamericana, aunque prevalecen latinos y caribeños. Esta canción que eligió Calderón, de uno de los compositores más prolíficos y valorados de México: José Alfredo Jiménez.

Otros artistas como Vicente Fernández, el propio José Alfredo Jiménez, Marco Antonio Muñiz y Calderón hicieron de esta canción un éxito. Los primeros dos en tiempo de ranchera, y los segundos, versiones en boleros y bachata. Aunque la fama como compositor se ha tragado al cantante, José Alfredo Jiménez fue un excelente cantante ranchero. Otra versión interesante de la misma es la de Amalia Mendoza, quien hace una mezcla que resulta en bolero-ranchero.

Como casi todo su repertorio, el artista ha grabado varias versiones de esta canción. Todas diferentes a las antes mencionadas. Inclusive, en el año 1993, el cantante y compositor dominicano Anthony Ríos le rindió homenaje a José Manuel Calderón, y grabó inspirado en él, esta canción que volvió a ser un éxito, como suele pasar con las grandes canciones.

Vano empeño

Autor: Pedro Flores

Una de las más bellas letras del puertorriqueño Pedro Flores, entre las interpretaciones que encontramos se destaca la de Daniel Santos, quien la graba a dúo con Claudio Ferrer, muy a su estilo, más bolero/son y con esa peculiaridad que le imprimía vocalmente a sus canciones. Otra de las mejores versiones de esta canción es la del trovador Codina. La versión de Calderon logró también estar incluida en el homenaje que le rindiera Anthony Ríos al pionero de la bachata en su disco, "Boleros como ayer", editado en el 1998; la grabó junto a "Cuando los años pasen", en su honor.

Desdichado

Autor: Rafael Hernández (Aguadilla, Oct. 24, 1892- Dic. 11, 1965).

Una rara canción de amargue escrita por "el Jíbaro y cumbanchero", Rafael Hernández, uno de los grandes compositores de Puerto Rico y el Caribe. Rafael, autor de una de las canciones más hermosas de Puerto Rico, "Lamento Borincano" y de "Preciosa" -también "Quisqueya", que interpretaba el jilguero de Quisqueya, Antonio Mesa- y que fue grabado por Los Panchos y otros grandes artistas. Aún hoy sigue vigente y sus canciones son grabadas por Marc Anthony, Caetano Veloso y José Luis Rodríguez, etc

"Desdichado", una canción fatalista, fue interpretada por Tommy Figueroa, José Manuel Calderón y Edilio Paredes, este último, uno de los grandes guitarristas del género y una ficha indispensable a la hora de contar la canción de cuerdas del Caribe.

Como en cada canción, o versión que realiza el pionero de la bachata, la interpretación y el arreglo poco se asemejan a las de los demás.

Malagüeña

Autor: Elpidio Ramírez

Malagüeña es una de esas tantas canciones clásicas del cancionero universal a las que Calderón tuvo que agarrarse en su estadía en Nueva York, donde la exigencia de dos producciones discográficas por año le impedía hacer un trabajo de su propia inspiración. En República Dominicana, esa versión es muy poco conocida; pero en Nueva York, se convirtió en una de las más aclamadas por el público que le acompañaba en sus presentaciones.

Prisionera de Luzbel

Autor: José Miguel Class

Otra de las canciones de El Gallito de Manatí, con lo que el artista confirma arraigo a los autores y cantantes puertorriqueños. Este es uno de sus favoritos, y del otro, nunca grabó una canción que él haya cantado: Felipe Rodríguez. Esta canción está contenida en el disco con orquesta que grabara junto a Luis Pércz, y Calderón la considera el éxito de esa producción.

Amorcito de mi alma

Autor: Ney Serrano

Esta fue la canción que grabó Inocencio Cruz en el 1963, y que se convirtió en un suceso musical que aún perdura. Esta canción, una de las que Calderón le hubiera gustado escribir, la grabó durante ese lustro en Nueva York.

¿Cuándo y por qué razones le nace una canción?

Dos rosas

Autor: Bernardo Ortiz

Esta canción es de Bernardo Ortiz, oriundo de San Francisco de Macorís, quien estremeció a Radio Guarachita con esta canción, producida por quien era su disquero entonces: Cuco Valoy, quien además de tener una disquera y una tienda de discos, hizo su centro en la bachata como El Pupi de Quisqueya.

"Dos rosas" es una de las grandes canciones del repertorio autóctono, grabada por Víctor Víctor, Wilfrido Vargas y Las Chicas del Can, entre otros.

Como al pionero de la bachata, a José Manuel Calderón le tocó conocer a la mayoría de los bachateros que siguieron su camino, y uno de esos casos, fue Bernardo Ortiz. Le preguntamos por este y nos dijo que lo recuerda como un ser humano excepcional, muy humilde y talentoso.

Canciones que cantó que encantaron a otros

De todos los artistas que grabaron canciones que fueron exitosas en la voz de Calderón, por mucho sobresale Wilfrido Vargas. Porque Wilfrido tomó "Llanto a la Luna", una de sus primeras composiciones, y la llevó al merengue, y luego en este ritmo, en el que también estrenaba nuevas fusiones musicales, la convirtió en una canción que rompió récord internacionalmente.

"El loco y la luna" fue el título que le puso en su versión merengue. En una participación de Wilfrido Vargas en octubre del 2016, en el Show del Mediodìa, donde contó la historia de la canción, que estrena la combinación de merengue y rap más la teatralización del mismo.

Wilfrido contó que estaba grabando el tema y puso un micrófono para irle indicando a los percusionistas, los golpes que tenían que dar: Ay, Ay, Ay... Les indicaba, cuando hacían algo que no estaba correcto. Wilfrido decía: "No, no, no", y volvía: "Ay, ay, ay". El caso es que, termina la grabación y dejan a July Ruiz[1] para que mezcle la canción.

---
1   Destacado ingeniero de sonido dominicano.

Grande fue la sorpresa de Wilfrido cuando escuchó el resultado. Primero le extrañó, pero como todo el mundo sabe la apertura mental de Wilfrido, y que ha facilitado tanto que pueda siempre hacer nuevos aportes al ritmo y conseguir resultados innovadores, interesantes y que trazan pautas, lo que pudo ser una falta, lo convirtió en ganancia.

El artista llamó al locutor reconocido como El Súper Frank para que rapeara complementando los aportes experimentales de la canción.

El Súper Frank aportó las letras que complementaron el sentido moderno a la canción romántica y que justificaba el ay, ay, de Wilfrido Vargas. Súper Frank y Wilfrido hicieron una magnifica teatralización antes de la canción. Un rapeo que representa una misma emoción en dos generaciones.

El loco y la luna

Tendré que aferrarme
a la idea de que ya no está
qué cama tan vacía
¿qué hora es?
las tres de la mañana
Si por lo menos pudiera oír su voz
todo esto me parece tan absurdo
no puedo dormir
y ella quizás en el más profundo
de los sueños

debo comprobar
hum, está dormida
con quién soñará, conmigo
hum, es inútil
debo salir de esta habitación
nuestro balcón, su misma copa
ah, la luna, nuestra
compañera de todas las noches

(Aquí entraba Leo Díaz con su dulce voz, en la interpretación romántica al estilo de José Manuel Calderón.)

El resultado fue impresionante, uno de los grandes éxitos de todos los tiempos de Vargas y el único disco de oro de José Manuel Calderón, quien además asegura que nunca había cobrado tantos derechos de autor por una canción. La muestra está en su casa y en el deseo de Wilfrido de proyectarlo a través de la Corporación Wilfrido Vargas. Calderón, que siempre se sintió en confort con su carrera y su modo de manejarse él mismo, se negó. Pero siempre ha sentido inmenso agradecimiento, tanto por Wilfrido como por la oportunidad que le dio. En principio se sintió mal con el cambio de título, y confiesa que hasta pensó demandarlo, como ya apuntamos antes, se alegró de no hacerlo.

Después de escuchar las palabras que en su honor profirió Wilfrido sobre él, José Manuel Calderón recordó que tiene mucho que agradecerle a Wilfrido, quien además hizo la versión de "Sálvame", en merengue también. A él lo llamaron para que escuchara al más internacional del merengue diciendo lo siguiente:

"No sé explica cómo un niño, que generalmente no le hace caso a la música romántica, porque no está en eso, está en juego... Sin embargo, José Manuel Calderón... No tengo otra referencia de alguien a quien tú le puedas hacer un ritual más honesto."

Con estas palabras llenas de emoción, Wilfrido Vargas expresa a Iván Ruiz su admiración y respeto por Calderón: "Cuando yo nazco, nazco con esa huella, 'Luna, dime tú si ella me quiere, como yo la quiero a ella' ¿Qué es eso? La manera en cómo lo hacía, esa bachata y esa cosa, yo no podía entender por qué la sustancia de mi alma vibraba al estilo de una melodía tan bella; pero a la vez tan humilde y quizás tan rural."

Wilfrido también grabó "Sálvame", otra de las canciones que fueron éxito en la voz de Calderón. Aunque no fueron los únicos temas de bachata que llevó a merengue, pues también grabó "Homenaje a Marino Pérez" y "Cariñito de mi vida", de Luis Segura, ninguno voló tan alto, llegó tan lejos ni vendió tanto como "El loco y la luna".

De hecho, los periódicos nacionales reseñaban el alcance de Wilfrido y el impacto de este tema con la información de que "El loco y la luna", se colocó en el segundo lugar del hit parade de Londres, en el número cuatro de Dakar, en África, y en el número 5 de Río de Janeiro. En esa época, Wilfrido recibió la atención de la BBC de Londres, y de la Cadena ABC, de Estados Unidos, entre otros.

En la misma información, hay un párrafo que reza: "Lo que más ha sorprendido a Wilfrido Vargas es la proyección internacional que ha alcanzado 'El loco y la luna', de José Manuel Calderón. Que el músico dominicano no esperaba se convirtiera en hit". Wilfrido confesó en ese entonces, que el tema venía a ser un relleno en el disco en el que estaba incluido. Algo que a él le gustaba; pero no le veía que podía gustarle a todo el mundo.

Anthony Ríos grabó unos nueve temas que ya habían sido cantados y grabados por Calderón, entre estas destacamos: "Vano empeño", "Lágrimas de sangre", "Sálvame" y "Cuando los años pasen", esta última grabada en el 1993.

Cuando llamamos a Anthony Ríos para comentarle sobre este trabajo, porque es uno de los artistas que más abiertamente ha defendido al Pionero de la Bachata, este reaccionó con mucho entusiasmo. Nos contó que ha grabado muchas canciones de este; pero sobre todo, su canción favorita: "Cuando los Años Pasen", porque forma parte de su historia.

"Sucedió algo muy, muy especial, cuando Johnny Ventura subía, el que estaba pegado era José Manuel, para él pegarse un chin, tuvo que grabar con José Manuel. Ay... Esa canción, y grabó esa vaina, fue la primera vez que Calderón grabó con orquesta, 'Cuando los años pasen'."

Anthony, que le conoce y le recuerda de ese tiempo habla, de él con entusiasmo. Dice que Calderón es "Maravilloso, muy buena gente... Papito es increíble".

MC: Sí, una estrella. Él me dijo: "Anthony me quiere mucho y él ha hablado, siempre muy bien de mí, a mí me gustaría que él te dijera algo de mí, para que lo pongas en el libro".

AR: Ohh, mira… José Manuel, Marivell, es la primera figura a nivel de estrella de rock que hubo aquí. El primer solista de multitudes que la gente se iba detrás, era Calderón, y después de Calderón, inmediatamente hubo uno que se mató que se llamaba Rafael Encarnación, más tarde le sigue Bernardo Ortiz…

Anthony nos dice algo que sabemos; pero en su boca, se oye mejor: "Fue la primera figura real que hubo en el país que las fans perseguían. Déjame ver a este hombre, porque antes se iba a ver los trío qué sé yo qué, el trío esto, el trío lo otro… Tiene una trayectoria en un país, que en esa época, los cantantes andaban por el patio era… Es una de mis estrella favoritas".

MC: ¿Por qué le hiciste ese homenaje?

AR: ¿A él? Oh, es que yo le debo mucho. Tú sabes que yo crecí cantando las canciones de él, yo tengo grabadas de 8 a 10 canciones suyas.

Víctor Víctor incluyó "Luna" en su disco "Alma de barrio", también en el disco "Entre amigos", en el que hizo dúos de grandes canciones de cantautores, en bachata. Ahí canta Vitico con Silvio Rodríguez, Pedro Guerra, Fito Páez, entre otros cantautores, incluyendo del país a hacedores de éxitos, como Rafael Solano ("Por Amor"), Manuel Jiménez ("Derroche") y José Manuel Calderón ("Llanto a la luna").

Ya en estas páginas mencionamos la experiencia de Javish Víctoria con el Homenaje a Calderón; pero es bueno puntualizar aquí, las canciones que seleccionó para el disco, del que hemos visto dos versiones: uno titulado "Bebiendo en la Barra", y el otro "Homenjae a José Manuel Calderón".

Estas fueron: "Bebiendo en la barra", "Llanto a la luna", "Nuestro amor", "Sálvame", "Declaración de amor", "Quema esas cartas", "Dos Rosas", "Esa que va por las calles", "Desilusión", "Todo por seguirte", "Borracho por un amor" y "Prisionero de sus brazos".

Víctor Víctor grabó "Luna" en "Alma de Barrio" e insistió con ella en "Bachata entre amigos", como ya explicamos en otro apartado de este libro. Otros que grabaron canciones suyas, fueron el recientemente fallecido, Ramón Cordero. Él grabó de Calderón, "Perdónala, Señor", y recuerda que su gran amigo, Raúl Marrero, con quien participó en muchos eventos en Estados Unidos y en el país, también grabó, "Llanto a la luna".

EN PRIMERA PERSONA

Mis guitarristas

La historia de la bachata no se puede contar desde la voz líder de un movimiento, si antes no se hace justicia y se reconoce a aquellos que pusieron el alma en sus dedos, y sus dedos en la guitarra, que haciéndose música, le dieron vida a esas historias de amor y dolor, que cantadas han robado los corazones de millones de personas que han visto reflejadas sus ansias y emociones en esta música. Quiero aprovechar para dar gracias a cada uno de estos guitarristas, quienes han colaborado con gran parte de mi música, desde que inicié hasta la fecha.

Nacionales

- Andrés Rodríguez
- Luis Pimentel
- José Rodríguez
- Aquiles de la Rosa
- César Peña
- Edilio Paredes
- José Francisco Jiménez (Quico)
- Elpidio Mejía
- Luis Segura

- Frank Medina
- Míster Cuevas
- Frank Méndez
- Fernando Gautreaux
- El Viejo Lelo
- Moreno Calderón
- Jaime Mendoza
- Leo Pichardo
- Martínez de León
- Frank Minder
- Frank Medina

Extranjeros

- Yomo Toro (PR)
- Nieves Quintero (PR)
- Renan (Ecuatoriano)
- Wiso (PR)
- Güicho Rodríguez (PR)
- Iran (Catalán)
- Aladino (PR)
- Marcelino (PR)
- Ángel Luis (Catalan)

Cronología que prefigura momentos importantes de la bachata

1962

(30 de mayo) José Manuel Calderón graba la primera canción del género de Amargue: "Condena"/"¿Qué será de mí?", en la emisora La Voz del Trópico.

(Junio) Graba en estudio profesional de La Voz Dominicana "Condena"/"¿Qué será de mí?", y su respaldo, "Borracho de amor".

1963

Rafael Encarnación graba los sencillos: "Muero contigo" y "Pena de hombre".

Sale Inocencio Cruz con "Amorcito de mi alma", autoría de Ney Serrano.

Bernardo Ortíz grabó "Dos rosas", para el sello de Cuco Valoy.

1964

Sale Luis Segura con la canción de su autoría: "Cariñito de mi vida", título del sencillo, y luego de su primera producción.

Radhámes Aracena inaugura Radio Guarachita.

El Pupi de Quisqueya (Cuco Valoy), se lanza como bachatero.

Muere Rafael Encarnación en un accidente de tránsito, mientras iba a recoger sus nuevos sencillos: "Logré olvidarte" y "Ay, qué amor"

1965

Graba por primera vez Antonio Gómez Salcedo[1].

---

1 Cuco Valoy también se convirtió en disquero. Fue el que grabó a Bernardo Ortíz.

1966

Graba Ramón Cordero ("Condenado a la distancia", "Morenita Mía").

1969

Blas Durán graba su primera producción, de la que salió el éxito: "El clavelito".

1973

Leonardo Paniagua graba y pega, "Amada amante".

Julio Ángel graba su primer disco, donde está "El pajón"/"Salón".

1974

Yaqui Núñez del Risco presenta por primera vez a un bachatero en la televisión, en El Show del Mediodía: a Leonardo Paniagua.

1977

Marino Pérez le graba el primer sencillo a Tony Santos, "El Chivo sin Ley".

Primera emisora en FM con programación de bachata y merengue, implementada por el Súper Frank.

1979

Leonardo Paniagua graba versión en español de canción del Grupo Abba, "Chiquitita", uno de los grandes exitos de la bachata. La primera bachata que gana un premio en el país, el famoso Premio El Dorado, como "Mejor Canción del año".

1981

Luis Vargas empieza a tocar guitarra.

1982

Luis Vargas forma su primera agrupación musical: Los Fantásticos, en la que también estaba Anthony Santos, quien, a la sazón, era güirero.

1983

Primer concierto de bachata en el Alma Mater de la Universidad Autónoma de Santo Domingo, con Luis Segura y su gran éxito, "Pena por ti", lo que generó un gran escandalo mediático y académico.

1983...

Luis Vargas lanza, "Merengues de verdad", merengues con guitarra donde está "La comezón".

1984

Luís Días graba su primera producción de este género a la que tituló: "Perdida".

Teodoro Reyes graba su primer álbum: "Lindas palabritas".

La música de amargue empieza a llamarse oficialmente "bachata".

1985

Luis Días graba, "Luis Días, el amargado".

1986

Blas Durán graba, "Consejo a las mujeres", en el que usa por primera vez la guitarra eléctrica en la bachata.

1986

Tony Santos pega "Amarilys... Échame agua".

1987

Ramón Torres lanza su primer sencillo: "Las estrellas brillarán", un éxito que fue llevado a merengue por Diómedes, en la Orquesta Internacional de Ramón Orlando.

1987

Sale al mercado, "Corazón de vellonera", de Sonia Silvestre, bajo la producción de Luis Días.

1989

Nacimiento del tecno/amargue. Sonia Silvestre presenta, "Yo quiero andar", composiciones de Luis Días y arreglos de Manuel Tejada.

1990

Sale "Bachata Rosa", Karen Records, de Juan Luis Guerra & 440.

1991

Anthony Santos lanza su primer disco: "La chupadera", donde están sus primeros grandes éxitos: "La parcela" y "La chupadera".

Víctor Víctor publica el disco: "Inspiraciones", Sonotone Music, 1991, en el que están sus éxitos, "Ando buscando un amor" y "Mesita de noche".

Frank Reyes graba su primera producción: "Tú serás mi reina".

1992

Juan Luis Guerra gana el Grammy (Awards), con "Bachata rosa".

Frank Ceara y Audrey Campos presentan "Bachata Magic".

1993

Frank Ceara y "Bachata Magic" nominados a los Premios Lo Nuestro como Revelación del Año. "Lluvia de besos" es elegido como tema de la telenovela "Amor de Papel". Fue ganador como Revelación del Año de los Premios Aplausos.

Raulín Rodríguez presenta "Una mujer como tú".

Luis Días presenta su disco "El accidente".

1994

Raulín Rodríguez presenta, "Medicina de amor", su primer gran éxito de igual título, más "Nereyda".

Teodoro Reyes publica "Sentimientos", el álbum que le dio el éxito definitivo.

"Loco de amor", primera producción sin doble sentido de Luis Vargas, alcanza el éxito.

Víctor Víctor presenta, "Antología de la música Nacional Vol. 1", en el que incluye un medley con las bachatas "Luna", de Calderón, "Amorcito de mi alma", de Ney Serrano (cantaba Rafael Encarnación) y "Pena", de Luis Segura.

1995

Joe Veras presenta su primer disco: "Con amor".

1996

Los Teenegers (luego Aventura), grabaron su primera producción: "Trampa de amor".

1996

Joe Veras presenta, "Con más amor", la producción que le dio el éxito con los sencillos: "Que se mueran de envidia", "El hombre de tu vida" y "Se te nota".

1997

Sale "Sentimiento único", del Chaval de la Bachata, con el éxito, "Cuando el amor se va".

1998

Elvis Martínez, "El Camarón", lanza su primera producción: "Todo se paga", Premium Latin Music.

Primera producción musical de Chicho Severino, "Millonario y qué".

1998

Monchy & Alexandra lanzan: "Hoja en Blanco", con JVN.

2000

Aventura presenta su primera carta al éxito: "Generation Next", ya bachata en espanglish y con un sonido nuevo (enriquecido por guitarra distorsionada, idea del guitarrista Alejandro Medina).

2001

Zacarías Ferreira graba su primera producción: "Adiós".

2002

Monchy y Alexandra lanzan su exitosa producción musical, "Confesiones".

Aventura saca su producción que lo catapulta internacionalmente: "We broke the rules", donde está el exitazo "Obsesión".

2003

Monchy & Alexandra reciben su primera nominación a los Premios Grammy.

Zacarías Ferreira presenta "El triste", con el que gana amplia popularidad.

Primer espectáculo exclusivo de esta música en el Teatro Nacional: "Bachata Sinfónica", también se presentó en el Teatro Regional del Cibao 28, 29 y 30 de marzo.

Realización del cónclave académico-musical: "Bachata Ompló", organizado por el Centro Cultural de España.

Antena Latina produce y transmite el concurso de talento "El Bachatón", buscando figuras jóvenes con cualidades para interpretar este ritmo. El mismo contó con Luis Días y Roldán Mármol, entre sus jurados.

Se presenta el documental musical "Santo Domingo Blues: Los tígueres de la bachata", del estadounidense Tom Wolf.

La bachata se presenta por primera vez en el prestigioso Festival Presidente de la Música Latina con el Grupo Aventura.

2004

El teatro Nacional es el escenario en el que se desarrolla el musical: "La Gran Aventura de la Bachata", un evento realizado por Yaqui Núñez del Risco, producido y dirigido por Waddys Jáquez.

2006

Víctor Víctor presenta: "Entre amigos", en el Hostos Center Arts & Culture, en el Hostos Community College, con José Manuel Calderón entre los invitados.

2007

El Grupo Aventura se presenta por primera vez el Madison Square Garden.

2010

Prince Royce lanza su primera producción musical, con su propio nombre, bajo la dirección se Sergio George; logra el éxito inmediato, con los sencillos: "Stand By Me" y "Corazón sin cara".

2011

Romeo Santos inicia su carrera como solista con "Fórmula 1".

2014

Romeo Santos marca un hito al llenar durante dos días consecutivos el Yankee Stadium. Hecho que fue reseñado en portada por The New York Times y la afamada revista Rolling Stone.

2017

Prince Royce graba con Shakira bachata, "Deja Vú", con vídeo enseñando a bailar bachata. Canción de la autoría de los hermanos Daniel Santacruz y Manny Cruz, dominicanos.

VII Congreso Internacional Música, Identidad y Cultura en el Caribe (MIC). Fue dedicado a la bachata, donde el pionero y otros artistas participaron con ponencias. Investigadores del género de distintos países presentaron sus estudios sobre la misma.

2018

Anthony Santos realiza el primer concierto en solitario de bachata, en Radio City Music Hall.

PARTE VIII

CALDERON: MEDIOS

La bachata de repudiada a adorada

José Manuel Calderón y la bachata tienen ya 56 años en la escena. Él es uno de esos padres orgullosos de que su estirpe haya logrado propagarse con tanta fuerza, y que tenga tantos representantes. Dice que se siente muy feliz con eso, porque si no hubiera encontrado quién siguiera su camino, la bachata no sería lo que es hoy: "Si me hubiera quedado solo, no lo habría hecho. Yo respeto a todo el que ha hecho algo por la bachata".

Calderón asegura que le gustan todos los bachateros y que a todos les ha encontrado algo que le suma al género.

"Si algún día dudé de algo, me declaro equivocado. Nunca pretendí lograr solo esta revolución. Todos los que están y los que han estado, forman parte de esto grande que es hoy la bachata", dice.

El que empezó con muchos temores, como toda persona que tiene el don del rigor, dice hoy que no se devolvió gracias al estímulo de otros artistas como el caso de Nicolás Casimiro, quien le decía: "Sigue, tú tienes futuro. No te desanimes, tu vas a mejorar".

Por supuesto, como todo el mundo sabe, el transcurrir de la bachata no ha sido fácil. Todo lo contrario, ha sido difícil y tortuoso. a muchos ha llenado de dudas y complejos, al verse enfrentados, sin compasión por la crítica y la sociedad.

En ese sentido, Calderón nos dice: "Yo recuerdo (y lo tengo muy presente) que cuando comienzo con este fenómeno musical, enseguida impactó en gran parte de la población por la gran demanda que tuvo mi primer disco, "Condena"/"Qué será de mí".

Explica que los obstáculos y las críticas no fueron tan notorios al principio. "A mi modo de pensar, por un 25 % de la sociedad, pues el 75 % del pueblo siempre mantuvo su posición de apoyo".

Entiende que ha sido el pueblo quien siempre la ha defendido, y que, aunque la sociedad denominó al género despectivamente con el nombre de disco de guardia, para restarle importancia y tratar de minimizar su impacto, "el pueblo se convirtió en un ejército que la defendió y llevó al lugar que hoy ocupa en el mundo".

Da gracias a Dios por haberle permitido ver su sueño hecho realidad. "Pues, a pesar de todas las limitaciones de entonces, mi música se ha convertido en el segundo género musical más importante del país, y en toda una industria a nivel internacional, sonado, bailado, oído, respetado... Esta realidad de hoy sobrepasa mis expectativas de ayer".

Dice sentirse agradecido porque pudo superar todos los obstáculos que se le presentaron, cuando esta música empezó a ser pertinazmente rechazada, "porque seguí adelante con mi propósito".

Al que más agradece en el proceso es al pueblo, porque consumía su propuesta musical y que lo convirtió en un fenómeno en la escena artística de entonces. Se puede decir, sin lugar a dudas, que fue el primer ídolo de masas del país.

En una nota incluida en el libro de Máximo Jiménez, "La gran aventura de la bachata", el destacado intelectual, José Rafael Lantigua, lo cuenta así:

A media tarde, corrieron los pobladores sobre el estrépito de las llamadas de atención de un locutor orillero que urgía a celebrar el momento inusitado en que una celebridad de la música del momento llegaba al pueblo en brazos de la fama que ya lo había convertido en icono de la música popular.

Urgido por el sonido de los cláxones de la caravana de vehículos, la gente se arremolinaba en las aceras o se agolpaba sobre el descapotable en que viajaba el artista para verle de cerca, reclamarle autógrafos y festejar al ídolo de canciones de moda que se reclamaban en todas las estaciones de radio y que alcanzaban los primeros lugares en los clásicos hit parades de la época.

Sobre el descapotable blanco que recuerdan mis ojos a los doce años recién cumplidos, saludaba con los brazos en alto a una multitud que parecía querer llevarlo en andas por las calles de la aldea, José Manuel

Calderón, el único artista que vi en mi Moca nativa desfilar y crear un alud de masas y tal vez hoy aún, el único que lo haya hecho.

Johnny Ventura corrobora esta percepción cuando nos asegura que: "Para mí, prácticamente es el Padre de la Bachata. Cuando empecé a escuchar ese género fue con él, súper pegado. Para mí, uno de los artistas que más ha contribuido a este ritmo".

A los único que Calderón está dispuesto a enfrentar es a aquellos que no quieran reconocerle "que fui el escogido para iniciar el fenómeno. Que fui escogido por Dios, porque yo no soy tan jactancioso para atribuirme tal ingenio. Fui predestinado para cantar esos disquitos de guardia, esas canciones de amargue y eso es -gracias a todos- lo que el mundo conoce como bachata".

A pesar de que "muchos en mi tiempo comenzaron a interesarse en seguirme los pasos, logrando grandes éxitos en sus producciones; pero ninguno puede decir que fue antes que yo".

Sin embargo, nadie ha sido capaz de negar que fue el sembrador de la semilla que dio vida al árbol frondoso y fuerte que es el género bachata.

Calderón asegura que nunca se sintió mal porque vinieran otros. "Siempre me sentí agradecido, porque entendí desde el principio que de ese modo seguía creciendo nuestra música".

Lamenta, porque le dio la razón a muchos de sus detractores, no encontrar a nadie que le dijera cuando estaban grabando, si le faltaba una s, si sobraba otra, o estaba pronunciando mal, qué no debía decir, en qué momento desafinaba, etc.

Acerca de esta situación con algunas grabaciones, Johnny Ventura nos dice que no había muchos canales:

"Se grababa en un solo canal; había que grabar todo el mundo junto. Si alguien se equivocaba al final de la canción, había que empezar de nuevo, no había dirección, no había nada, o sea, a veces una canción se dañaba en el camino por diferentes razones, y llegabas tú ya cansado".

Calderón asegura: "Yo no le guardo rencor a nadie. Ni por todos los desplantes que me hicieron".

Y hay que ver, porque hablar de José Manuel Calderón con él, es referirse a uno de los hombres más caballerosos del país. Al acotárselo, responde: "Eso es costumbre de mi casa. Me formaron así".

Nos consta, porque en el proceso nos tocó quedarnos de fin de semana en su casa. La misma, no parece la de un hombre solo, pues él se encarga de mantener el orden. De hacer sus compras y su comida. Come frutas, vegetales, y es estricto en todo lo relativo a su salud y a su espacio. Definitivamente, un individuo bien educado en valores.

A este rasgo de la personalidad de Calderón, también se refiere espontáneamente Johnny Ventura: "Para mí, una persona muy noble, y sigue siendo un hombre muy tratable, muy afectuoso, respetuoso, caballero". Cada vez que mencionamos su nombre a alguien que le ha tratado, se desborda en piropos, por la sencillez, educación y afabilidad que mantiene.

EN PRIMERA PERSONA

Convicciones de un ciudadano de honor

Definitivamente, vivir en Estados Unidos me ayudó a valorar mucho más mi país, mi patria grande. En este país solo he vivido en San Pedro de Macorís y en Santo Domingo. Aunque puedo decir que he recorrido por y con mi música casi todos los lugares, estoy enamorado de mi país entero, independientemente de mi lugar de nacimiento, un pueblo al que quiero y recuerdo. Sin embargo, creo en lo más importante: soy un dominicano de verdad, y me siento orgulloso de serlo; una persona respetuosa que siempre pone a Dios por delante. Para dejar constancia de mi amor a la patria, escribí este homenaje a Quisqueya, a mediados de los años 90 y lo incluí en el disco: "18 canciones de ayer y hoy", grabado en el 1997.

Homenaje a Quisqueya

Hermosa y luciente estrella, gota de luz desprendida,
eres tú linda Quisqueya, muralla de lindas flores.

*Cofre de lindas mujeres, románticas y soñadoras,
entre todas la más bella, no hay ninguna como tú.*

*Yo vivo feliz, en mi país se vive bien.
Tengo una mujer, tengo mis hijos, tengo mi hogar.
Canto, río y vivo enamorado de la vida,
porque soy feliz; que Dios bendiga a mi país.*

*Virgencita de Altagracia, madrecita de mi tierra,
virgencita pura y buena, no hay ninguna como tú.*

*Yo vivo feliz, en mi país se vive bien,
para trabajar tengo la tierra, la lluvia y el sol.
No tengo que irme a otras tierras, soy muy feliz.
Vivo en mi país, que Dios bendiga mi país.*

*Hermosa y luciente estrella…
Yo vivo feliz, en mi país se vive bien,
para trabajar…*

LA PRENSA Y CALDERÓN

Primera época: años 60-70

Tal y como lo han testimoniado varios periodistas y comunicadores que, en el inicio de sus carreras ejercieron el oficio de periodistas de farándula o espectáculo: ese género no ocupaba tanto espacio en los medios.

No era, como ahora, la sección más leída o buscada de los periódicos. Por lo que, documentar a través de las hemerotecas lo que fue el fenómeno de José Manuel Calderón, es prácticamente imposible.

Al periodista Feliz Vinicio Lora, expresidente de ACROARTE le tocó disertar sobre: "La Bachata en los Medios Escritos" durante la celebración de "Bachata Ompló"[1], en el Centro Cultural de España. Inicia su trabajo diciendo que:

---

1 Evento celebrado en el Centro Cultural de España de Santo Domingo, los días 8, 9, 10 y 11 de septiembre del 2003, en el que participaron artistas del género bachata y estudiosos de la música y los medios, empresarios, gestores culturales que participaron en disertaciones, debates, conciertos y testimonios que sirvieron de punta de lanza a un disco, y a profundizar en los temas relacionados con esta música y sus protagonistas.

"Hablar de la bachata en la prensa escrita equivale a preguntarse en qué momento ella y sus protagonistas hacen sus primeras apariciones en los periódicos y revistas del país".

El periodista compara el nacimiento del merengue, que fue dinamitado en la prensa de la época con el de la bachata, que "da sus pinitos ignorada por la prensa", donde no fue "ni criticada ni ensalzada".

Continúa diciendo Lora que, "mientras la radio emitía insistentemente las canciones de José Manuel Calderón, a quien considero el padre de la bachata, de Rafael Encarnación y de Luisito Segura, y la gente de los barrios bailaba y bebía en medio de jolgorios, las ediciones de los periódicos de los años sesenta no recogían ni con una sola línea, algún tipo de información de lo que más tarde sería un verdadero fenómeno musical".

Hay que destacar que, aunque no se haya anunciado con visos de acontecimiento, la salida del primer LP de Calderón y su primer viaje a Nueva Yok, fueron publicados en los periódicos de la época. Por supuesto, como no había referente, el artista estaba encasillado como bolerista.

Una nota con foto publicada el 29 de octubre del 1963 en el periódico, reza:

El cantante José Manuel Calderón acaba de grabar un long play a base de doce canciones de tipo popular.

También recientemente grabó un disco de dos canciones: "Dime que pasó" y "Vida miserable".

El long play contiene, según expresó, sus dos últimas creaciones las cuales se titulan: "Imborrable" y "Yo no soy dichoso".

En la fotografía aparece José Manuel Calderón (en cuclillas) con los componentes del trío Los Juveniles, sus acompañantes en las grabaciones. José Manuel Calderón ha actuado por la radio y televisión dominicanas.

Luego, sin fecha, otra nota publicada bajo el título: "Cantante viaja al exterior":

El cantante dominicano José Manuel Calderón sale hoy hacia Puerto Rico y los Estados Unidos donde espera grabar varias canciones.

Calderón acaba de grabar en Santo Domingo su último long play que se titula "Te Perdono" y contiene doce canciones.

Este LP fue grabado con el acompañamiento musical del trío Los Juveniles y en su estuche tiene impresa una introducción escrita por el compositor dominicano Ruiz Casado.

Las informaciones en esa época, tal como ha sido testimoniado por Rafael Molina Morillo y Huchi Lora, no pasaban de una columna de un máximo de 6 párrafos.

Sin embargo, como "hay un Dios tan justiciero", siempre aparece alguna reseñita que testifique la veracidad de lo hablado. Pues sin lugar a dudas, José Manuel llamó la atención de la prensa, sus movimientos eran reportados, tanto en el país como fuera. De entonces, tenemos recortes de dos periódicos nacionales que, entre el 62 y 67, reportaron superventas, grabación del primer LP y su primer viaje a trabajar en Puerto Rico.

Igualmente, tenemos recortes de sus visitas a Curazao y de su primera presentación en los Estados Unidos.

Hay que decir la verdad, entre 1962 y 1967, fecha en que José Manuel Calderón sale del país, el género que venía haciendo estragos en los corazones de los dominicanos, aunque se correspondía al género de los románticos canallas, no se podía decir que tenía un contenido lesionados de la moral ajena.

Por eso, Calderón está documentado en la prensa como cantante, se reportan sus cosas, porque él mismo las hacía posible, visitaba los periódicos y todo medio en el que pudiera promoverse. En ese sentido, también es un pionero.

Joséph Cáceres, editor de la revista dominical Galería, del Periódico El Nacional, el 22 de diciembre de 1985, publicó lo siguiente:

"José Manuel Calderón es uno de esos intérpretes que en los últimos tiempos han sido calificados como cantantes de amargue. Cuando se inició en el 1962 logró una penetración popular tan amplia, que se convirtió en una de las voces más populares, que no solo nutrió a las estaciones de radio, sino también a las velloneras y los escenarios de clubes nocturnos y teatros, tanto del país como del extranjero. Cuando el éxito le sonrió, José Manuel fue reclamado en Nueva York, y allí viajó a realizar presentaciones coincidiendo en algunos de los escenarios con figuras de la talla de Daniel Santos, Felipe Rodríguez, Johnny Albino, Yomo Toro, entre otros."

ENTREVISTA A

Joseph Cáceres, de la Revista Galería

Para hablar de lo que fue la prensa con el género, hablamos con la cara más visible de lo que fue la crónica de arte de los años 80 y 90 en el país, el veterano, Joseph Cáceres.

MC: ¿Piensas que a la prensa se le fue por debajo de la mesa, el proceso y evolución de la Bachata?

JC: Claro, porque la ignoró, la despreció y marginó en la etapa incipiente del movimiento; pero digo que es el resultado de la misma situación social, de las actitudes que la sociedad de esos tiempos, asumía con relación a esa expresión musical. Que la gente se avergonzaba, le decía música de guardia, no la valoraba en ningún término y que estaba contraria a la cultura prevaleciente y a los géneros que eran los que, en gran medida incidían en los clubes sociales, en la radio y en los lugares de baile. Entonces ni soñar con bachata en la radio. Recuerdo que Súper Frank fue de los que inició un programa de bachata en Radio Wao, cuando la dirigía, y tuvo muchísimos problemas, puesto que no se concebía que una emisora de música tropical tuviera que incluir ese género, y como se sabe, la única estación de radio era Radio Guarachita, que siempre fue identificada con esa música. Entonces, resultado de todo ese condicionamiento social que había, de que habían prejuicios, hay que decirlo, prejuicios, independientemente de la importancia o relevancia del género. Los prejuicios fueron determinantes para que los comunicadores de los 60 y 70 echaran a un lado a los bachateros y los maltrataran. Inclusive, se puede ver que los grandes eventos que en los 60 y 70 se presentaban con música, no incluían la bachata para nada, eran solamente los grupos de merengues, las orquestas de merengue, baladistas y boleristas, y los bachateros estaban en un plano no secundario, sino terciario.

MC. Cuando hablamos de merengue y de bachata, evidentemente tengo la sensación de que hubo una lucha soterrada entre géneros, aceptado ya como nacional a partir de la injerencia de Trujillo y este, despreciado por muchos; pero que nació siendo favorito de la gente. ¿Crees que hubo una lucha entre bachata y merengue?

JC. ¡Claro! Porque los bachateros, recurriendo a lo que podían, y con lo que contaban, comenzaron a demostrar que tenían arraigo, que tenían aceptación en lo popular, y aunque no se podían exponer en los planos donde estaba el merengue ni tenían los grandes salones, las discotecas, los lugares de bailes que predominaban en aquellos años en que había como 60 orquestas de merengue. Los bachateros a nivel marginal, de su "car wash", de sus enramadas y dondequiera que se presentaban, creaban una corriente demostrable de aceptación popular. Y, además de que vendían sus discos. El menudeo del disco con la bachata a nivel de la clase de abajo, era masivo, y todo esto los merengueros lo veían y lo sentían[1].

MC. En el caso tuyo, ¿cuándo fue tu primer encuentro con la bachata a nivel profesional?, ¿que dijiste? "No, pero esto ya se está poniendo serio".

JC. Bueno, ocurrió cuando ese movimiento propiamente dio señales de que había crecido. Veía ese movimiento emergente, llegué hasta a discutir con Radhamés Aracena, que fue el gran propulsor del género de la bachata; hay que decirlo, y a veces con las posiciones que uno asumía más, que nada como merenguero en esencia, veía que se hacían cosas en la bachata que no se correspondían con lo que uno creía; pero que, definitivamente cuando las cosas se hacen y que hay la determinación, como la del pajarito cuando quiere volar, que se puede caer del nido; pero termina volando, así mismo pasa con la bachata. A nosotros se nos ocurrió que estando en la comunicación, y al frente de la revista Galería, tuvimos que posicionar la bachata en la dimensión que realmente había que darle, que se había ganado ya. No pudimos negar esa realidad y, por eso, le dimos portada en la revista Galería, señalo que le dimos entrada a la bachata por primera vez en el Teatro Nacional, en la premiación Casandra, con José Manuel Calderón, con Víctor Víctor y Zacarías Ferreira.

---

1 En las entrevistas con Johnny Ventura y Anthony Ríos, ambos testifican que con José Manuel Calderón nació la música como industria en el país, ya que este fue fenómeno de ventas aún antes de que el merengue se pusiera en condiciones de competir a nivel de grabación para el público amante de la música popular.

MC: El papel de José Manuel Calderón fue vital. A él se le reconoce como, el primero que grabó una bachata y el que puso el acento del género. Incluso, encontré en su primer disco, a un escritor de Azua que buscó doña Atala Blandino, quien escribió en la contraportada que José Manuel Calderón había sido el creador de algo que llamó "el Lloraíto Azucarado", tendencia que aún no termina como esencia de la bachata, el añoñe, la forma de poner la voz, para que la gente sienta como si se estuviera realmente llorando...

JC. Bueno, Calderón, propiamente es el intérprete que le define, le da al género la personalidad y los caracteres con lo que luego otros se apoyaron, se sustentaron, redimensionaron la bachata a los niveles que ha alcanzado. Esto es indudable, por eso precisamente se le confiere esa categoría a José Manuel Calderón, porque hasta uno, cuando ve su discografía, se da cuenta de que trabajó siempre con criterio, de que, como comentaba anteriormente, hablan de Juan Luis Guerra, como el gran propulsor de la bachata a nivel internacional, luego de que le lavaran la cara como dicen, pero ya José Manuel Calderón estaba haciendo una bachata armoniosa, con lírica aceptable, con palabras bonitas y bien hechas. Pienso que José Manuel calderón tiene ese crédito y ese mérito ganado.

MC. Sabes que siempre digo que fue así. Si por ejemplo, la bachata se hubiera quedado siendo el ritmo que inició Calderón, que siguió Rafael Encarnación, Inocencio Cruz, El Añoñaito, Víctor Estévez y esos muchachos de entonces, era una bachata bonita realmente. Cuando la bachata entró en términos comerciales de competencias a través de las producciones de Radio Guarachita, fue que empezó a tener el doble sentido, que empezaron las grabaciones a no tener esa calidad, porque aunque Calderón tuvo el conocimiento, tú oyes esas primeras canciones, y todas tienen esa intención estética muy marcada.

JC. Es apreciable. Por eso es que hay que establecer y hacer diferenciaciones, porque hubo una bachata ciertamente que se iba de los niveles propiamente aceptables, porque hubo quienes le dieron un giro a expresiones dicharacheras, coloquiales, si se quiere, y hasta caían en lo vulgar. Esa bachata como todo el mundo sabe, se quedó y no pudo trascender, se quedó como vive el pimiento del momento, y se quedaron aquellas y sus intérpretes que la configuraron de otra manera, que le dieron el verdadero carácter de expresión artística y popular que es lo importante.

Luego de esta esclarecedora conversación con el destacado y bien formado periodista Joseph Cáceres, queremos puntualizar que, la bachata que conocemos hoy, es el fruto del esfuerzo y el aporte de todos los que la han cultivado en algún momento.

La bachata no es un hecho, sino un proceso. Pudo haber los errores naturales que podían cometer y cometieron, unos artistas surgidos de las entrañas mismas del pueblo, sin la formación, sin la preparación, sin un antecedente que le sirviera de guía y sin nadie que le produjera, corrigiera o indicara por dónde ir, como nos lo enfatiza en cada conversación el protagonista de este libro. En ese sentido, es indiscutible que el modelo a seguir fue Calderón, pues fue el primero que grabó, que sonó y que conquistó éxitos inimiginables para esos momentos de la sociedad dominicana, como también es verdad que lo que hoy conocemos como bachata es el conglomerado de cada uno de los cultores que tuvo desde los años 60 hasta hoy.

Desde los que no sabían escribir, cantar, arreglar o producir y que aprendieron haciéndolo, hasta los académicos. La bachata es un híbrido de muchas voluntades y talentos. Todos pusieron algo, a cada uno se le debe algo. Lo único que es innegociable, ahora y por siempre, es que este género musical es tan dominicano y tan nuestro como el "mangué" de Cheché Abreu, el fusón de Fernando Echavarría o el mangú nuestro de cada día.

Entrevista de Marivell Contreras a José Manuel Calderón

El primer encuentro con José Manuel Calderón fue en 1999. Fue en su casa de Alma Rosa I, acompañada del fotógrafo del periódico HOY, Rafael Segura. En ese momento, su esposa Maritza Tejeda caminaba por la casa, nos preparaba el café y hacía sentir a gusto al fotógrafo y a quien suscribe. Ambos quedamos encantados con el trato afable de ella, y con la humildad y grandeza de él. La entrevista fue publicada en Areíto, Suplemento Cultural del periódico Hoy.

José Manuel Calderón

"Antes que yo no hubo otro."

Él se considera un privilegio, porque: "Soy el que más discos grabados tiene, sigo grabando con frecuencia, haciendo giras al exterior y presentaciones en el país, sueno en la radio dominicana, cuando voy a algún lugar la gente acude, me llama, me reconoce, me piden las canciones por su nombre, y cuando las canto, me hacen coro". El 30 de mayo del 1962, "un año después de la muerte de Trujillo", un muchacho de 20 años[1], entró a La Voz del Trópico, y grabó su primer disco sencillo: "Qué será de mí", sin la menor idea de que podría "vivir de eso" y, mucho menos, de que estaba escribiendo la primera página de la historia de lo que hoy conocemos como bachata.

Qué será de mí
Con tantas penas
En mi pobre vida
Qué será de mí.
Que mis esperanzas
ya están perdidas.
No tengo valor para resistir.

"Esta cruel condena"...

Y en el respaldo, "Borracho de amor". Y un hombre que recorría las cuatro esquinas de cada sector de la capital vendiendo su primer sencillo a los lugares donde había velloneras y colocándolo en las emisoras de entonces.

"Yo fui el empresario, yo fui la casa disquera, el vendedor, el relacionista público; yo era una compañía, porque aquí nadie entonces se dedicaba a eso, ¿quién iba a hacerme una promoción, si aquí nadie la hacía? Antes, esto no era un negocio", afirma José Manuel Calderón.

En el 1962, en el país no había una casa disquera, Radhámes Aracena, quien se convertiría luego en un gran pro-

---

1 Eran 19, aún no había cumplido los 20, que cumpliría el 9 de agosto del 1962.

motor y difusor del género, a la sazón estaba enteramente dedicado al merengue de acordeón y "todavía no tenía emisora propia, sino que tenía espacio alquilado".

La únicas cooperaciones que recibió las buscó primero en Salón Mozart, una tarde en que decidió visitar a doña Atala Blandino, para consultar su propósito de grabar. Ahí encontró el consejo sabio, y la que le brindó Jesús Torres Tejada al procurar que fuera "atendido como amigo en Puerto Rico, por parte del también popular Felipe Rodríguez", cuya amistad le valió éxitos en venta y repercusión popular en la vecina isla.

EL PRIMER BACHATERO

José Manuel Calderón es un hombre que tiene brillo por sí mismo, que cobra vida y se despierta si se hace voz, referencia o recuerdo en presencia de alguno de nuestros familiares de entonces: "Ese es un gran hombre", afirmará alguno de los que hace muchos años le oyeron y lo asimilaron, como parte de su memoria emocional.

Porque Calderón es el primero que graba con sentido de bachata en el país, "Cuando empecé a grabar, lo hice con la intención de hacer bolero. Era lo que conocíamos entonces, boleros, guarachas, sones"; pero el acento que José Manuel le dio al interpretar sus canciones, hizo notar que parecía lo mismo, mas no era igual.

"Fue la gente, la responsable de todo". Fue la aceptación del público y su demanda de más, lo que le ha permitido que cumpla en mayo 37 años de labor creativa y práctica ininterrumpida, en una carrera que lejos de llevarlo a la decadencia, como a veces pasa, lo lleva de manos a la gloria de la permanencia imperecedera.

MC: ¿Por qué se liga tanto la bachata con el amargue?

JMC: Son denominaciones. Uno podría decir lo mismo del bolero, el cachivache, con lo que la gente quiere, porque es opcional. Viene a ser específicamente el sentir de todo un pueblo, que no solamente lo apoyó en el principio, sino que cada día le está dando más fortaleza.

La Bachata es el mejor negocio

Esta música, lo repito, no existía como tal antes de Calderón. Se le ha denominado con diferentes motes, la mayoría despectivos, entre ellos: "música de guardia". Según él mismo, "se ha vestido de gala con el nombre de bachata, porque donde hay intereses, las cosas caminan diferentes".

Aclara que en ningún momento los cambios que se han venido dando en la bachata, tienen que ver con alguna iniciativa por mantenerla o por reconocerla, sino con "la intención de sacarle beneficios, porque se dieron cuenta de que la bachata es una fuente de recursos económicos de primera línea".

MC: ¿Es usted de los millonarios de la bachata?

JMC: No, qué va. Yo estoy esperando, tengo la oportunidad todavía, estoy fijándome en lo que están haciendo los muchachos, sobre todo, los nuevos, para ver por dónde debo irme.

MC: ¿Qué ha ayudado a la bachata para ocupar el lugar en donde está?

JMC: El apoyo que permanentemente le ha dado la población. Vivimos en un medio suburbano, contamos con una gran porción de población en la zona rural, y siempre sigue este tipo de música.

Este apoyo lo visualiza y lo explica de la siguiente manera: "El pueblo es como un gran ejército, que siempre está ahí, luchando junto con nosotros, para salvar los obstáculos que se han presentado".

José Manuel Calderón considera que: "La Bachata ha sido un fenómeno musical que ha permanecido durante muchos años, y todavía seguirá creciendo mucho más".

MC: Si Luis Segura es el papa de la bachata, ¿que denominación tendría usted?

JMC: Todo depende de cómo se quiera entender. Si él es el papá, yo me voy a denominar en este caso, como el pionero, porque yo fui el primero que hizo bachata en el país. Después me siguieron otros, como Inocencio Cruz, con "Amorcito del Alma"; Rafael Encarnación, Mélida Rodríguez, y después fue él". Podría decir, aunque quizás no debería; pero lo digo de una manera particular: yo enseñé al pueblo a comprar discos, porque antes aquí no se vendían más que discos de fuera; pero de aquí, yo fui el primero que salió vendiendo discos.

Los primeros discos que hizo Calderón le costaban entre 0.15 y 0.20 centavos, y los vendía a 1.00 al por mayor, y a 2.00 pesos a los dueños de vellonera. A la fecha ha grabado un total de 55 discos de larga duración.

¿Cuántas canciones tiene? No sabe. "A veces comienzo una canción, la dejo por mitad y más nunca me acuerdo, hasta que cualquier día la encuentro y la termino. Hay veces en que la tengo terminada y no la grabo hasta que no me encuentro con ella otra vez". A vuelo de pájaro, José Manuel Calderón llegó a la conclusión de que tiene más de cien canciones de su autoría grabadas y en casa, más de quinientas terminadas".

Actualmente, José Manuel Calderón, que graba una producción por año, está ensayando nueve nuevas canciones de su autoría, para grabar el disco correspondiente a este año. Estoy buscando un palo, para hacerme millonario, como tú dices", me comenta, sonreído.

MC: ¿Cómo van los picoteos?

JMC: Bien, muy bien. Haciendo presentaciones con mucha frecuencia, aquí y en los Estados Unidos, porque la colonia latina es muy amplia, grande, el respaldo dominicano es excelente, y la música nocturna allá está controlada por dominicanos, lo que favorece nuestra presencia allí.

Luna

"Luna, dime tú si ella me quiere, como yo la quiero a ella, como tan solo se quiere una sola vez", me parece escuchar el inconfundible tono de su voz en esta bachata clásica, quizás la más representativa de todas. Se lo digo. Le digo que me gusta esa canción en su voz, en la voz de Víctor Víctor y que, hasta la he bailado en tiempo de merengue con Wilfrido Vargas.

"Luna" o "El Loco y la luna", como le dicen, es mi hija más grande, la escribí en el 1963". Y dice que la escribió para confirmar si su pretendida de entonces lo iba a querer "para saber cómo le iba a entrar".

Y funcionó tanto que, hace 32 años que Maritza Tejeda es su esposa. Juntos procrearon cinco hijos, los cuales están estudiando; hay uno que es ingeniero en sistemas, otro que estudia publicidad, uno en contabilidad, otra en psicología, y la más pequeña de 14 años, está en el colegio.

Para Calderón, no hay nada más importante que la educación de sus hijos. "Ya que, yo, por estar metido en esto de la música, solo llegué a octavo grado", afirma, a la vez que hace una exhortación a la juventud: "Para que se preparen, que estudien, que este es el mejor futuro".

Habla como si fuera mi madre, y ella, quien siempre ha sido su aficionada, le pregunto: "¿Por qué?" Y me dice, por dos razones: "Una, porque me recuerda a un amigo que se murió y que le gustaba mucho, y la otra, por la canción: 'Quema esas cartas'. ¿Por qué? "Porque una vez escribí una carta que nunca mandé, y que muchos años más tarde, quemé".

No me quiso decir nada más, pero terminó de confirmar lo que ya presentía: si hay alguien en el país que puede jactarse de haber sido artífice de encuentros y desencuentros, de haber provocado alegrías y de haber sacado llantos de amores ocultos, ese es, definitivamente, José Manuel Calderón, el primer bachatero del país, y un nombre sin el cual no se puede escribir la historia de nuestra música.

Recomendación de Jesús Torres Tejada: "La Voz de Puerto Rico", Felipe Rodríguez sobre José Manuel Calderon: "Este muchacho es entre nosotros lo que tú eres en Puerto Rico", y poco tiempos después, vendió unas 25 mil copias allí.

Tips de Calderón

- Nació el 9 de agosto del 1941.
- En San Pedro de Macorís.
- La música le llega por su madre, que tocaba guitarra y cantaba.
- Llegó a la capital a los 12 años.
- Inició su carrera oficialmente a los 20 años.

- Lleva 32 años casado con Maritza Tejeda Calderón, con la cual procreó sus cinco hijos.
- Graba un disco cada año; tiene 55 discos de larga duración.
- 37 años en el arte, los cuales inició en el 1962.

Breve cronología de la Radio

El mejor vehículo de circulación de la música es la radio. La bachata no la tuvo todas consigo; pero esta marcó el inicio, pues la primera versión de "Condena"/"¿Qué será de mí?", se grabó en un pequeño estudio de La Voz del Trópico, y cuando se masificó, lo hizo a través de la programación de Radio Guarachita.

Para establecer sus inicios en la República Dominicana, hacemos esta pequeña cronología de la radiodifusión:

1924

Horacio Vásquez designa a Manuel Emilio Nanita como director de los Servicios Radiográficos Nacionales.

1925

(10 de agosto) Inauguración primera estación radiotelegráfica en Santiago de los Caballeros.

1926

Frank Hatton inicia las primeras transmisiones como radioaficionado en la emisora que él mismo instaló: HIH.

1928

(8 de abril) Horacio Vásquez inaugura la primera difusora de radio estatal: HIX, también conocida como "La Atenas del Nuevo Mundo".

1928

(25 de abril) Sale al aire la primera emisora de Santiago, CRS. Cerró al poco tiempo, por no tener receptores.

1929

Primera Reunión Internacional de las Telecomunicaciones (UIT), en donde se decidió que la Rep. Dominicana se identificaría con las letras HI.

1930

(Febrero) Discurso de toma de posesión de Trujillo, tras un golpe de Estado a Horacio Vásquez. Trujillo se convierte en el primer presidente dominicano en asumir el poder en una transmisión radial en vivo.

1930

Nace la emisora HIJK.

1935

El gobierno inaugura la emisora: "La Voz del Partido Dominicano".

1938

Se promulga la primera reglamentación de las comunicaciones en el país; pero sobre todo, de la radio, ya que la "Ley de Vías de la Comunicación" No.1474, ponía mucho énfasis en el "modus operandis" de la radio dominicana.

1938

(Abril 18) Se realiza el primer examen de locutores y técnicos de radio, ardid de la dictadura para mantener el control de este medio de comunicación.

1962

(30 de mayo) Suena por primera vez a través de la Voz del Trópico, la primera canción de amargue: "Qué será de mí"/"Condena", de José Manuel Calderón.

1964

(14 de Febrero) Radhamés Aracena funda Radio Guarachita.

EN PRIMERA PERSONA

Los que me han sonado, agradecimiento a los locutores

Ya lo dije: la bachata nació pegada. Pero es imposible que se dé un fenómeno así, sin el contubernio de los que median entre el público y los artistas. Entre nuestros mensajes y sus receptores. La misma noche que grabamos, "Condena"/"¿Qué será de mí?", este tema fue colocado en la radio y, desde esa noche, hace 56 años hasta hoy, los locutores han estado ahí aportándome a mí como artista y al género, aún antes de tener nombre, para que hoy se escriba con letras grandes y luminosas en los principales países del mundo. A estos profesionales de la radio, mi agradecimiento imperecedero. A los que se fueron, y a los quedan aquí para enterarse. ¡Gracias por siempre!

- César Bobadilla Rivera, La Voz del Trópico. Pionero de los programas arrendados. Hacían concursos; le decían "Canelita" en los 60.

- Papá Rojita, La Voz del Trópico. Uno de los primeros propulsores de la bachata. Oriundo de San Juan de la Maguana, vino en los años 50 a hacer radio a la capital.
- Marino Reyes, Radio Reloj. Una de las voces más lindas de la radio.
- Isaías José Hernández, Radio Popular. Comentarista hípico. Uno de los locutores musicales más populares de los 50, 60 en HIG, de don Pupo Cordero.
- Corporán De Los Santos, Radio Popular. Un gran promotor del arte popular dominicano, primero desde la radio y, luego, desde la TV. Uno de los amigos de Villa Juana.
- Fabio Taveras, "100 canciones y un millón de recuerdos." Grandes amigos. Responsable de la pegada de "La limosna" en los años 80 a través de "Una ventana abierta al pasado".
- Jessie Pepén, Sonido Suave. Mantiene los grandes éxitos de Calderón, en la programación de Sonido Suave y, sobre todo, en "100 Canciones y un Millón de Recuerdos."
- Radhamés Aracena, Radio Guarachita. Fundador de esta popular emisora, que diera el gran espaldarazo a la bachata.
- Alci Figueroa, locutor noticioso de la radio de Petán (Voz dominicana). Luego del ajusticiamiento siguió siendo el jefe de locutores de la emisora.
- Jesús Torres Tejada, Onda Musical. Uno de los grandes melómanos del país. Hombre de la radio y una referencia en la investigación de la música romántica dominicana.
- Héctor Méndez, Onda Musical. También "Cacao", locutor de una voz barítona.
- Felipe Castillo, Radio Azua.

- Pedro Julio Soriano, La Voz del Trópico, productor de "Alegría antes del mediodía", empresario disquero; fue dueño de Radio Sensacional.
- Luis Soto, fue director de HIJB.
- David Silver Cepeda, Locutor de larga data de La Voz del Trópico.
- Miguel Castillo (mi compadre), Radio Cadena Comercial.
- Pedro Báez, Radio Radio, famoso por la frase: "Con el cariño de siempre".
- Manny Méndez, Radio Guarachita.
- Francis Méndez, Radio Guarachita. Una de las grandes estrellas de la radio del momento. En la actualidad vive en los EE.UU y es una de las voces más queridas de la emisora Amor FM.
- José Carlos Colón, Puerto Rico.
- Michelín Villalobos, Puerto Rico.
- Junior Vásquez, Puerto Rico.
- Coco Cabrera, Los Clásicos de la Coco Cabrera.
- Polito Vega, La Mega.
- Carlos Kinao, Radio X, NY.
- Rafael Pineda, KDM.
- Héctor Aguilar, KBM.
- Charlie Charlie, una de las estrellas de La Voz del Trópico y Radio Tricolor.
- Lic. Rafael Durán Facenda, La Mega, Miami.
- William Tavárez, Radio Guarachita.
- Julio Ortiz, Radio Guarachita.
- Jorge Sarit, de la última época de Radio Guarachita.
- Julio Ureña (El inolvidable), Santiago.
- Rafy Miliano, La Voz del Trópico.
- Alci de la Rosa, Radio Universal.

- Julieta, Locutora Nueva York.
- Rafael Cruz Collado
- Radio Enriquillo (todos sus locutores).
- Radio Santa María (todos sus locutores).
- Mario Báez Asunción, Onda Musical.
- Santos Severino
- Frank Rodríguez, Radio Clarín.
- Ramón Antonio Capellán (Raffy Capell), Independencia FM.
- El Puchy Men, Independencia FM.
- La Vicki, El Seibo.
- Luis Lebrón, La Voz de las Fuerzas Armadas.
- Luis Miguel González, La Voz de las Fuerzas Armadas.
- Bernardo Fermín
- Alejandro Ureña
- Víctor Pérez, Radio Norte.
- El Mismo Negro, Boston.
- Luis Ramón Rodríguez, Onda Musical.
- Manuel Antonio Rodríguez (Rodriguito), RTVD.
- Pedro Pérez Vargas, Radio Popular.
- José Jiménez Belén, Radio Quisqueya NYC.
- Marcia Matos, Radio Guarachita.
- Don Homero León "Lilín" Díaz.
- Francisco Grullón Cordero, animador.
- Radhamés Sepúlveda (Pildorín), comediante.
- Rolando Veloz, locutor.
- Hugo Hernández Llaverías, Radio Tricolor.
- Ángel Peña, La Voz del Trópico.
- Luis Armando Asunción, Radio Comercial.
- Víctor Pérez, Santiago, Radio Norte.
- Bernardo Fermín, Santiago, Radio Norte.

- Alejandro Ureña, Santiago, Radio Norte.
- José Carlos Colón, Conneticut.
- Simón Alfonso Pemberton, hípico.
- César Medina, hípico.
- Daniel Rodríguez, La Voz del Trópico.
- Mariñez, La Romana.
- Pepe Justiniano, Radio Continental.
- Tony Luna, La Voz de las Fuerzas Armadas.
- Katira, Baní.
- Morenaje, Baní.
- Chino Méndez, Salsa-Son / Etnia Musical.
- Tony Luna, La Voz de las Fuerzas Armadas.
- Morillo Encarnación, La Voz de las Fuerzas Armadas.
- Michael Miguel, Telemicro.
- Brenda Sánchez, Santiago.
- Joselín Pimentel, San José de Ocoa.
- Miguel Ángel Herrera, Show del Mediodía.
- Roberto del Castillo, Súpercanal.
- Luis Cortorreal, Onda Musical.
- Rubén Batista, Puerto Rico.

Cien canciones y un millón de recuerdos

A la usanza de los días, cuando surge José Manuel Calderón, se estilaba la fiesta de picó[1], y se usaban las velloneras. En la mayoría de las pulperías, colmados o abastos, existían. Fue allí donde yo comencé a escuchar a José Manuel Calderón en la vellonera, en las tertulias y en las fiestas particulares.

Más luego, sucede el salto social, entro en la radio y conozco a José Manuel Calderón. Lo veía como algo inalcanzable. Cuando lo conozco, en mi nació algo muy profundo, una gran amistad. Luego, paso a trabajar con Jesús Torres Tejeda.

Calderón era la dieta del día en todas las emisoras, en todos los colmados. Cuando ya entra HIZ, ahí es donde empieza conocer a José Manuel Calderón. Duré ocho años ahí hasta el 67 o 68. De ahí me voy a Radio Mil, donde duré tres años; pero nunca pensaba conocer a José Manuel Calderón.

---

1 Traducción onomatopéyica de *pick up*, tocadiscos, en inglés.

A inicios de los 70, la música de José Manuel Calderón no se escuchaba tanto, porque no existía la promoción. Pero, llego yo, que fui el productor de "Cien canciones y un millón de recuerdos", entonces empiezo a colocar a José Manuel Calderón y empieza a sonar de nuevo.

Sonaba "Llanto de luna", por ejemplo; "Vano empeño", luego Calderón grabó "La Limosna", una canción que hizo historia. Yo acababa de ponerla y el público llamaba para que la volviera a repetir. Ahí nació, por ejemplo, ese gran éxito que fue "La limosna".

EN PRIMERA PERSONA

Imágenes que cuentan

JOSÉ MANUEL
CALDERÓN CARBUCCIA

1. Calderón con un amigo.

Calderón, foto dedicada a su madre.

CONTRATO DE SERVICIO EXCLUSIVO

De una parte el Sr. Mateo San Martín, presidente de SOUTH EASTERN RECORDS MFG. CORP., con domicilio en el 150 West 29 St. Hialeah Fla. y que en lo adelante a los fines del presente Contrato se denominará CONTRATANTE y de la otra parte el Sr.(Sra)(Srta) José Manuel Calderón con domicilio en Sto. Domingo y residencia en la calle Moca No. 41 que a los fines del presente Contrato se denominará CONTRATADO.

De común acuerdo convienen lo siguiente:

1.- El CONTRATADO grabará para el CONTRATANTE un mínimo de doce selecciones musicales al año.

2.- El CONTRATADO no podrá grabar para ninguna otra compañía nacional ó extranjera así como para su uso con fines comerciales durante el transcurso del presente Contrato.

3.- El CONTRATANTE podrá disponer de dichas selecciones para su uso con fines comerciales en forma de discos fonográficos en cualquiera de sus modalidades así como la explotación en cinta magnetofónica ó en cualquier modalidad existente ó que saliera al mercado.

4.- El CONTRATANTE podrá vender, ceder, traspasar dichas grabaciones a otras compañías NACIONALES O EXTRANJERAS SIN PREVIA AUTORIZACION DEL CONTRATADO.

5.- El CONTRATADO no podrá grabar para otras compañías ni por su cuenta las selecciones que hubiere grabado para el CONTRATANTE hasta pasados CINCO AÑOS de efectuadas dichas grabaciones.

6.- El CONTRATADO no podrá permitirá que se use su nombre en otras agrupaciones ó conjuntos musicales que no sean los del CONTRATANTE hasta fines de grabaciones para discos fonográficos ó sus modalidades.

7.- El CONTRATANTE podrá usar a libre determinación, el nombre del Contratado para fines de promoción y venta de los discos.

8.- El CONTRATADO percibirá como precio por cada selección grabada la suma de $50.00 y una regalía adicional de $0.05 por disco sencillo y $0.10 por LP como único pago. Este pago será hecho en moneda nacional, trimestralmente las regalías sobre el 90% de unidades vendidas

9.- El CONTRATANTE escoge á la agrupación que acompañe al CONTRATADO asimismo correrá por cuenta del CONTRATANTE el costo de la utilización de dicha agrupación estudio de grabación etc.

Primer contrato discográfico de Calderón con Mateo San Martín y Kubaney.

(Continuación)

- ...ste Contrato tendrá duración de __21__ año(s) pudiendo se prorrogando por parte del CONTRATANTE.

- La cancelación de este Contrato ó renovación del mismo, podrá ser hecha por el CONTRATANTE con treinta días de antelación al vencimiento del mismo por escrito, a la última dirección que le hubiese notificado el CONTRATADO.

El Contratado se reserva el derecho de la explotación de sus discos en 45 R.P.M. exclusivamente para el Sr. Ortega de Sto. Domingo.

En Santo Domingo... Mayo... del año 1964...

CONTRATANTE
South Eastern Records MFG. Corp.,
MATEO SAN MARTIN
Presidente

CONTRATADO

REPUBLICA DOMINICANA.- En la ciudad de Santo Domingo, Distrito Nacional, el día SEIS (6) del mes de mayo del año mil novecientos SESENTICUATRO (1964) por ante mí, Licenciado JUAN RAFAEL PACHECO, abogado, Notario Público del número de los de este Distrito, comparecieron personalmente los señores MATEO SAN MARTIN y JOSE MANUEL CALDERON, a quienes conozco como las mismas personas que otorgaron el documento que antecede, cuyas generales constan en el mismo y me declararon bajo juramento haberlo hecho voluntariamente, firmándolo en mi presencia, de lo cual doy fé.

Lic. Juan Rafael Pacheco
Abogado-Notario Público

819861
$3.00
mayo 6/64

disco sencillo y solo por L.P. como único pago. Este pago será hecho en moneda nacional, trimestralmente los regales sobre el 90% de unidades vendidos

- El CONTRATANTE escoge á la agrupación que acompañe al CONTRATADO asimismo correrá por cuenta del CONTRATANTE el costo de la utilización de dicha agrupación, estudio de grabación etc.

Primer carnet de AMUCABA.

TEATRO ALCAZAR
DE CAGUAS

NIÑOS $0.75

EMPRESAS BRITO PRESENTA:

El Show de Shows, lo que todos esperaban.

En persona, sus artistas favoritos el jueves 16 de Septiembre de 1965 en matineé y noche:

* ODILIO GONZALEZ (de Puerto Rico)
* JOSE MANUEL CALDERON (de Santo Domingo)
* LIGIA DEL LLANO (de Venezuela)
* MYRNA RIVERA y su Ballet de música popular
* El aplaudido Trío "GRAN CASINO"
* MIRNALY (la muñequita que canta como un ángel y baila con salero)

Entrada General $1.00

Ticket de presentación en Caguas, Puerto Rico.

El triunfador en Nueva York, José Manuel Calderón, estará a mediados de mayo debutando en "Las Palmeras". El artista que ha vendido miles de discos en la RD, Puerto Rico y ahora en NY, se encuentra en la urbe donde piensa conquistar nuevos aplausos. (Foto Lora).

El Tiempo de New York
3 mayo 1970

José Manuel CALDERON
La voz de QUISQUEYA en
LAGRIMAS FINGIDAS
SOLO ME DEJASTE

Otros L.P. Para su Discoteca

JOSE MANUEL CALDERON

- LLANTO A LA LUNA • CONDENA (Qué será de mí)
- QUEMA ESAS CARTAS • SERPIENTE HUMANA
- TODO POR SEGUIRTE • TE PERDONO • LAGRIMAS DE SANGRE
- NUESTRO AMOR • DESILUSION • VANO EMPEÑO • BESOS INOLVIDABLES
- ADIOS PEDACITO DE MI ALMA • BORRACHO DE AMOR

1. Calderón con Ney Nilo.
2. Calderón con Ney Nilo y Vickiana.

Mateo San Martín y Calderón firmando el contrato con Kubaney, en 1963.

Wilton Duvari González (El Barbarazo), José Ml. Calderón, Pablo González y Francisco Antonio Jiménez (Quico).

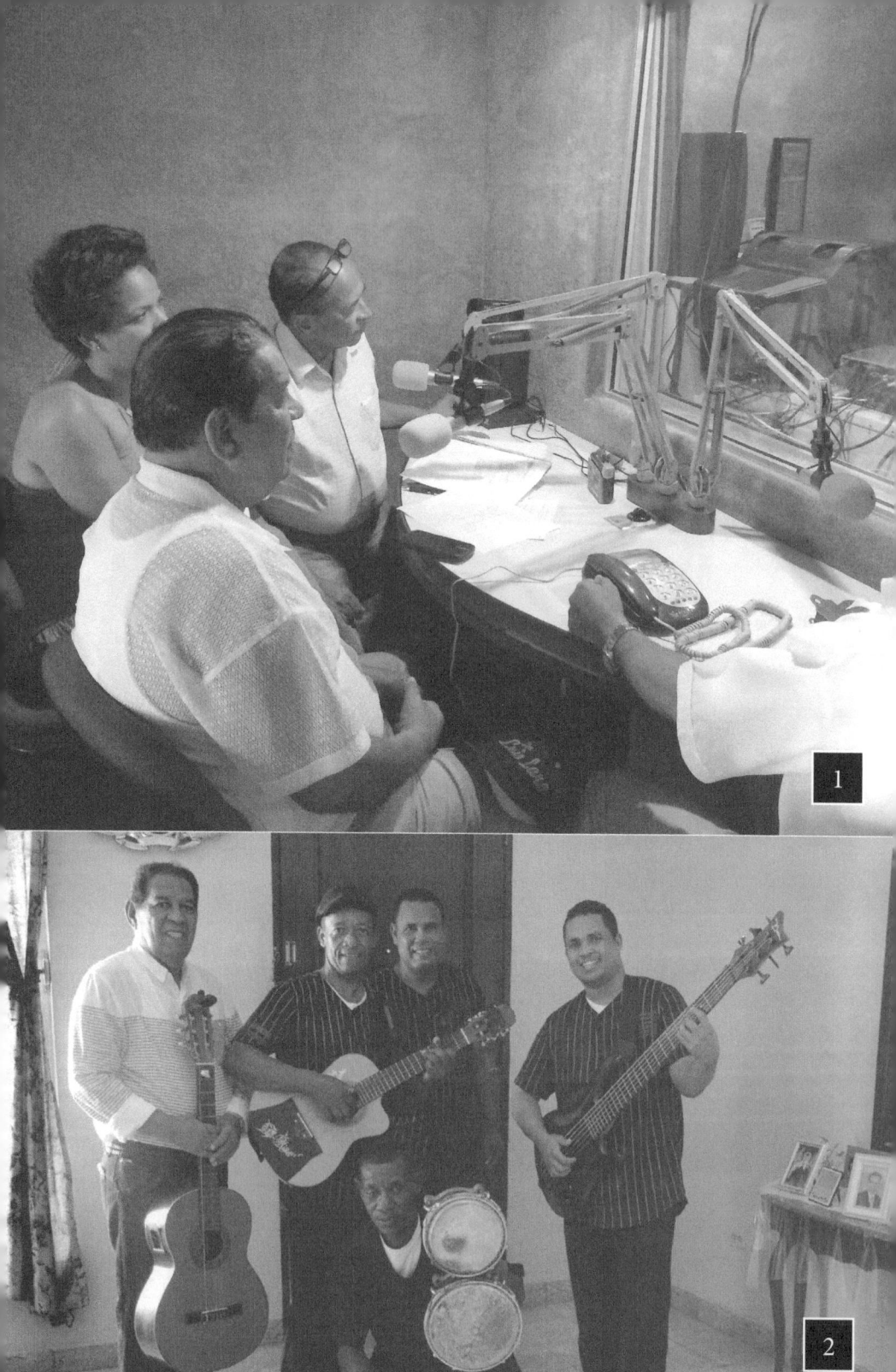

1. En programa de Alci de la Rosa.
2. Calderón y los músicos que le acompañan en la actualidad.
3. Alci de la Rosa y el Jibarito de Lares, tomada la noche en que fue entrevistado para este libro.

José Ml. Calderón, Miguel Pichardo y Luis Pérez.

Después de haber grabado mis primeros temas en la Voz del Trópico, vuelvo a grabar los temas en el estudio de Radio Televisión Dominicana, ya a nivel más profesional, en el mismo año 1962, con el ingeniero Montelli, quien estaba a cargo del estudio junto al ingeniero de sonido, Miguel Pichardo, usando dos micrófonos: uno para la voz y otro para el grupo que me acompañaba. Luis Pérez, gran músico, arreglista y compositor, quien en lo adelante me hizo los arreglos musicales de la canciones: "Cuando los años pasen" y "Todo por seguirte", obras musicales de José Alfredo Jiménez y Luz Celenia Tirado. Luego fueron grabadas en el estudio de Fabio Inoa, con Johnny Ventura y su Combo, quien en lo personal, siempre hemos sido buenos amigos y de quien siempre he tenido un apoyo total. Estas canciones se destacaron a nivel nacional e internacional, beneficiando mucho mi carrera.

Machín Montes de Oca, Pedro Ciprián, José Manuel Calderón, Aníbal Ciprián y Tomás Almonte.

Víctor Víctor, Zacarías Ferreiras y Calderón, actúan en los Premios Casandra, en su edición del 2001, Teatro Nacional.

Artistas y músicos en una cena después de haber tocado. Esto sucedió después de haber terminado una serie de presentaciones en San Juan, Puerto Rico, en 1965. Entre los que se encontraban: Odilio González y el maestro, denominado el requinto de oro, Wichi, entre otros.

Ramón Cordero y Calderón. Buenos amigos y compañeros en el arte.

Mi compadre José Rolando Padrón. Destacado productor artístico, reconocido en el mundo de la música por logros obtenidos con diferentes grupos y orquestas de fama internacional. Fue productor de los Hermanos Rosario; produjo a Milly Quezada en sus inicios, entre otros, y produce en la actualidad a Yasmina Ponce, "La Reina de la Bachata", joven y talentosa cantante.

Junto a don Guillermo Henríquez. Con quien compartí durante un par de años en su negocio, donde participaba artísticamente.

Con Víctor Víctor y el guitarrista Juan Francisco Ordóñez, en concierto, Hostos Community College, en New York. Cuando a Víctor Víctor le ha tocado hablar de mi persona, dando testimonio de mi haber musical, me ha llegado al alma, porque lo ha hecho con mucha justicia.

Aquí con Luis Pimentel, José Rodríguez y el empresario Rubén de la Paz, entre otros. Foto de una actividad en Curazao. Década del '60. José Rodríguez, un gran músico y amigo, forma parte de mi repertorio por los exitosos que fueron sus arreglos musicales, entre los que se pueden mencionar: "Sálvame", "Adiós pedacito de mi alma", "Si no puedo ser tu amor", "Prisionero de tus brazos", "Amorcito de mi alma" y otras tantas. Mi compadre Luis Pimentel, músico y compositor, entregado a la causa, 100% desde entonces, con quien comparto una amistad muy saludable.

Portada de "Bachata entre amigos". De Víctor Víctor, en el que participamos: Joan Manuel Serrat, Carlos Varela, Rafael Solano, Silvio Rodriguez, Pablo Milanes, Fito Páez, Joaquín Sabina, Luis Días, Vicente Feliú, José Antonio Rodríguez, Víctor Manuel, Manuel Jiménez y Pedro Guerra.

Wilfrido Vargas, Johnny Ventura, Milly Quezada, Joseíto Mateo, Cuco Valoy, Luis Segura y yo, después de haber agotado las presentaciones del documental, "Sol Caribe".

Edilio Paredes. Músico, compositor y cantante de bachata y merengue con guitarra. Sus comienzos exitosos son a partir del año 1963. Para mi, Edilio Paredes es patrimonio nacional. Amigo con quien he grabado parte de mi repertorio, entre los que destaco: "Triste camino"/"Bebiendo en la barra", de la autoría del puertorriqueño, Benito de Jesús.

Con Odilio González compartiendo en una fiesta en Santo Domingo. Hemos participado en un sin número de espectáculos juntos en Puerto Rico, New York y otros estados de los Estados Unidos, cosa que ha fortalecido y mantenido viva nuestra amistad hasta la fecha.

Jaime Mendoza, un extraordinario amigo y músico estrella, quien me ha acompañado durante años en escenarios nacionales e internacionales.

Cuando recibí el Casandra al Mérito, 2009, de parte de ACROARTE.

Junto a Carlos T. Martínez.

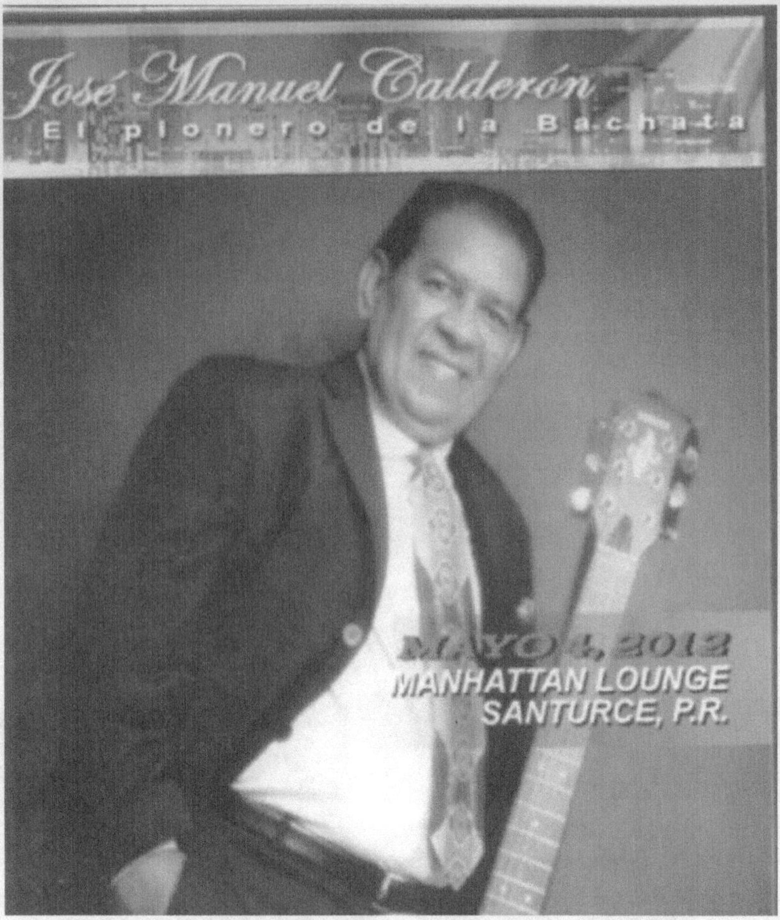

ASOCIACION DE ARTISTAS DOMINICANOS DE MIAMI

09-85768-C
REGISTRO NO.

JOSE M. CALDERON
NOMBRE

CANTANTAUTOR
TITULO OCUPACIONAL

BACHATA
GENERO ARTISTICO

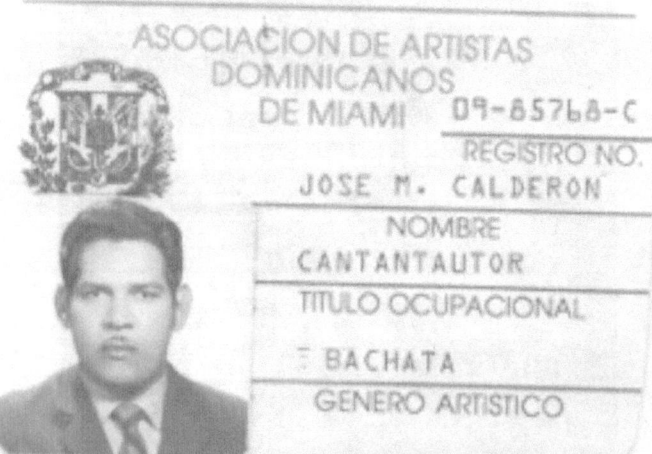

A
JOSE MANUEL CALDERON
DE
REPUBLICA DOMINICANA
POR SU GRAN EXITO
"EL LOCO Y LA LUNA"
INTERPRETE-WILFRIDO VARGAS

CARIMUSIC CORPORATION
PATRICIA JARAMILLO-PRESIDENT
MIAMI 1995

LA SOCIEDAD DE ARTISTAS AIE
Y
LA FEDERACIÓN IBEROLATINOAMERICANA FILAIE
Otorgan
a

JOSÉ MANUEL CALDERÓN

EL TÍTULO DE

MIEMBRO DE HONOR

del

FORO IBEROAMERICANO DE LAS ARTES

Por su brillante trayectoria
profesional y humana.

El presidente
Luis Cobos

Punta Cana octubre 2015

José Manuel Calderón, Marino Reyes y Papá Rojita.

Estos personajes, grandes locutores de la época en que yo me inicio en el mundo de la música, son grandes propulsores del fenómeno de la bachata. Papá Rojita, como se le conocía en el ceirculo artístico, fue el primero o el segundo junto a Bóbadilla Rivera, también locutor, que pusieron a sonar a través de la emisora La Voz del Tropico, la primera bachata que se grabó en el mundo. Una composición de Bienvenido Fabián titulada, "Que será de mi"/"Condena". Primero fue cantada por Elenita Santos y luego, un éxito en mi voz, que marcó una nueva época en la música dominicana.

Marino Reyes, un colaborador incansable, defensor de mi música y amigo extrañable. Dios lo tenga en su gloria.

PARTE IX

TRAYECTORIA: PREMIOS Y RECONOCIMIENTOS

Otras formas de ser el primero de la bachata

Como ya se ha dicho en innúmeras ocasiones, José Manuel Calderón fue el primer artista en grabar una bachata, el primero que la llevó a Puerto Rico y el primero en llevarla a la ciudad de Nueva York.

"Los primeros mercados del exterior que ganó el género a mediados del decenio sesenta y principios del setenta fueron Puerto Rico y Nueva York, ciudad con gran cantidad de dominicanos, precisamente con José Manuel Calderón a la cabeza, quien había alcanzado otro tema éxito similar y hasta superior al anterior: "Llanto a la luna", sostiene el empresario artístico, Luis Medrano.

Otra primicia a resaltar es que, fue el primero en llevar una canción dominicana grabada al acetato en otro género ("Qué será de mí"/"Condena", de Bienvenido Fabián). Honores como el que le tocó, cuando, por primera vez, las puertas del Teatro Nacional se abrieron a la bachata, le tocó a él. Tuvieron que pasar 40 años para que eso pasara. Sin embargo, lo importante es que, después de eso, no ha dejado de pasar.

El 12 de febrero del 2001, siendo presidente de la Asociación de Cronistas de Arte (**ACROARTE**), el periodista Joseph Cáceres, y el productor artístico de los premios, el afamado coreógrafo, Chiqui Haddad, por primera vez se produjo un segmento musical para la bachata en la Gala de Entrega de los Premios Casandra (hoy Premios Soberano).

Chiqui Haddad eligió al pionero de la bachata, José Manuel Calderón, al muy popular Zacarías Ferreira, y al autor y cantor de, "Mesita de noche", Víctor Víctor, para protagonizar el segmento. Dentro del montaje, el primero que pisó el escenario para cantar "Llanto a la luna", fue Calderón, "con lo que me convertí también en el primer artista del género en actuar en el Teatro Nacional".

En la valoración de la XVI entrega de los Premios Casandra, la periodista cubana, Limay González, a la sazón editora de la Revista Qué Pasa, del periódico vespertino El Nacional, en la que calificó esa producción como: "La mejor entrega de su historia" hasta ese momento, expresó: "Pero, si de grandeza se trata, hay que mencionar la entrada, de lujo, de la bachata a la sala, gracias a la voz y talento de José Manuel Calderón, Víctor Víctor y Zacarías Ferreira quienes, guitarra mediante, terminaron en un dúo que ofreció su verdadera dimensión a este género tan nuestro". En el pie de foto, Limay consigna: "Uno de los mejores momentos de la ceremonia fue dedicado a la bachata".

Más adelante, el 29 de mayo del 2003, la bachata vuelve a la Sala Principal del Teatro Nacional, esta vez, bajo la producción de William Liriano, y la dirección musical de Amaury Sánchez, en el afamado espectáculo: "Bachata Sinfónica", que además de ser muy aplaudido, también resultó ganador de la categoría: "Espectáculo del año (2004)", de los premios Casandra.

El periodista Fausto Polanco, editor de espectáculos del periódico El Día lo valoró con estas palabras: "El espectáculo es una iniciativa motivada en la realidad de que la bachata es una manifestación artística importante en el pueblo dominicano, con la cual ha logrado proyectar al mundo la alegría que integra la cultura de República Dominicana".

Dentro de los espectáculos que Calderón no olvida, está "La Magia del bolero: 100 Años Después", que fue celebrado en el Salón la Fiesta del Hotel Jaragua en el año 1999, producido por Luis Medrano y que puso en un mismo escenario a intérpretes de boleros dominicanos e internacionales.

Entre estos, Adalgisa Pantaleón, Johnny Albino, Niní Cáffaro, Fausto Rey, Vitín Avilés, Los Panchos, Lope Balaguer, Roberto Ledesma, Luchy Vicioso, Raúl Marrero, Francis Santana, Anthony Ríos, Roberto Yanés, Olga Guillot; el director musical fue Jorge Taveras, y el destacado locutor e investigador de este género musical, Jesús Torres Tejeda, como voz conductora.

Calderón: Premio Casandra al Mérito de la bachata (2009)

Otro de los renglones de la vida artística donde José Manuel Calderón estuvo primero, fue en los Premios Casandra, donde recibió por primera vez un premio a la trayectoria de toda una vida de carrera artística: Premio al Mérito.

La bachata había ingresado como género a premiar en el 1994. Habían pasado diez años desde la primera vez que se entregó el mismo, y varios años de pareceres enfrentados entre miembros y directivos de la Asociación de Cronistas de Arte (ACROARTE), quienes entendían que, hasta que el género no saliera del doble sentido, las malas palabras, las grabaciones y las interpretaciones sin calidad, no podía ingresar al prestigioso galardón que reconoce "lo mejor de lo nuestro".

Como Calderón tuvo sus mejores años en una época en la que no existían ni siquiera los Premios Dorado y los Premios Casandra (hoy Premios Soberano) no pensaban nacer, a él no le tocó ganar ningún premio compitiendo con los años de trabajo exitoso de sus sucesores.

Porque aunque Calderón siempre vendió muchos discos e hizo miles de presentaciones, las épocas no son las mismas y la música era eso, un disquito y un par de pesos o dólares, no la maquinaria de hacer dinero en la que se ha convertido.

Como a todo pionero de un ritmo, a él le tocó cargar con el peso de las vacas flacas; y a lo largo del tiempo llegaron los que tenían que exprimir las vacas gordas.

Sin embargo, el mérito acumulado, de dar vida al embrión que hizo posible un nuevo género musical, es una deuda impagable para la sociedad dominicana y, mucho más para aquellos que ahora exhiben miles de millones de dólares o simples millones ganados con esa música de guardia, prostitutas y chopas que tanto dolor y humillación hizo sentir a sus primeros propulsores.

Me tocó a mí como presidenta de ACROARTE, tomar la decisión y presentarla al Comité Ejecutivo, de motivar las razones por las que el pionero de la bachata merecía tal distinción. Por supuesto, salimos airosos de la prueba, sobre todo, porque contaba con don Alci de la Rosa entre nuestros aliados. Entonces, la tarea de convencer a los demás, se nos hizo menos tortuosa.

Debo decir y reconocer que tuve ayuda para tomar la decisión. Recibimos una carta de una admiradora de Calderón en la que nos pedía el Gran Soberano para él. No estaban aún las condiciones para que el pueblo llano y el resto de la membresía de esta institución, entendiera el papel crucial que jugó este artista oriundo de San Pedro de Macorís en el surgimiento de la música de amargue, la cual devino en lo que es la bachata hoy. Después de un largo proceso y el éxito mundial de Romeo Santos, y antes de Aventura y luego de Prince Royce -sin olvidar a Monchy & Alexandra, El Camarón, El Luis Miguel del Amargue y los aportes de Juan Luis Guerra, -todos evaluados en el contexto internacional- creemos que ya la sociedad está lista para valorar la semilla plantada por José Manuel Calderón.

Siempre decimos que somos un pueblo privilegiado. Tenemos el placer de haber visto nacer varios géneros musicales en el Siglo XX:

- La bachata, en el "lloraíto azucarado" de José Calderón.
- El pambichino, en la academia de Rafael Solano y en el compositor Yaqui Núñez del Risco, que le pidió a Solano que atrasara un poco más el ritmo, para que fuera más lento que el pambiche.
- El fusón, en la inteligencia creadora de Fernando Echavarría.
- El mangué, del soneo amerengueao de Cheché Abreu.
- Y varios líos sonoros que devinieron en el merengue a lo Maco de los Hermanos Rosario. El merengue de calle, de Pochy Familia. El merenhouse de Ilegales/Sandy Papo/Roy Tavaré… Y todo el lío del dembow, que mejor lo dejamos para otra investigación. ¿Se siente?

Dentro de ese panorama, el género que más seguidores ha logrado es la bachata de Calderón. Nadie le mete el pico a la estética musical de Juan Luis Guerra -y los que lo intentaron no lograron el apoyo de la sociedad ni del propio Juan Luis.

El fusón tiene cultivadores más generosos en Colombia que en República Dominicana, porque pocas veces somos capaces de dar crédito a alguien más.

Damos un salto y cortamos la soga. Así, no hay pueblo que llegue a tener identidad, porque nadie es capaz de hacerlo todo por sí mismo. La bachata es lo que hoy es porque cada quien ha puesto su granito de arena. Desde Blas Durán hasta Luis Días, con todo lo que le quede en el medio a esa soga que agarra de un lado Calderón y del otro Romeo Santos o, ¿Prince Royce?

Aquí compartimos la carta de Julieta Peña

Salcedo, Rep. Dom.
11 agosto de 2007.

Señores
Comité Ejecutivo
Asociación de Cronistas de Arte
Santo Domingo, RD.
Distinguidos señores:

Desde que el hombre existe como tal, el arte ha sido una de las manifestaciones más connotadas. Como seres humanos naturalmente, muchas son las expresiones del arte, pero el cantar en los hombres, lo coloca en el umbral de la axiología humana.

Cantantes vienen y cantantes van, llenando épocas de maravillosas canciones, pero hay quienes son capaces por el don de Dios de superar otros en su época y mantener esa misma hegemonía e inmanencia en los tiempos presentes.

La abajo firmante quiere presentar a la consideración de quienes tienen en sus manos dar honor a quien merece la figura del arte José Manuel Calderón reconociendo su vanguardismo en el arte especialmente en el género de la bachata al que he considerado el padre de esta música.

Él es hoy parte importante de la cultura artística dominicana que anda el mundo. 45 años de trayectoria artística que lo llevaron a escenarios extranjeros como Puerto Rico, Estados Unidos y México.

Siempre manteniéndose en el mismo lugar entre los dominicanos a la hora de seleccionar su bachatero favorito, José Manuel Calderón él es el pionero de este género quien grabó con la Orquesta Kubaney, por 35 años, y con el Mariachi Internacional de México.

Por lo ante expuesto y por muchas razones quien firma esta misiva solicita que a José Manuel Calderón le sea entregado el Premio Soberano de los Premios Casandra 2008.

Sin otro particular, le agradece su atención,

Casandra al mérito para el pionero de la bachata

El 24 de marzo del 2009, José Manuel Calderón se convirtió en el primer bachatero en recibir una estatuilla de los premios especiales que entrega ACROARTE desde el 1984.

Se trata de la estatuilla denominada, "Casandra al Mérito", cuya leyenda en el capítulo XIII de los reglamentos que regían cuando le fue entregado, reza:

"CASANDRA AL MÉRITO: Será entregado a aquel artista nacional cuya obra y trayectoria merezca ser reconocida, en el caso de que este nunca lo haya recibido".

Asímismo, en la nota de prensa en la que ACROARTE dio a conocer el reconocimiento al "legendario intérprete de bachata José Manuel Calderón", se destacaban "los méritos del intérprete de bachata, así como su consagración al género musical que cultiva".

Sigue diciendo, que: "El popular intérprete fue seleccionado por la Asociación de Cronistas de Arte (ACROARTE) para recibir el codiciado galardón con el cual los premios Casandra reconocen la trayectoria de un artista".

"El Casandra al mérito es uno de los tres premios por trayectoria que se otorgan en los premios Casandra. Están, además, El Casandra Especial y El Soberano. Este último se elige el mismo día de la entrega de los premios".

El texto continúa así:

"Calderón es una figura emblemática en el género de la bachata. Su primer disco lo grabó en los estudios de Radio Televisión Dominicana. En su voz se registra la primera canción en ese género titulada 'Borracho de amor'.

Desde entonces, la música de José Manuel Calderón fue popular, no solo por sus hermosas letras, sino también por su gran fuerza interpretativa y por el sentimiento que transmite en sus canciones.

Las generaciones de intérpretes de ese género, lo consideran el papá de la bachata, lo que es motivo de emoción en este cantante: "Siempre ser el primero es bueno. Tuve un pueblo que defendió, para orgullo nuestro, es lo que hoy nos representa a nivel internacional. Es uno de los ritmos más pegados en el mundo, y aún le falta mucho", ha dicho el bachatero.

De ACROARTE y sus premios y el papel de Víctor Víctor para que la bachata fuera nominada

Siempre hemos sostenido que, si la bachata hubiera seguido con los parámetros que impuso con sus primeras grabaciones, José Manuel Calderón y los que se le sumaron inmediatamente, la misma tal vez hubiera corrido con más suerte en la sociedad, menos rechazo y hubiera sido el camino menos tortuoso para muchos. Sin embargo, consideramos también, que a pesar de las letras y el doble sentido que generaron tanto rechazo, odio y pasiones encontradas, desde mediados de los años 70 hasta los 90, en que Luis Vargas decidió dejar el tomate y otros frutos del doble sentido y el sexo explícito, en el pasado. Por eso debió, sumarse a la lírica que impusieron los Luis Días, Sonia Silvestre, Juan Luis Guerra, Manuel Tejada y Víctor Víctor. Aquí se debe añadir al propio Anthony Santos quien se debatía entre "La Pasola" y "La Parcela".

Se debe reconocer que, cada uno de los que ha hecho bachata, desde la más total ignorancia académica hasta el más transgresor de los lenguajes y la forma, le ha aportado algo a lo que es la bachata de hoy. Para sostener esto, baste decir que el más combatido de todos ellos, Blas Durán, cambió para siempre el sonido de la misma al usar la guitarra eléctrica en lugar de la acústica. "Nunca más fue igual", como dice Vitico, uno de sus más fervientes observadores, al responder una pregunta mía sobre qué le falta al mundo conocer sobre la bachata, nos dijo: "Todo. Es un género en completo desarrollo, es un género que todavía no ha terminado su camino, está en completo desarrollo. Todavía está tocándose básicamente con los instrumentos que le dieron origen. Hemos pasado por fusiones, bachata pop, bachata bolerosa, bachata con un poco de merengue".

A la hora de plantearnos hablar sobre la bachata y su aceptación social, están claros los aportes de todos; pero hay un sacrificio personal, digno de ser mencionado aquí: el de Víctor Víctor, quién en la cúspide de su carrera, cuando "Mesita de noche" y "Ando buscando un amor", estremecieron los corazones de toda hispanoamérica, suscitó un impasse con la Asociación de Cronistas de Arte de la República Dominicana (ACROARTE). En esos años, el género aún era centro de muchas críticas a causa de su contenido; pero el trabajo suyo, como el de Juan Luis, Luis Días y Sonia Silvestre, era bien recibido, nominado y premiado. En ese momento del año 1993, teniendo 4 nominaciones como: Cantante Masculino del Año, Autor de Letras, Compositor y Álbum del año, se negó a recoger las medallas de nominaciones alegando que si los Premios Casandra (así se llamaban antes de cambiar el nombre a Premios Soberano) no aceptaban a los cultores naturales del género, no tenía sentido que lo nominaran y premiaran a él.

Aunque ya habíamos conversado con él, para otros temas importantes del libro, no quisimos dejar pasar la oportunidad de recordar aquel momento, ya que su gesto fue de vital importancia para que la Asociación de Cronistas de Arte se decidiera, después de amplias discusiones, y mediando casi tres años de lucha y de que los propios bachateros decidieron limpiar sus letras, incluir a la bachata en el renglón Bachatero del Año.

"Renuncié a las nominaciones. Eso era en los tiempos en que empezábamos a tomar en cuenta la bachata y había como cierta resistencia. Nos querían mezclar con todo el mundo, y eso era un subgénero, no podía estar con eso y nos durmieron, tiraron las nominaciones. Eso fue como en el 1992, cuando 'Ando buscando un amor' y 'Mesita de noche'. Y tuve que renunciar a 5 nominaciones, y a partir de esa renuncia, la incluyeron", explica el cantautor.

Le digo a Vitico, que entrar a los Premios es una de las grandes conquistas de la bachata como género, y me responde: "Claro. Yo creo que me excedí un poco, como que también yo debí haber tratado de explicar, hacer comprender; pero no se pudo en este momento. Yo renuncié para que se fijaran en la bachata. A veces hay que estrellar una tinaja en la sala".

MC: Pero tú no podías renunciar a tus nominaciones, sino al premio…

Víctor: Ah, pero, ¿y qué cosa de valor había ahí para uno llamar la atención y presionarlos?. Al tíguere que más nominaciones tenía, ¡que se largue! Pero yo no tengo nada en contra de ACROARTE.

Marivell: No, es que estoy haciendo la historia de Calderón y los premios, y sé que, de alguna manera, eso tiene que ver contigo.

Víctor: Sí, fue una lucha. Calderón me apoyó. Es otro tipo de gente, un criterio increíble.

Marivell: Cuando la bachata fue por primera vez al Teatro Nacional, fue con él, contigo y Zacarías Ferreira.

Víctor: Sí, a mí me preguntaron y yo lo sugerí a él.

Me gusta establecer responsabilidades y una de las cosas que tiene Vitico es que asume sus convicciones sin afectaciones ni miedo.

Vitico, cuéntame de las consecuencias de las actuaciones de ese momento, de Luis Días, Sonia, que tienen créditos en lo que ha pasado después con la bachata, porque ustedes fueron quienes pusieron la primera piedra, apoyando discográficamente la bachata.

Y me responde: "Quien puso la primera piedra ahí fue Luis. Él fue que nos llamó la atención a todos nosotros. Porque la bachata existía, yo la oía, a mí me la cantaban. Lila me la cantaba, la señora que planchaba en mi casa. Y la bailaban, no como ahora, sino más clásica. Entonces Luis fue que arrancó con muchísimas cosas que hizo. Y me imagino que entre Bienvenido y Juan Luis se pusieron de acuerdo para hacer un disco de bachata, y esa fue la gran explosión. Porque, acuérdate también que en el 1991 se expandió 'Voy Pa allá', de Anthony Santos, y estaba Raulín con 'Nereyda' y 'Medicina de amor', que ahí fue que se extendió la vaina. Esos tigres se fajaron con eso".

Cuenta Vitico que ellos -refiriéndose a Luis, Sonia, Juan Luis y a él mismo. "Hacíamos muchas actividades internacionales, en un momento en que todavía la bachata madre no se había expandido, le faltaban algunas cosas y dentro de todo ese marco que yo, te estoy diciendo, Calderón como un caballo arriba echándose al hombro todo lo que era el movimiento de la bachata".

Esta reflexión de Vitico me acuerda uno de los testimonios que nos diera "El Pionero de la bachata", quien nos contara con gran emoción el inolvidable momento en que subió al escenario del Hostos Center por the arts & cultura, del Hostos Center Community College, el 13 de mayo del 2006. "El público se puso de pie, me recibieron con tanto cariño y respeto... Ahí sentí que todo esto valió la pena. Nunca lo voy a olvidar".

En referencia a ese hecho, Vitico nos cuenta: "Yo lo llevé a la Hostos a hacer un conversatorio sobre la bachata, yo lo invité a que fuera, él tenía que ir, porque si íbamos a hacer una historia y había un histórico vivo y vigente, porque hay dos o tres vivos; pero como que no tenían tanta vigencia, por eso quise que fuera él, y el público lo recibió bien de verdad, porque nos encargamos de decir: 'Este fue de los que inventó la vaina' y fue interesantísimo".

Cuando empezamos a reunirnos para darle forma a este libro, Calderón siempre me decía: "No dejes de hablar con Víctor Víctor, que él siempre ha dicho muchas cosas bonitas de mí".

Además de grabarlo, de cantarlo y proyectarlo en cada oportunidad que se le ha brindado. Vitico nos recuerda que cuando hizo su famoso disco en el que puso a un selecto grupo de los cantautores más importantes de Hispanoamérica (Pedro Guerra, Silvio Rodríguez, Fito Páez, Víctor Manuel, entre otros), para que cantaran bachata a dúo con él, ahí estaban solo tres dominicanos: Rafael Solano y su viejo vecino de Villa Juana, José Manuel Calderón y Manuel Jiménez.

En esa referencia, Vitico mencionó su admiración por el recién fallecido Ramón Cordero, a quien no pudo poner en casi nada de lo suyo, porque como otros de esa época, vivía en los Estados Unidos. "Esos son de los fundadores de esto. No te vayas a creer que es Juan Luis, no. Nosotros nos apoyamos en ellos para hacer fusiones y cosas".

Vitico se ha prestado entusiasta a cada uno de los testimonios que le he requerido. Se alegró cuando le dije que este libro le iba a tomar prestado el título de una columna que escribió en el periódico El Caribe: "El primer bachatero del mundo".

Siendo mundial como es hoy este sonido, en música, canto y baile, con artistas bachateros y festivales internacionales de bachata, y miles de academias de baile de bachata por el mundo, es justo que la gente sepa quién fue el primero, el pionero: José Manuel Calderón.

El título de Vitico le ganó al que Calderón quiso ponerle: "Lo que nunca se ha dicho de la bachata", o al mío: "Antes que Calderón, no hubo otro", cosas de la poesía, que se abraza de quien más la quiere.

La bachata en los premios de Acroarte

Por fin, en el 1995, tras años de discusiones, fueron más en el seno de la Asociación de Cronistas de Arte quienes estaban a favor de la bachata, que los en contra. Entonces, el presidente era José Tejada Gómez. Era el año de la revelación de Teodoro Reyes, quien pegó todas las canciones de su producción musical, "Sentimientos", así entre "vuelve mami con tu papá" y "soy un pobre diablo", entre otras letras románticas y jocosas, El Cieguito Sabio se convirtió en el primer bachatero en recibir la ansiada estatuilla.

Es bueno consignar que años atrás, los Premios El Dorado premiaron la labor de Leonardo Paniagua, a finales de los 70 con "Chiquitica".

Aquí, hacemos una revisión de los artistas que se han ganado la estatuilla como agrupación bachatera del año, pues empezó siendo una sola hasta el 2003, cuando se convirtieron en dos. Acroarte era presidido por Miguel A. Rivera, quien incluyó "Bachata del Año". Aunque sus creadores y cultores entran en otros renglones, dependiendo de la relevancia de su labor en un momento determinado o su posición geográfica: Artista Destacado en el Extranjero, Víideo Clip del Año, Concierto del Año, Espectáculo del Año.

Es bueno consignar algo quizás ya dicho en otro lugar o en este libro, que Calderón también fue el primer bachatero en recibir un "Casandra al Mérito"[1], el cual en su momento era el equivalente al Gran Soberano, ya que premia la trayectoria de un artista con méritos suficientes para ser reconocido con este premio a "La Excelencia Artística". Un año después, en el 2010, siendo presidente Féliz Vinicio Lora, otro Casandra al Mérito le fue entregado a Luis Segura, y en la presidencia de Jorge Ramos, Leonardo Paniagua fue el elegido para este honor. ACROARTE paga, poco a poco, la deuda de la sociedad con estos colosos de nuestra música. También hay que consignar, que el máximo galardón que entrega cada año Acroarte, ha sido recibido por el novedoso Grupo Aventura y el bachatero tradicional Anthony Santos.

Presentamos un listado con el panorama de lo que ha sido la bachata en los 34 años de existencia de los premios que concede ACROARTE con el apoyo de la Cervecería Nacional Dominicana. Premio al Mérito

Gran Soberano

2010 Grupo Aventura
2019 Anthony Santos

---

1 Durante mi período como presidenta de dicha entidad.

Premio al Mérito

2009 José Manuel Calderón
2010 Luis Segura
2017 Leonardo Paniagua

Ganadores como Bachatero del Año:

1995 Teodoro Reyes
1996 (Desierto)
1997 Joe Veras
1998 Leonardo Paniagua
1999 Frank Reyes
2000 Zacarías Ferreira
2001 Zacarías Ferreira
2002 Frank Reyes
2003 Frank Reyes
2004 Joe Veras
2005 Frank Reyes
2006 Raulín Rodríguez
2007 Anthony Santos
2008 Zacarías Ferreira
2009 Anthony Santos
2010 Luis Miguel del Amargue
2011 Zacarías Ferreira
2012 Zacarías Ferreira
2013 Anthony Santos

2014 Raulín Rodríguez
2015 Frank Reyes
2016 Raulín Rodríguez
2017 Frank Reyes
2018 Frank Reyes
2019 Anthony Santos

Bachata del año

2003 "Obsesión", Grupo Aventura
2004 "Así te amo", Elvys Martínez "El Camarón"
2005 "¿Quién eres tú?", Frank Reyes
2006 "La pared", Joe Veras
2007 "Princesa", Frank Reyes
2008 "El anillo", El Torito
2009 "Dónde están esos amigos", El Chaval
2010 "Dile al amor", Aventura
2011 "Desesperado", Zacarías Ferreira
2012 "Tu y nadie más", Zacarías Ferreira
2013 "Creíste", Anthony Santos
2014 "Esta noche", Raulín Rodríguez
2015 "Eres mía", Frank Reyes
2016 "Como serás tú", Raulín Rodríguez
2017 "Amorcito enfermito", Héctor Acosta
2018 "Asesina", Zacarías Ferreira
2019 "Mal Educado", Anthony Santos

Revelación del Año

2003 Aventura
2011 Prince Royce

Compositor o Autor de Letras

1990 Juan Luis Guerra
1993 Víctor Víctor
1994 Víctor Víctor
2002 Alejandro Montero
2003 Félix Veloz
2006 Anthony Romeo Santos
2007 Anthony Romeo Santos
2010 Anthony Romeo Santos
2013 Ramón Orlando
2014 Romeo Santos
2015 Romeo Santos

Álbum Musical del Año

1997 "Soy como soy", Félix D´Oleo
2005 "Cuando se quiere se puede", Frank Reyes
2006 "Gods Projets"
2009 "Mitad, mitad", El Torito
2010 "The Last", Aventura
2012 "Tú y nadie más", Zacarías Ferreira
2013 "Fórmula I", Romeo Santos
2015 "Fórmula II", Romeo Santos

Concierto del Año

2004 "Bachata Sinfónica[2]", Varios
2007 "Aventura on time", Aventura
2009 "K.B.O. Live", Aventura
2013 "Fórmula I", Romeo Santos

Agrupación Residente en el Extranjero

2003 Monchy & Alexandra
2005 Grupo Aventura
2007 Aventura
2008 Aventura
2009 Aventura
2010 Aventura
2011 Aventura

Artista Popular en el Extranjero

2012 Prince Royce
2013 Romeo Santos
2015 Romeo Santos
2016 Romeo Santos

---

2   El Pionero José Manuel Calderón fue el primero en cantar en el Teatro Nacional en este espectáculo producido por William Liriano y con dirección musical de Amaury Sánchez.

Video Clip del Año

2016 "Muchachita linda", Juan Luis Guerra – Jean Guerra

Reconocimientos que conserva

En la casa donde vive José Manuel Calderón, hay un pequeño rincón dedicado a las fotos de su quehacer artístico. Ahí están colocados algunos de los muchos reconocimientos que ha recibido a lo largo de sus más de 50 años de carrera artística.

En esa casa del sector de Alma Rosa, ubicada en la Club Rotario, que empezó a fabricar con lo ganado en sus primeras grabaciones antes de irse a EE.UU., el artista conserva también sus discos, recortes de periódicos y revistas donde le hicieron entrevistas, y muchos programas de mano de los espectáculos donde ha actuado y participado en eventos especiales.

En una de nuestras visitas a su casa, empezamos a leer, mirar, tocar y cuestionar sobre estos reconocimientos y sus recuerdos. Calderón nos comentaba que no hay ahí ni una cuarta parte de todos los que ha recibido; pero que muchos se extraviaron en la mudanza de Estados Unidos a la República Dominicana, y otros, rotos o maltratados eran descartados por el servicio de turno. Algunos aún deben reposar en maletas y cajas en las que guarda sus recuerdos.

En uno de estos, nos encontramos con el programa de la celebración de los diez años de Alianza Cultural Dominicana, que se realizó en el Hostos Community College, el 25 de febrero del 2006, y lo hicieron con un espectáculo que titularon: "Folklore, Cultura y Bachata", en el que además de música, entregaron varios reconocimientos; uno de ellos, al pionero de la bachata.

De este programa en forma de revista, sacamos las razones por las que fue reconocido:

"Fue el primer cantante en grabar el género hoy conocido como 'Bachata' el día 30 de mayo del año 1962, en los estudios de Radio Televisión Dominicana. Los temas fueron "Borracho de amor" (con música de valse) y "Condena", convirtiéndose ambos temas en música obligada de las velloneras del país. La forma especial de interpretar sus canciones y los arreglos musicales que a estas le hacía, lo convirtieron en un real cantautor de canciones para el pueblo, que siempre estaba a la espera de sus producciones: "Serpiente humana", "Sálvame", "Llanto a la luna", "Lágrimas de sangre", son solo una parte del amplio repertorio de este excepcional cantante, compositor y trovador dominicano".

Luego de tomar algunas fotos de los mismos, nos pusimos a copiar el origen de estos reconocimientos, que ahora compartimos con ustedes.

Quién: *Antillas Cocktail*
Qué: *Reconoce a José Manuel Calderón*
Por qué: *Por sus triunfos a través de la Radio, Teatro y Televisión*
Dado en: *PITKIN AR en 1971*

Quién: *Club Lírico Cultural Hijos de Quisqueya*
Reconoce a José Manuel Calderón
Por qué: *Por su gran labor artística, el cual ha hecho brillar el nombre de nuestra patria Quisqueya en playas extranjeras*
Dado en: New York City, a los 9 días del mes de septiembre del año 1971

Quién: *Sky Love (negocio en NYC)*
Reconoce a José Manuel Calderón
Por qué: *Por sus brillantes éxitos en el mundo de la música*
Dado en: New York, a los 16 días del año 1979

Quién: New S.
Reconoce a José Manuel Calderón
Por qué: *Por sus brillantes éxitos en el mundo de la música*
Dado en Santo Domingo año 1979
Entregado por: *SKY Love*

Quién: *Facenda Produtions*
Reconoce al artista de puro sentimiento *José Manuel Calderon*
Por qué: *Por su gran éxito en su 28 aniversario en el arte popular*
Dado en: La Vega, a los 27 días del mes de Marzo, del 1989

Quién: *Asociación de Artistas Dominicanos de Miami*
Reconoce a: *José Manuel calderón*
Por qué : *Por su gran labor artística*
Freddy Reyes
Florinda Sánchez
Dado en: Miami a los 23 de Enero del 1994

Quién: *Kubaney Disco de Oro*
Reconoce a José Manuel Calderón
Por qué: *Por su gran éxito en "El loco y la luna", interpretado por Wilfrido Vargas.*
Dado en Miami año 1995
Entregado por Patricio Jaramillo, presidente.

Quién: Ringo Records
Reconoce a José Manuel Calderón
Por qué: *Por su labor meritoria en la música de amargue y la bachata*
Dado en Santo Domingo, 1 de Agosto del 1997

Quién: *Tele Globo (Canal 19)*
Reconoce a José Manuel Calderón
Por qué: *Por su grandiosa colaboración incondicional, a nuestro espacio Bacharen-Salsa*
Dado a los 22 días del mes de diciembre del año 2000

Quién: *Plaza Selinna (Félix Antonio Echavarría, Bonaerge Linares)*
Reconocen a José Manuel Calderón
Por qué: *Por pionero en la bachata en la República Dominicana y por el éxito alcanzado nacional e internacionalmente*
Dado el 11 de Julio del 2002

Quién: *Asociación Dominicana de Musicalizadores*
Reconoce a José Manuel Calderón
Por qué : *Por su aporte a la música dominicana, la bachata, por más de 4 décadas*
Dado en Santo Domingo, R. D. a los 29 días del mes de Julio del 2002

Quién: *Bacha Alegri (Luis Cortorreal, Ing. Ramón Pacheco y Francisco Ramírez)*
Reconoce a José Manuel Calderón
Por qué: *Por su colaboración a la celebración histórica del 8vo. aniversario del espacio radial Bacha Alegría, con más de 40 artistas cantando para miles de personas en el parque de Villa Faro.*

Dado en: Santo Domingo Este, a los 20 días del mes de Diciembre del año 2003

———

Quién: *Fundación Apota INC (María Ortiz)*
Reconoce a José Manuel Calderón
Por qué: *Por combinar la prosa y melodía que lo hacen sellar el amor y la amistad.*
Dado a los 13 días del mes de Marzo del año 2003

———

Quién: *Sábado de Corporán*
Reconoce a José Manuel Calderón
Por qué: *Por haber trillado los surcos artísticos donde ha ido fructificando por más de 40 años, la semilla de la bachata, para hacer posible que esta se convierta en una de las expresiones más importantes de la música popular dominicana y de la Identidad Nacional.*
Dado en Santo Domingo, R. D. a los 7 día del mes de Febrero del 2004

———

Quién: *Corporación Estatal de Radio y Televisión Dominicana FM 98.9 / 99.9 Cobertura Nacional*
Reconoce a José Manuel Calderón
Por qué: *Por contribuir con su voz y su guitarra al desarrollo de la Bachata en la República Dominicana y el mundo.*
Dado en Santo Domingo a los 16 días del mes de Julio del año 2004

———

Quién: *Alianza Dominicana Irc y su conjunto folclórico (Moisés Pérez, Walid Michelen)*
Reconocen a José Manuel Calderón
Por qué: *Por los aportes importantes para la conservación y difusión de la bachata*
Dado en Santo Domingo, R. D. a los 25 días del mes de Febrero del año 2006

―――

Quién: *Anthony Santos (El Mayimbe de la Bachata)*
Reconoce a José Manuel Calderón
Por qué: *Por los méritos alcanzados como primero de la bachata en la R. D., rinde homenaje a su hermano José Manuel Calderón y digno representante artístico de nuestro país en su larga carrera profesional.*
Dado en San Cristóbal a los 20 días del mes de Diciembre del año 2008

―――

Quién: *Julio César Valentín*
Reconoce a José Manuel Calderón / Cámara de Diputados
Por qué: *Por su extraordinaria contribución al desarrollo y permanencia de la música popular dominicana, como materia viva de la Identidad Cultural Nacional*
Dado en Santo Domingo a los 31 días del mes de Enero del año 2009

―――

Quién: *Telemicro Canal 5*
Reconoce a *José Manuel Calderón*
Por qué: *Por su gran trayectoria artística*
Dado en Santo Domingo a los 15 días de abril de 2009

Quién: *Alianza Dominicana y su Conjunto Folclórico*
Reconoce a *José Manuel Calderón*
Por qué: *Por los aportes importantes a la promoción y difusión de la "Bachata" como género musical de la República Dominicana y del mundo en conjunto: Toby Love/ Leonardo Paniagua/ Henry / JMC*
Dado en: NYC a los 20 días del mes de Febrero del año 2010

Quién: *Amucaba*
Reconoce a *José Manuel Calderón*
Honor al Mérito. Medalla Guillermo Lacrespeuax
Dado a los 22 días del mes de Noviembre de 2011

Quién: *Bachata Lifetime Achicoment Award*
Reconoce a *José Manuel Calderón*
For recording the First Bachata Lon.
Dado en La Hamaca, Boca Chica 2012

Quién: *Consulado General de la República Dominicana San Juan Puerto Rico e Islas Vírgenes*
Reconoce a *José Manuel Calderón*

Por qué: *Por ser primero del género de la bachata en República Dominicana y por su trayectoria tanto en el país como en playas extranjeras*

Dado en San Juan Puerto Rico a los 4 días del mes de Mayo del 2012

Firma: *Máximo Taveras, Cónsul General*

Quién: *Domingo con El Pachá*
Reconoce a *José Manuel Calderón*
Como Estrella por Siempre
Dado en santo Domingo, R. D. a los 28 días del mes de Abril del 2012

Quién: *SGACEDOM*
Reconoce a *José Manuel Calderón*
Por qué: *Por su valioso aporte al cancionero dominicano, con obras de calidad que sustentan y enaltecen su meritoria trayectoria.*
Dado en Santo Domingo, R. D. a los 15 días del mes de Mayo 2015

Quién: *Foro Iberoamericano de las Artes, la Sociedad de Aristóteles y la Federación Iberolatinoamericana (FILAIE)*
Reconocen a *José Manuel Calderón*
Por qué: *Por su brillante trayectoria profesional y humana*
Dado en: Punta Cana, en octubre 2015
Entregado por: *Luis Cobos (presidente)*

Quién: *Brugal DCO y Chico Méndez, Etnia Musical*
Reconoce a *José Manuel Calderón*
Por qué: *Por ser uno de los pioneros de la bachata y embajador musical de nuestro país*

Dado en Santo Domingo, R. D. a los 15 días del mes de Abril del 2015

Firma: *Ángel Duvergé y Chino Méndez*

El Pionero en Sol Caribe (2009)

Cuando el exitoso director de cine Félix Limardo[1] vino al país, estimulado por la promesa del entonces presidente, Leonel Fernández, de que habría una Ley de Cine que abriría las puertas a la producción local y al capital extranjero para hacer películas en el país, este abandonó lo que hacía en la industria del cine de Hollywood y vino con la fe del que recibe una promesa de un presidente en el que creyó.

Félix Limardo vino, y su primer proyecto no fue una película. En lo que el hacha iba y venía, se dedicó a la música dominicana y realizó el proyecto de documentación artística más ambicioso que se haya hecho en el país hasta la fecha: Sol Caribe.

---

1   Félix Limardo, oriundo de Puerto Plata. Vino por primera vez a trabajar cine en el país en el 2009. Inició con Sol Caribe y luego se ha quedado viviendo en RD. Ya ha presentado dos películas bajo su dirección ("El Teniente Amado", "Oro y Polvo") y tiene otra en postproducción. Todas en sociedad con Huchi Lora, a quien buscó y conoció para pedirle asesoría sobre la construcción de Sol Caribe. También se unió a uno de los gurús del cine de Hollywood, Bill Fay.

Para hacerlo, Félix Limardo seleccionó, con la ayuda de Huchi Lora y otros expertos musicólogos, 12 íconos de la historia musical dominicana.

Los seleccionados fueron: Joseíto Mateo, Johnny Ventura, Cuco Valoy, Fernando Echavarría, Wilfrido Vargas, Milly Quezada, Jorge Taveras, Francisco Ulloa, Fefita (La Grande), Francis Santana, Luis Segura, Alvarado (El Cieguito de Nagua), Luis Segura y, por supuesto, José Manuel Calderón, estos últimos como representantes de la bachata.

Calderón recuerda la filmación de este documental como una de las experiencias más satisfactorias de su carrera artística, por el respeto y la admiración que le fue expresada por sus compañeros y por la reverencia y el júbilo con que era recibido por el público que le tocaba ver las actuaciones.

Conversamos con Limardo a propósito de la inclusión de José Manuel Calderón en Sol Caribe.

¿Cómo hiciste la elección de los personajes?

Le dije a Jorge Taveras que los músicos tuvieran de 65 años en adelante, que él pensara, podían participar en Sol Caribe. Debía mandarme la música para yo ir seleccionando los 12, porque eran los 12 discípulos y el maestro Jorge Taveras que era el Cristo. Ese fue el concepto. Entonces, los fui seleccionando -uno a uno- por las canciones que tocaban, porque cada uno tocó solamente una canción, y así fue que lo hicimos poco a poco y lo más difícil de esto fue después que los seleccioné, juntarlos a todos con una gira de 10 días en todo el país; juntar a Johnny Ventura y a Wilfrido Vargas, que estaba en Colombia, me fue difícil. Me tomó dos años lograr que eso pasara, y el año en el que lo hice todo, vino un huracán y no se pudo hacer. Al año siguiente fue que lo hicimos, y eso fue una gozadera incréible, con toda esta gente en el autobús, ya tu sabes, haciendo todos los cuentos del mundo.

José Manuel Calderón....

Bueno, a mí me gustó la canción "Amorcito de mi alma", y le dije a Jorge Taveras que me gustaría conocerlo y lo fui a visitar a su casa, y ahí encontré una persona con un corazón grandísimo. Me dije ¡cónchale, pero este tíguere definitivamente es un modelo!, porque al único que conocía era a Johnny Ventura. De las canciones de Milly, yo había escuchado algunas; las de Joseíto y Fefita, tú sabes, eran personas que, desde siempre oí su música. ¡Eso no fue fácil!

¿Cómo recuerdas la experiencia con Calderón?

Calderón es un icono dominicano, tiene un corazón grandísimo y su música vive todavía, y lástima que una persona con tanto talento no sea multimillonaria. En esos tiempos, no valoraban esa música, por eso no tiene más dinero. Es un hombre bueno, con un espíritu con toda la energía positiva que le pueda dar Dios a una persona, y una educación, muy amable. Con personas así es siempre bueno tener contacto.

José Manuel Calderón al transcurrir del tiempo: Cronología

José Manuel Calderón, el pionero de la bachata

"Este es Manuel Calderón", su primer disco de estudio en el año 1962, lo convierte en el primer dominicano en grabar el embrión que generó la bachata. Desde ese tiempo a la actualidad, cuenta con una discografía de más de 70 producciones. Su tema, "Llanto a la luna" de 1963 fue, según el propio José Manuel Calderón, el tema que lo catapultó a la fama permanente.

Calderón es considerado el primer músico dominicano que grabó este tipo de música, con sus temas: "Borracho de amor" y "Condena", el 30 de mayo de 1962, en los estudios de Radiotelevisión Dominicana. La voz de Calderón no es como la de los bachateros típicos, sino la de un barítono, sentimental como el mexicano Pedro Infante. Calderón innovó también la instrumentación de la bachata, al usar secciones de cuerdas, vientos, piano, y tiene el crédito de haber reemplazado las maracas por la güira.

1941

(9 de agosto) Nace José Manuel Calderón en El Seybo, por casualidad; pero fue declarado en el que considera su pueblo natal, San Pedro de Macorís.

1951-54

La familia se muda de San Pedro de Macorís a Santo Domingo, por dos años. Luego regresan a San Pedro de Macorís, y dos años después, se regresan de nuevo a la capital de la República Dominicana.

1959

Junto a Andrés Rodríguez y Luis Pimentel, empiezan a dar serenatas y a tocar juntos.

1962

(30 de mayo) Graba la primera canción en el género de guitarra: "Condena"/"¿Qué será de mí?", la cual terminaría siendo la primera bachata oficial del país y que, muy pronto, se convertiría en un verdadero éxito de ventas. Además, en una de las más sonadas en las velloneras del país.

1963

"Este es Manuel Calderón", su primer disco de estudio lo convierte en el primer dominicano en grabar bachata.

1964-65

Los éxitos radiales se suceden, tanto en el país como en Puerto Rico donde iba con regularidad a presentaciones artísticas en los lugares de moda y programas de radio y televisión. Graba otras producciones para Kubaney.

1966

Contrae nupcias con Maritza Olivera Tejeda madre de sus cinco hijos.

1967

Tras convertirse en uno de los artistas más populares del país, decide irse a Nueva York. Debía visitar al mexicano Mario Hernández, presidente de BMC, con quien firmó un contrato que le obligaba a grabar dos producciones musicales por año (cada una a razón de US$ 2,500).

1970

José Manuel, considerado uno de los cantantes del romanticismo nacional más importantes, nunca fue ajeno a las grandes celebraciones, tanto en el plano local, como en Estados Unidos, específicamente en el Estado de Nueva York. Y para la celebración de la Restauración de la República Dominicana, en el condado de Queens, participa junto a otros destacados artistas de la época, como Lope Balaguer, Sarita Echavarría, Alberto Beltrán, Luis Vázquez, Armando Recio, Armando Frómeta, entre otros.

1970

Calderón regresa a RD.

1981

Durante los inicios de ese año, José Manuel Calderón era un habitual cantante de los bares y restaurantes dominicanos en el Alto Manhattan, en Nueva York. Sus presentaciones eran colmadas de dominicanos residentes en esa urbe, los cuales añoraban escuchar las canciones de uno de sus más importantes intérpretes.

1982

Para finales de la década de 1970 y principios de la década del 1980, era común que los artistas dominicanos, de cualquier género, visitaran las islas de las Antillas Mayores y Menores, donde residía una importante población de dominicanos. No era de extrañar que, dentro de las carteleras de entretenimientos de los diarios de esas ciudades, aparecieran anuncios donde se promocionaran presentaciones de artistas dominicanos.

Durante ese año, José Manuel Calderón tuvo una importante presencia en la isla de Bonaire, donde se presentaban artistas como Wilfrido Vargas, Cuco Valoy y Angelita Curiel, La Mulatona.

1985

Siendo uno de los artistas más prolíficos de todos los tiempos, no era de extrañar que también fuera "víctima" de las adaptaciones o fusilamientos de sus temas en otros géneros musicales, como lo hizo Wilfrido Vargas con "Llanto a la luna", que este versionó como "El loco y la luna"; o Aramis Camilo, quien también incluyó un tema suyo en una de sus producciones. Sin embargo, esto parece que a José Manuel Calderón no le afecta en lo absoluto.

1986

Para mediados de ese año, ya "El loco y la luna" era todo un éxito internacional y, en Venezuela, era uno de los más sonados, lo que llenaba de satisfacción a José Manuel Calderón, quien nunca soñó que "un tema suyo podía llegar tan lejos".

1987

Siendo un artista de tanta trayectoria, no ha estado ajeno a las controversias. En mayo de ese año, fue acusado de plagio por el músico Andrés Rodríguez. Ante esto, el cantante y compositor consideró como mal intencionada y falsa, la denuncia de Rodríguez, por lo cual presentó documentos que certificaban su originalidad.

"El nombre de Andrés Rodríguez figuró en mi producción por error de imprenta, y como nunca pensé que se iba a proceder de esta manera, ahí se quedó; pero en las próximas impresiones, ya no estará figurando", declaró en carta enviada al periodista Joseph Cáceres, publicado el 10 de mayo de ese año.

1990

Visionario y de buen corazón, este artista siempre estuvo de acuerdo en que los baladistas y merengueros grabaran y cantaran sus temas en el género de bachata, que él siempre se ha empeñado en llamar "música de guitarra".

En un trabajo publicado en el desaparecido periódico vespertino, Última Hora, realizado por el periodista Carlos Batista Matos, este comienza su crónica señalando: "A José Manuel Calderón no le sorprende -y mucho menos le asusta- que los baladistas o merengueros estén grabando 'música de guitarra', que así define él lo que despectivamente algunos llaman 'bachata'.

Y continúa la cita: "Pero más que ver el gesto como algo normal, le satisface, porque la música de guitarra no pasa de moda, porque no es moda, sino que es música de todas las épocas, en todo el continente".

José Manuel Calderón también ha sido crítico de un sistema que se ha regido, según él, por la hipocresía hacia el tipo de música que interpreta. Así lo hizo sentir al defender la corriente de bachata surgida para esa época, que tuvo a bien denominarse: "Tecno Amargue", popularizada Sonia Silvestre, Juan Luis Guerra, Luis Días o Víctor Víctor, por los novedosos elementos que incluían al ritmo, además de letras cargadas de poéticas metáforas. En declaraciones a la desaparecida revista dominical del Listín Diario, Escala, en la edición del 9 de septiembre de ese año, en su página 7, exhortó a la sociedad a "no rechazarla. Hay que dejar la hipocresía que existe con la música".

Calderón afirma que la bachata es ventajosa en relación con otro tipo de música, pues "mantiene un público, una venta asegurada, sale menos costosa y mantiene mercado internacional".

1994

Cuando en ese año José Manuel Calderón publicó su producción número 46, "Carita de Ángel", le confesó al periodista Féliz Vinicio Lora, para el suplemento Galería, del vespertino El Nacional, que la mayoría de los temas interpretados durante su carrera, han sido de su autoría, lo que lo convierte, a la vez, en uno de los principales cantautores del género vernáculo nacional.

1997

En un análisis realizado por José Martí Martínez, aparecido el viernes 6 de junio de ese año, en la sección Alegría del periódico Hoy, en el que trató el tema del nacimiento de la bachata, su crecimiento y su pegada, el autor deja muy claro: "La primera persona que grabó el ritmo basado en la guitarra fue José Manuel Calderón, quien nació en San Pedro de Macorís, en 1941. En 1962 grabó su primer disco, 'Borracho de amor'. Con su trío 'Los Juveniles', junto a Andrés Rodríguez y Luis Pimentel".

1998

Defensor de su género como el más fiel guerrero, también tiene opiniones firmes con respecto al tipo de bachata que se hacía en aquellos primeros años, y la que se hace en los últimos tiempos.

José Manuel Calderón ha dicho varias veces que considera superior el tipo de música que se hacía antes, al que se hace hoy. Como aquella vez que declaró: "Creo que la bachata que algunos califican de antigua, supera a la de ahora. La de estos tiempos ha recibido un amplio apoyo, que reconozco; mejorará su contenido, aparecerán poetas que ayudarán, la depurarán y crearán conciencia musical. En mi caso, continuaré interpretando temas románticos con los que he logrado mantenerme vigente desde que empecé; sueno en todos los espacios de música del pasado". Galería, 25 de enero del 1998, escrito por Augusto Socías.

1999

Cuando cumplió 30 años de carrera artística, José Manuel Calderón presentó el disco: "Dominicanas". El mismo incluía los temas: "Espera corazón", "Ven pronto", "Regresa", "Quiero volver", "Regalo de Dios", "Esa mujer", "Vendo unos ojos verdes", "Nadie es eterno", "No me quieras tanto", "Dicen que no te quiero" y el tema homónimo que da título al disco.

Para ese entonces, Calderón declaró a la periodista Yubelkis Mejía, en su sección "Bachata Mix, del matutino Listín Diario, que "la bachata dejó de ser nuestra. Hoy es internacional y es cantada y bailada por mucha gente en el mundo; nunca pensé que este juego de muchachos, que lo empezamos para estar en el medio y poder enamorar a las muchachas, llegara a ser lo que es hoy: todo un fenómeno".

2000

Dándole la bienvenida al nuevo milenio, José Manuel Calderón graba su producción número 65, convirtiéndose en el cantante de bachata con más discos grabados, y uno de los más prolíficos del país.

2001

A la bachata, como género musical, le costó mucho llegar hasta los grandes escenarios nacionales e internacionales. El que ha sido proclamado como el pionero es, por decirlo así, uno de los que más padeció la discriminación de quienes la interpretaban y quienes la seguían. Cuando todo ese panorama cambió, se hacía justo que, precisamente fuera él, José Manuel Calderón, uno de los que por derecho ganado se merecía llegar con su música al Teatro Nacional.

De ahí que, ese año, durante la ceremonia número 17 de los Premios Casandra, en un número que homenajeaba al vernáculo ritmo, este subió al escenario junto a otro viejo roble, Víctor Víctor y un digno representante de la nueva generación, Zacarías Ferreira, a llenar de "amargue" la noche. Sin embargo, él fue el primero en subir, cantando "Llanto a la luna".

2002

Como una iniciativa de las universidades Hostos Community y Lehman College, en asociación con Easy Ent. Group, organizaron la conferencia: "La Bachata", y el concierto, "El Bachatazo del Bronx", en esa ciudad del Estado de Nueva York, en Estados Unidos. Ahí participó José Manuel Calderón, representando a República Dominicana, junto a otros intérpretes, como Luis Segura, Luis Días, Víctor Víctor, Sonia Silvestre, Edilio Paredes, Frank Reyes, Raulín Rodríguez, Kiko Rodríguez y Court Wayne.

Durante la presentación en vivo del disco de bachatas "Serenatas", de la orquesta Los Toros Band, en el programa "Sábado de Corporán", José Manuel Calderón fue un invitado especial a interpretar uno de sus grandes éxitos, incluido en ese disco, "Dos rosas", junto al vocalista Héctor Acosta, El Torito.

2003

En un encuentro histórico para los exponentes del género de la bachata, José Manuel Calderón participó, junto a otros exponentes del género, en el concierto: "Bachata sinfónica", presentado en la Sala Principal del Teatro Nacional, bajo la producción de el joven empresario artístico, William Liriano.

El recital, que se presentó en el mes de mayo de ese año, contó, además de Calderón, con otros veteranos y nóveles intérpretes del género, como Inocencio Cruz, Leonardo Paniagua, Sonia Silvestre, Luis Vargas, Frank Reyes, Monchy y Alexandra, Elvis Martínez, Yoskar Sarante, Joe Veras y Zacarías Ferreira.

También a raíz del espectáculo "Bachata sinfónica", este artista dio una serie de declaraciones que reafirmaron el poder que tiene dentro del género, como las ofrecidas en la edición del día 16 de mayo de ese año, en el periódico El Caribe, a la periodista Limay González. Cito: "Para él, el camino que sigue el ritmo en el mundo entero es parte de un proceso lógico e inevitable: 'Todo género musical o fenómeno tiene que evolucionar. La bachata se suma a eso. Ha crecido tanto que hoy soporta una sinfónica detrás; pero eso no significa que lo haya logrado todo, ahora, con el apoyo del pueblo, la música de amargue puede llegar mucho más lejos, evolucionar, crecerse. Creo que esto será un hecho, porque esta música por sí sola tiende a seguir adelante'.

En un artículo publicado en el suplemento dominical Pasiones, del periódico El Caribe, del 6 de abril de ese año, el cantautor Víctor Víctor, lo calificó como "El primer bachatero del mundo".

2004

Las canciones que ha interpretado José Manuel Calderón en sus 50 años de carrera, han llenado muchos espacios, han enamorado a millones de personas; pero sobre todo, han sido motivo de colección para quienes hacen de la buena música, un modo de vida.

De ahí que para la producción musical "100 temas, 100 voces, 100 años", una producción del publicista Nandy Rivas, con el patrocinio del grupo León Jimenes, este artista puso su voz a uno de los temas de este interesante material discográfico.

Este año, la producción "Bachata Sinfónica" bajo la dirección de Amaury Sánchez en la que Calderón puso su impronta de pionero, ganó la estatuilla como Espectáculo del Año. Se había presentado en el Teatro Nacional el 16, 17 y 18 de mayo de 2003.

2005

De haberse dado el caso, habría sido un precedente para los premios que anualmente entrega la Asociación de

Cronistas de Arte (**ACROARTE**), que en toda su historia no ha seleccionado a un intérprete de bachata para ser el merecedor del premio Soberano (para ese entonces, el premio aún se llamaba Casandra y el máximo galardón Soberano). Sin embargo, uno de los nombres que empezaron a barajarse para este fue el de José Manuel Calderón, pues a él y a su trayectoria artística, cualidades les sobraban en ese entonces y le sobran ahora, para que fuera reconocido con semejante galardón.

Para ese mismo año y bajo la producción de Waddys Jáquez, Calderón volvió a subir al escenario del Teatro Nacional durante la ceremonia del Casandra, en el segmento "Bachata viajera", donde compartió protagonismo con otros intérpretes del género como Monchy y Alexandra, Luis Vargas y Elvis Martínez.

Su sensibilidad y espíritu solidarios no tienen límites. A raíz de la tragedia del vuelo 587 de American Airlines, en el que de las 265 personas que iban a bordo y que murieron en el fatal accidente, 175 eran dominicanos, José Manuel Calderón incluyó, para su producción "Equivocada", el tema "La tragedia del vuelo 587 (La Ley de la vida)", con el que se solidarizó con las familias de los que perecieron en el siniestro.

2006

Por sus aportes a la música y las canciones de su autoría que ha dado a conocer, José Manuel Calderón forma parte de la Sociedad Dominicana de Autores, Compositores y Editores de Música (SODACEM).

La música de José Manuel Calderón forma parte de un referente histórico contemporáneo, que nadie puede negar. Cuando se habla de bachata, su nombre surge por obligación, obvio, es el pionero del género y esto tiene suficiente mérito.

De ahí que, para la producción "Bachata entre amigos", que grabó en ese año el cantautor Víctor Víctor, en la que hizo dúos con importantes cantantes dominicanos e internacionales, el intérprete de "Mesita de noche" lo invitara para cantar su emblemático tema "Llanto a la luna".

En un artículo publicado en el desaparecido suplemento dominical Espectáculos, del periódico Hoy, que editaba la redactora de estas líneas y que escribió el musicólogo Alexis Méndez, José Manuel Calderón habló de la influencia que tuvieron, para el surgimiento de la bachata, ritmos como el bolero, el son cubano, las rancheras mexicanas y hasta el tango argentino.

"Nosotros buscábamos hacer esos boleros y rancheras, al igual que tangos; pero teníamos nuestro propio estilo. Había una diferencia entre nuestra música y esa que se escuchaba en la radio. Esa diferencia la hacían los compases, que no son los mismos y que marcan nuestra identidad".

2006

La Alianza Dominicana Inc. de Nueva York, durante el espectáculo, "Folklore, cultura y bachata", reconoció la trayectoria de José Manuel Calderón junto a un grupo de artistas dominicanos, entre los que se encontraban: Santiago Cerón, Francis Méndez, Manny Pérez, Luis Segura, Yoskar Sarante y Vickiana.

2007

En noviembre del año 2007, José Manuel Calderón se embarcó, junto a los también legendarios cantantes, Camboy Estévez y Anthony Ríos, en la gira de conciertos denominada: "Bohemios en guitarra", en la que los intérpretes llenaron de romanticismo y ternura los escenarios donde se presentaron.

José Manuel Calderón no ha sido ajeno al movimiento artístico que este género ha despertado, mucho menos a los intérpretes que han dado otro color al mismo.

De la que él llama Nueva Generación (posiblemente para él todo el que haya surgido después de la década de los 60, pertenece a esa categoría) destacó trabajo y calidad de figuras como Anthony Santos, Luis Vargas, Joe Veras, Raulín Rodríguez y Zacarías Ferreira, de quienes dijo que "todos son buenos. Han puesto su granito de arena. Hay unos más populares o más ricos que otros y un pueblo que está respaldando a esos muchachos. Ese es el que toma la verdadera decisión. Ese es el artista. Mientras se porten bien, van a permanecer, para beneficio no solo de ellos, sino del género, del país. Es toda una industria, casi mundial". (Este dato fue tomado del Listín Diario, viernes 21 de noviembre del 2007, pag. 11, sección Espectáculos).

Firmado por: "La más fiel admiradora del Pionero de la Bachata", apareció un espacio pagado en el periódico El Nacional, fechado el lunes 2 de julio de ese año, en la página 39. El artículo se refería a la deuda moral que, según su autora, tiene el pueblo dominicano y, especialmente los bachateros, con José Manuel Calderón, por haber sido este el que, pese a todos los obstáculos encontrados en su camino, perseveró en su intento de grabar bachata hasta llevarla al escenario más importante de República Dominicana, el Teatro Nacional.

"La bachata nace en mayo del 1962 y un productor de discos muy famoso, don Radhamés Aracena, rechazó su trabajo pidiéndole que se dedicara a grabar y producir típico. Calderón no se molestó, y siguió con su proyecto. Tuvo gran éxito, lo que motivó a Aracena a producir bachata y a darla a conocer en su famosa emisora, Radio Guarachita. El éxito crecía, pero también las críticas de sectores conservadores de la sociedad, que la señalaban como "música de guardias" y "de prostitutas y de campesinos".

Si alguien tiene la potestad para llamarse creador de un género musical, ese es José Manuel Calderón. A él no le tiembla la voz al afirmar que "la bachata nació conmigo".

"Cuando comencé, bautizaron la bachata como música de guardias; pero había un público que quería mantenerla por encima de muchos que se oponían. Por eso ocupa los primeros lugares en los hits parades de todo el mundo", contó esa vez a Margarita Brito, de El Nacional.

2008

Para el mes de diciembre de este año, bajo la producción del empresario artístico Raphy D' Óleo, presentó, junto a Camboy Estévez y Blanca Iris Villafañe, la serie de conciertos populares: "Voces de Cabaret", con el que recorrieron varias ciudades del país.

Este artista ha dado muestras de su calidad humana. Tanto actúa solo, como junto a otros cantantes, lo que engrandece su figura; pero no solo esto. A un llamado de otro intérprete, ahí está para colaborar, lo que demostró durante el concierto "Anthony Santos y sus amigos", donde acompañó al "Mayimbe de la Bachata" en uno de sus temas.

2009

A principios de ese año, José Manuel Calderón participó en el documental "Sol Caribe", bajo la producción de Mairení Films y la dirección de Félix Limardo, un trabajo de investigación fílmico sobre el merengue, la bachata y el son.

En este documental, que también se convirtió en una producción discográfica de colección, participaron, además de Calderón, otros artistas de la talla de Johnny Ventura, Fefita La Grande, Milly Quezada, Joseíto Mateo, Wilfrido Vargas, El Cieguito de Nagua, Luis Segura, Fernando Echavarría, Cuco Valoy y Francis Santana.

(24 de marzo) Fue uno de los días más importantes en la carrera artística de este legendario cantante. La Asociación de Cronistas de Arte, (ACROARTE), siendo su presidenta Marivell Contreras, lo reconoció con el Casandra al Mérito -equivalente a un Soberano- por su carrera. Este reconocimiento es calificado por el gremio de periodistas de espectáculos de la República Dominicana como uno de los más importantes de los que entrega, pues en él se valora toda una trayectoria de vida artística y excelencia musical.

2009

José Manuel Calderón se ha ganado mérito y respeto, respaldado por sus tantos éxitos musicales y una trayectoria artística de diáfana reputación. en el ambiente artístico es valorado como un gran artista y tomado en cuenta para la celebración de grandes eventos.

De ahí que, para la realización del concierto, "Con la magia del bolero, 100 años después", su voz y su carisma no podían faltar. Calderón participó de ese gran espectáculo junto a muchos grandes del género: Olga Guillot, Johnny Alvino, Lope Balaguer, Niní Cáffaro, Aníbal de Peña, Francis Santana, Adalgisa Pantaleón, los nuevos Panchos, Vittín Avilés, Raúl Marrero, Fausto Rey, Roberto Ledesma, Roberto Yanés y Anthony Ríos.

Siempre pensando en el bien del género que lo hizo famoso, José Manuel Calderón sugirió en su momento la creación de una banda All Star de la Bachata, integrada por todos los bachateros que se han destacado en el ritmo, y citó el caso de Juan Luis Guerra, quien ha sido uno de los más beneficiados y al que no se le puede negar el título de bachatero. (El Nacional, martes 11 de agosto de 2009).

El periodista Reynaldo Brito, quien lo entrevistara para el vespertino El Nacional, publicó su conversación con el legendario cantante, quien le manifestó su deseo de que algún empresario o disquera nacional o internacional se dedique a realizar "un junte al estilo All Star, con los nuevos exponentes, que tienen mucha calidad".

Durante la clausura del Tercer Festival de Cine Global Dominicano, se presentó el espectáculo artístico "Sol Caribe", en el que participaron las leyendas de la música dominicana como Francisco Ulloa, Joseíto Mateo, Johnny Ventura, Fefita La Grande, Milly Quezada, Luis Segura, El Cieguito de Nagua, Fernando Echavarría, Cuco Valoy, Francis Santana, Wilfrido Vargas y José Manuel Calderón.

2011

En reconocimiento a su trayectoria artística y al fruto de su trabajo como músico dominicano, José Manuel Calderón fue distinguido, junto a otros músicos y cantantes mediante el decreto número 721-11, durante el gobierno del presidente Leonel Fernández, con una pensión por sus años en la carrera artística.

Para la ocasión de celebrarse el Día del Padre, el legendario cantautor José Manuel Calderón se unió a otra leyenda de la canción romántica dominicana, Camboy Estévez, en el show artístico, "Por ti padre", que ambos presentaron, con éxito, en el Hotel Napolitano, de la capital de Santo Domingo.

2012

El cantante Javish Victoria, exintegrante de la legendaria orquesta merenguera radicada en Puerto Rico, El Conjunto Quisqueya, presentó un disco en el que rindió homenaje a José Manuel Calderón, que incluyó doce de los grandes éxitos del artista.

2015

José Manuel Calderón, que siempre pidió que le pusieran un día a la bachata, recibió con alegría la noticia de que el género que abrazó desde hace 53 años, y del que ha sido uno de sus expositores, haya sido declarado: "Patrimonio Cultural Dominicano", por lo que, agradeció esta iniciativa por parte del Congreso Nacional, y así se lo hizo saber a Diario Libre.

El artista contó que hacía tiempo esperaba esa decisión: "Siempre lo pedí, que le pusieran un día a la bachata, porque ha sido un fenómeno musical que nos representa en el mundo. Fui el primero que comencé, y la verdad, me llena de gran satisfacción".

Explicó que, a pesar de todos los obstáculos confrontados, el género demostró que llegó para quedarse. "La bachata se impuso, el pueblo la defendió y luego la vistieron de gala y fue al extranjero. Ha dejado muchos millones de pesos a quienes han apostado a ella", señaló el artista que, en ese entonces estaba inmerso en la grabación de una producción discográfica.

—

El intérprete y compositor José Manuel Calderón protagonizó el concierto "Tiempo del recuerdo", en mayo del año 2015 en Lucía 203, en la Zona Colonial, compartiendo escenario con el trío La Hiedra.

El pionero de la bachata, José Manuel Calderón, manifestó sentirse muy contento de protagonizar dicho concierto, al que llevó sus canciones románticas a un público que él estaba seguro lo disfrutaría a plenitud.

Organizada por la empresa Paramúsica, la presentación tuvo la conducción del locutor Fabio Taveras, quien durante décadas produjo el programa radial "100 canciones y un millón de recuerdos", que se difundía por Radio Popular.

2017

José Manuel Calderón dijo sentirse bien ser el precursor de la bachata; pero con la humildad que lo caracteriza sostiene que eso no lo llena de ego ni lo hace sentir superior a los demás.

José Manuel Calderón sostuvo en una entrevista para el Periódico Hoy, que durante estos años han sido muchos los cambios que se han efectuado; pero positivos, y que el género mantiene su esencia.

"Hay cambios en el género, pero la bachata mantiene su esencia. Porque lo único que se ha hecho es agregar nuevos instrumentos. La guitarra sigue sonando, y estos cambios lo que han venido es a engalanar aún más el género, porque todo es un proceso, una evolución."

"Cuando se habla de Romeo Santos o un Prince Royce es un avance al género, porque son artistas que han revolucionado de manera increíble la bachata", agregó el bachatero.

PARTE X

LO QUE DICEN LOS LIBROS DE CALDERÓN

Libros en los que ha sido citado José Manuel Calderón, su vida y su obra

Bachata, historia y evolución

En el año 2002, el periodista Carlos Batista Matos, en su libro, "Bachata, historia y evolución", dedica un capítulo a la vida y obra de José Manuel Calderón, que titula con el propio nombre del artista.

"Muerto el 'Jefe', Rafael Leónidas Trujillo Molina, la música no se quedaría rezagada en la nueva socio-política. En este proceso de reordenamiento social, la bachata nace como han debido nacer todas las músicas para el ocio de manera fortuita. A poco más de un año del tiranicidio -ocurrido el 30 de mayo de 1961-, con el éxito de José Manuel Calderón primero, y el de Rafael Encarnación después, se empieza a rediseñar el mapa musical. Calderón, luego de haber sorteado obstáculos que parecían inevitables, debuta en agosto de 1962 con la canción 'Condena'/'¿Qué será de mí?', que de inmediato subleva los corazones lastimados."

Sin que fuese el propósito, con esta canción de guitarra, Calderón plantaba las raíces del patrón rítmico, melódico y emocional por donde la clase baja-adulta de la nueva sociología dominicana va a revolver las cenizas del corazón y las miserias materiales y sociales que, como telaraña, aprisionan la vida.

De la autoría de Bienvenido Fabián, entonces uno de los compositores más brillantes, "Condena"/"¿Qué será de mí?", ya había sido grabada en los años cincuenta por Elenita Santos, as del bolero y reina de la salve, y aunque gustó y sonó bastante, con José Manuel Calderón, la pieza adquiere una nueva identidad, y la popularidad lograda, fue tan grande que eclipsó el efecto social de la versión original en bolero. "Condena"/"¿Qué será de mí?" convertiría a Calderón en una de las figuras emergentes más populares y el estrecho mercado del disco, hasta entonces dominado por artistas extranjeros, se expande y cederá espacio a los intérpretes de la bachata que han de venir.

"¿Qué será de mí?" / Con tanta pena en mi pobre vida / ¿Qué será de mí? / si mis esperanzas ya están perdidas / No tengo valor para arrancar esta cruel condena / Que me arrastra al abismo / Por culpa del destino"…

Cuando las bocas de los sectores marginados cantaban la canción, el autor sentíase burlado por el inconsulto cambio de título. Fabián la había titulado "Condena" y así se titulaba la versión de Elenita Santos, pero Calderón se había tomado la libertad de cambiarlo por una de las frases del texto -"¿Qué será de mí?- que, a su entender, sugería una penitencia más dolorosa. "El maestro Fabián aceptó mis excusas -me dijo Calderón-. Creo que el cambio salió porque el pueblo la llamaba así".

Antes del éxito del disco, el cual estableció un precedente al superar las 8,000 mil copias vendidas, José Manuel Calderón hubo de superar actitudes que hubiesen descorazonado a otros ilusos, como sería el desaire que le hiciera Radhamés Aracena, quien era de los locutores más populares y productor discográfico, cuando le ofreció la grabación de "Condena"/"¿Qué será de mí?".

-Mira, muchacho, sigue haciendo lo que tú hacías, porque no vas para ningún lado con eso – le habría dicho Radhamés Aracena, dándole la espalda.

Radhamés Aracena progresaba como productor de discos, sobre todo, de merengue típico, de acordeón, tambora y güira. Esta música de tierra adentro, como era llamada, se consumía mayormente en los estamentos bajos, urbanos y en comunidades rurales. Dionisio Mejía, más conocido como Guandulito, era una de las estrellas emergentes de la ruralía musical.

Aracena tenía el programa "El canal cero", muy popular, en La Voz del Trópico y el desinterés respondía, de una parte, a la estrechez del mercado que creía conocer y, de otra, a que no le había gustado el tipo de bolero de cuerdas que escuchó con Calderón, pese a que esta onda musical era muy exitosa en cantantes extranjero y, el novel artista no argumentó, decepcionado, viró hacia la puerta y desapareció con su grabación.

Este joven del pueblo tenía 18 años de edad cuando grabó "Condena/¿Qué será de mí?" con el trío Los Juveniles, formado junto al requinto Andrés Rodríguez, y el guitarrista, Luis Pimentel. Cuso Cuevas tocó el bajo en la grabación. Los Juveniles no era un trío profesional, había sido conformado para encubrir la vagancia y dar serenatas, que en ese tiempo eran muy normales.

El estudio estaba en La Voz del Trópico, situada en la calle Abreu, quizás no era lo más idóneo para grabar música para disco; pero era de los pocos que había en Santo Domingo. Solía usarse para jingles y promociones de la propia estación de radio. Cuando Calderón grababa "Condena/¿Qué será de mí?", Radhamés Aracena no podía evitar escuchar; pero tampoco le llamaba la atención. Fue ahí que Calderón recibió el primer estímulo, de un locutor llamado Enriquillo, minutos después de la negativa de Radhamés Aracena.

-Calderón, sigue pa´lante. Haz tu disco con o sin ayuda de nadie, porque cuando viene a ver, la suerte está de tu lado - le sugirió Enriquillo, y regresó a su puesto en la consola.

Se llevó de consejo. Con la cinta en el bolsillo fue a donde doña Atala Blandino, propietaria del famoso salón Mozart. Entonces, doña Atala era una suerte de zar del disco, la música parecía girar en su órbita. Ella era la imprescindible para muchos artistas, una buena parte del destino de la música y de los músicos y cantantes estaba en sus manos, y tenía inmejorables relaciones en el exterior, un próspero negocio de discos y de instrumentos musicales. Doña Atala le vio posibilidades a "¿Qué será de mí"?, porque, aunque como empresa no podía producir discos, instó a Calderón a que lo hiciera por su cuenta en el exterior.

Reunido el dinero, Calderón mandó a hacer el disco a los Estados Unidos. Un mes después, "¿Qué será de mí"?/"Condena" iniciaba la ruta triunfal por las velloneras de burdeles y bares, y por los tocadiscos de los hogares, hasta situarse en la punta del éxito. Y, como si el destino hablase, el reverso -"Borracho de amor"- bolero vals, también de guitarra, sería otro suceso musical.

Esta noche yo he venido / a buscar tu dulce paz / porque lo que yo he sentido / por ti no he podido / sentirlo jamás…

Por esta época no había muchas emisoras, y estas cerraban el acceso a "¿Qué será de mí"?/Condena" y a los temas siguientes de este artista. Aracena, quien tanta promoción daba al bolero de guitarra extranjero, también rehúsa sonar las canciones de Calderón en su programa Canal Cero. "Consideré que el disco era malo, mal grabado y pobremente cantado", diría años después Aracena, quien se definía abanderado de la música de calidad como la que sonaba y vendía.

El discjockey Charlie Charlie, quien disputaba audiencia radial con Aracena, es quien abre la radio a los discos de Calderón y, por supuesto, a la música de amargue de guitarra que luego sería llamada bachata. Charlie Charlie, apodo del locutor José Tabar Asilis, difunde por su popular programa las canciones de Calderón y logra un impacto tan grande en los oyentes, que obliga a otros programas y emisoras a tocarlas. Se decía entonces, en desmérito del éxito y la visión de futuro de Charlie Charlie, que Calderón había pagado para que promovieran sus canciones; pero no era cierto. Calderón había logrado, a duras penas, el dinero para grabarlas.

La verdad fue que Charlie Charlie había juzgado buena la música de Calderón, a quien por su carácter humilde y por su esfuerzo, le había tomado afecto. Igual actitud tendría más tarde Charlie Charlie con otros intérpretes del amargue. Aquel chisme, resultado de la fiera competencia radial, precede al que saldrá de la locución musical de mediados de los años setenta en adelante, cuando la payola va a ser una obscena realidad que determinará el éxito o fracaso de muchos artistas.

Sorprendido con la evidencia que representaba Calderón y comprobado el éxito que lograban otros intérpretes en el mercado del disco, Aracena revisa la estrategia y, en poco tiempo, desviará el interés hacia la naciente bachata, de la que se hará ferviente cultor, productor, comerciante, promotor y defensor hasta el fin de sus días en la tierra. Se inicia en la música de amargue con intérpretes que rápidamente se posicionan en lugares estelares, entre otros, Inocencio Cruz y Fabio Sanabia.

José Manuel Calderón provenía de una familia modesta, de San Pedro de Macorís. Tenía 12 años de edad cuando sus padres Luis Calderón e Hilda Carbuccia se mudaron a la capital. En la casa, sus progenitores le reprendían porque, mientras sus hermanos estudiaban, él pasaba las horas desentrañando el misterio tonal de la guitarra. "Mis padres, como todos los padres de ese tiempo, creían que la música era cosa de borrachos -me contó-. Mis hermanos se hicieron profesionales, graduados en la universidad y yo no pasé del octavo curso".

Cuando cursaba el octavo de primaria, José Manuel Calderón se ilusionaba con ser arquitecto, para entusiasmo de sus padres; pero la vocación artística era más fuerte que el sueño. Unos años más tarde, "¿Qué será de mí"? y "Borracho de amor" alcanzarían su ruta sin torcimiento, y padres y hermanos, aunque vacilantes, terminarían apoyándole.

Como salidas del mismo estuche melódico, seguirían una tras otra, en los meses siguientes del 1962 y en 1963 y 1964, canciones como: "Quema esas cartas", "Lágrimas de sangre", "Muchachita linda", "Vuelve otra vez", "Te perdono", "Serpiente humana", "Vano empeño" y "Llanto a la luna", entre otras, que lo erigen en el mayor fenómeno del amargue y le permiten darse el lujo de comprar un auto con RD$900 y viajar a Puerto Rico.

Las canciones de Calderón eran conocidas en Puerto Rico, porque la empresa disquera Kubaney, de Mateo San Martín, con quien había firmado contrato, vendía sus discos allá. Una carta de presentación del afamado locutor, poeta y escritor Jesús Torres Tejeda, dirigida a su entrañable amigo, Felipe Rodríguez, hace que Calderón trabe amistad con el artista boricua, quien era su ídolo, y a la sazón, uno de los ídolos del bolero de guitarra. Felipe Rodríguez franquearía el acceso de las canciones de Calderón a la radio y propiciaría algunas presentaciones en la encantadora isla.

Pero Calderón no cabalgaría solo con la música de guardia o música cachivache, epítetos con que se le denostaba. El primero, porque por este tiempo militares y policías diseminados por el país, adictos a las mujeres y los tragos en cafetines, bares y barras, eran aficionados a esta música que, en su lenguaje, desnudaba sentimientos y emociones y, el segundo, era el estigma de la calidad"...

Música de amargue, págs. 16, 17, 18 y 19.

Cuando el plañido de José Manuel Calderón rascaba en las heridas del corazón y esparcía la simiente de la bachata en el cuerpo emocional de la nueva sociedad del 1962, este año el merengue, que venía patinando en acordes con fuertes olor a Trujillo, renacía en la voz de otro joven sin abolengo, del pueblo llano: Johnny Ventura.

La orquesta de Luis Pérez crea la base musical a "El cuabero", que Johnny Ventura interpreta con gracia y carisma, dotes que, si bien inéditas para el gran público, ya daban de qué hablar en los ambientes bailables, porque antes del debut fonográfico, él era una figura aclamada en el Night Club El Moderno.

Desde 1962, la señal ha sido clara, el nuevo orden sociopolítico diseña su propio microuniverso musical: la bachata para las miserias y las crisis del corazón, y el merengue para la diversión social. Estas creaciones espontáneas, cañerías por donde fluirán las sensaciones, virtudes, defectos y dolores del amor, de los estratos medio y bajo, no van a sucumbir ante las voces agoreras que pretenden atajarlas ni ante los embates de los huracanes melódicos visitantes que, con diversos nombres, intentarán seducir el ocio de los dominicanos.

Rendidos a la solidez e inocultable crecimiento de la bachata, y pese a que las referencias de que disponen son muy pálidas, escritores, músicos y estudiosos habrá que descarten el bolero y el son como posibles fuentes de música que germina en las voces de José Manuel Calderón y Rafael Encarnación. Estos han acostumbrado ubicar el origen en las interpretaciones repentistas de músicos que, a finales del siglo XIX hacían fiestas campestres en el Cibao, a las que llamaban bachata.

Los viejos diccionarios de americanismos definen la palabra bachata como: "Juerga, jolgorio, parranda", que se hacían en Cuba y Puerto Rico. Donde Manuel Patín Maceo, "Obras lexicológicas", 1927, la define como: "baile o poco más o menos", y don Julio Arzeno la asocia a los improvisados jolgorios que alegraban la vida del campo, donde "el trovador popular se hacía el rey y comentarista de todo el suceso, empleando para ello el repentizado bolero".

Don Julio Arzeno dice, también, en su obra "Del folcklor musical dominicano", de 1927, que en aquel tiempo, en Puerto Plata no se conocían ni la guaracha ni el bolero, se cantaban y bailaban músicas de sabor tosco y romántico acompañadas de coplas. De otra parte, el barítono, musicólogo y escritor Arístides Incháustegui, en su obra, "Por amor al arte", de 1995, reproduce declaraciones de don Julio Alberto Hernández, en la que este da fe de que en las bachatas, refiriéndose a las fiestas en los campos y los barrios, se tocaba una música alegre y bailable, inventada sobre la marcha por los músicos. Y rescata la referencia del musicólogo cubano Odilio Urfé, quien al hablar de Pepe Sánchez, que en Cuba le atribuyen haber cantado el primer bolero, dice que en el país antillano a la guaracha le llamaban bachata.

Lo cierto es que, sin embargo, la "música de guardia cobrao", "cachivache", "música de amargue", que más tarde será llamada bachata, dista mucho de aquellas circunstancias musicales y sociales. La música actual ni es juerga ni jolgorio ni es parranda ni surge de eventos musicales llamados bachatas. Los nombres de los ritmos populares del mundo solían, y aún hoy lo hacen, identificar otros objetos o situaciones, antes de asentarse en la música. Como salsa en un aderezo bien degustado, merengue es un suspiro o dulce apetecido por el paladar. Son define una actitud, motivo o pretexto, "viene en son de paz", "el son de un arpa", "por este son". Guaracha se define como un tendal o una barbacoa. Bolero quiere decir chaqueta corta que usan las mujeres, chistera, sombrero, canto y baile venezolanos, bolero de Ravel. Rock es roca y tango dícese al baile de negros cubanos o al andullo de tabaco. Los antecedentes inmediatos de la bachata están en el replanteo musical, social y espiritual que ocurre postrujillo. El bolero de guitarra, requinto bajo, maracas o güira, entre otros instrumentos percusivos, que se escinde del sublime bolero de orquesta en la década de 1950 y no otros estilos, es el que provoca la creación de la bachata, por músicos y voces de intérpretes que ignoraban las alejadas experiencias sonoras.

Con Luis Segura, en 1964, empieza a definirse el límite temporal, el marco clavístico y el baile o coreografía de este brote melódico urbano que se adentra en las emociones populares. La peculiaridad de esta música es percibible en el canto y el baile, muy distintos a los de otros ritmos. En "Cariñito de mi vida", la credencial de Luis Segura, que sería el desahogo pasional de miles de almas, asoman perfiles textuales, sensitivos y melódicos muy propios de la nueva sociología cotidiana.

Cariñito de mi vida / piensa bien lo que te digo / yo estoy sufriendo solo / y es por culpa de tu amor / Le pido a Dios que me ayude / a compartir esta pena / que yo estoy sufriendo tanto / y es por culpa de tu amor....

Mientras en el bolero las parejas se amarraban y viajaban hacia el mundo astral arrulladas en el suave e inmutable murmullo del compás, en la bachata, las caderas y las piernas de las parejas, atadas de manos, hombros y espaldas, o bien separadas, libres, lujuriaban o dibujaban en el rastreo del compás pautado en la fantasía del floreo del bajo y del bongó y el nervioso punteo de la guitarra y requinto, evitando "cruzarse" o distraerse.

Tan original inicia el baile que, si bien la mayoría adulta descongelaba el dolor de los gemidos y requiebros del canto, pocas parejas se atrevían a bailar. Y, aún en el presente, la clave de la bachata es un enigma difícil de descifrar para una gran parte del pueblo y, más aún, para los músicos de otras nacionalidades. Ayer el público se regustaba, mayormente, oyendo esta música en velloneras, tocadiscos o radiotransitores, y en la presentación que hacían los intérpretes en teatros, bares y plazas, porque no se hacían fiestas bailables, y la calificación de mal bailador producía una extraña inhibición, temor o timidez en la mayoría de la gente.

Por otro lado, la mayor afición de la bachata primaria, que nace en voces provenientes del interior, parecía ser la enorme población rural y urbana emigrante, tras la desaparición de la tiranía, que crea barrios en la periferia de la capital. Las migraciones instalan su bondad y su miseria material, su crisis emocional, hábitos o estilo de vida, costumbres, inteligencia e ignorancia, que se reproducirán en diversas formas o maneras, una de estas, la música.

Lo más parecido a esta pintura social, en aspecto físico, voz y condición social, era el intérprete de bachata. Este era el espejo que devolvía el rostro de las aflicciones del amor, las caras de la miseria y el valor de la vida. Esta clase marginal y desposeída crea sus propios ídolos, sus propios auditorios y desarrolla la vocación de consumo. En este contexto, José Manuel Calderón, Rafael Encarnación (póstumo) y Luis Segura, emergen como los primeros ídolos de la música de amargue, o música de pobre, quienes alertan sobre su inminente inserción en la musicalidad dominicana.

De Santo Domingo al mundo. El Merengue y la Bachata.

En el libro "De Santo Domingo al mundo, el merengue y la bachata", de Carlos Velázquez y Alejandro Ureña, publicado por Galos Publishing, del año 2004, en cuya edición los autores proclaman que, cito: "La palabra bachata era conocida en la República Dominicana mucho antes de que apareciera ese género musical. Emilio Rodríguez Demorizi dice que la bachata es un afronegrismo. El antropólogo cubano Fernando Ortíz afirma que proviene de la voz africana cumbancha. Aunque Rodríguez Demorizi apunta sus raíces dominicanas cuando relata la contestación de un campesino, en una audiencia penal, al responderle al Magistrado Dr. Bienvenido García Gautier: '¿Qué es eso de bachata?', preguntó el juez. Y el campesino, hombre de parrandas, le contestó: 'Adió, romo, tambora y cuero'. El escritor Federico García Godoy, en su novela histórica, Guanuma (1912) escribió: 'el revolucionario de los tiempos de Concho Primo inconsciente, por lo general, va a la guerra, a la matanza, como si fuera a una bachata', dando una clara acepción de la bachata como lugar de jarana o entretenimiento".

Refiere este mismo texto, que Deborah Paccini Hernández, en el libro "A social history of Dominican popular music", denominado como el primer libro académico sobre la bachata, que esta califica el ritmo como una música popular dominicana autóctona que emerge en 1961.

Velázquez y Ureña dedican, a José Manuel Calderón, un espacio importante de su investigación, en el capítulo 13 de su libro, titulado "Los grandes bachateros hasta los ochenta".

"El primer ídolo de la bachata surgió en los primeros años de la década de los sesenta: José Manuel Calderón. Debutó con la composición "Borracho de amor", con el trío Los Juveniles, una producción realizada con sus propios recursos después que Radhamés Aracena, entonces un empresario del disco, reusó invertir en ese cantante. En agosto del año 1962, grabó la canción "Qué será de mí?", una canción dominicana que había grabado Elenita Santos en los años cincuenta con el título de 'Condena'. De inmediato fue un éxito de ventas, alcanzando el récord de 8,000 mil copias vendidas, un hecho sin precedentes en la discografía dominicana. Otros éxitos fueron grabados de inmediato, tales como, "Quema esas cartas" y "Te perdono".

A pesar de que Calderón continuaba grabando con guitarras, en sus producciones discográficas se hacía acompañar con músicos de mayor experiencia.

En el año 1963, José Manuel Calderón realizó una gira artística a Puerto Rico para promocionar su tema, "Llanto a la luna".

Las melodías de Calderón fueron populares debido a lo romántico de sus letras y la excelente calidad interpretativa de su voz. Los éxitos más destacados de Calderón fueron: "Siempre humana" "Luna" y "Sálvame", por mencionar solo algunas de sus canciones.

Muy poco tiempo después de Calderón, empezó a destacarse un joven bachatero llamado Rafael Encarnación. Este grabó dos canciones que se convirtieron de inmediato en éxitos: "Muero contigo" y "Pena de hombre". En marzo del año 1964, cuando se dirigía en su motor Vespa a la discográfica a recoger sus dos últimas grabaciones, tituladas: "Logré olvidarte" y "Ay qué amor", fue embestido por un carro en la intercepción de las calles Dr. Delgado y César Nicolás Penson. La bachata perdía uno de sus primeros grandes ídolos.

Otros dos músicos importantes que surgen en esa época, son: Luis Segura y Leonardo Paniagua"...

"Para la década de los setenta, la bachata había perdido la carrera con el merengue, disputándose el gusto popular. Merengueros como Johnny Ventura y Wilfrido Vargas, quienes llevarían al merengue a un sitial jamás alcanzado por la bachata. Las ventas de discos bajaron y sus mejores intérpretes menguaron sus producciones. José Manuel

Calderón, el más importante de ellos, migró a la ciudad de Nueva York."

En tanto, en el libro, "El merengue y la bachata, Orígenes, etapas y líderes", del periodista Euri Cabral, del año 2009, en su capítulo 2, titulado: "La marginada bachata, sus orígenes, etapas históricas y líderes", subtitulado "Superando los prejuicios de la sociedad", analiza el caso de Calderón.

3era. Etapa de la Bachata: 1962-1980

"En esta etapa es que se destacan de manera pública y abierta los primeros cultivadores de la bachata. El primer bachatero en grabar un tema titulado "Borracho de amor" fue José Manuel Calderón, en el año 1962. A este se le considera como el Padre de la Bachata, y el primer ídolo en ese género. Calderón, quien inicia públicamente la interpretación de bachatas, ha logrado colocar éxitos importantes como "Luna", "Quema esas cartas", "Te perdono", "Sálvame" otras. Todavía hoy en día, José Manuel Calderón, se mantiene con cierta vigencia en el mundo artístico."

Un poco de mí

El merenguero Juan de Dios (Johnny) Ventura, en su libro autobiográfico, "Un poco de mí", del año 2010, también hace mención de José Manuel Calderón, en el capítulo 24, titulado "Los duetos".

"Mis primeras grabaciones las realicé con el grupo del maestro Luis Pérez. En una de las cuales se destaca Ana Cepeda, extraordinaria vocalista, madre de dos grandes amigos: Richie y Bonny Cepeda.

"Más tarde me tocó la dicha de poner el marco de mi orquesta para acompañar en una grabación al artista de mayor proyección y venta de aquellos días, el popularísimo José Manuel Calderón. Asimismo, tuve el honor de grabar un álbum con el Rey del Merengue, el inmortal Joseíto Mateo."

Luego, el legendario merenguero cuenta en ese mismo capítulo sus colaboraciones con artistas como Andy Montañez, Wilfrido Vargas, Daniela Romo, Armando Manzanero, Víctor Víctor, Yolanda Duke, María Díaz, Fefita La Grande, La India Canela, entre muchos otros.

Día Internacional o Nacional de la Bachata

Son miles las escuelas de baile que hay en el planeta, cuyo único motivo de existencia es enseñar a bailar bachata a los interesados. Muchos especialistas de la música afirman, incluyendo a Alfredo Fraile, exmanager de Julio Iglesias, la música que viene con coreografía es la se queda. Recordemos el caso de "La Macarena". Y la bachata, además del amargue, tiene esa cualidad tan innata a los dominicanos, de ese cantar llorando y de ese llorar bailando.

From: mcl1974@hotmail.com
To: josemanuelcalderon@gmail.com
Subject: Queremos hacer del 30 de Mayo el Día Internacional de la Bachata
Date: Mon, 12 Mar 2012 22:0013
Estimado Señor José Manuel Calderón:

Tenemos el agrado de dirigirnos a usted a fin de presentarle una nueva idea, pero primero nos gustaría agradecerle por ser el creador de la Bachata y por tener el coraje de presentarla al mundo por primera vez aquel 30 de mayo del 1962 y también por haber creído que un día este ritmo podría ser cantado y bailado en todo el mundo.

Mi esposa y yo somos instructores de Bachata en nuestra escuela de baile, llamada Escola de Arte Danca Mahaila Adma, (www.mahailaadma.com.br), con sede en Porto Alegre, capital de la provincia de Río Grande do sul-Brasil. A demás de estar enamorados de la Bachata, queremos que mas y más personas tengan contacto con este ritmo fascinante.

Buscamos maneras de difundir cada vez más la bachata en Brasil y en el mundo, porque en nuestro país, aunque haya algunas escuelas que ofrecen clases de baile de la misma, la demanda es aún pequeña, por ser un ritmo desconocido del público.

Empezamos a buscar en los medios de comunicación, específicamente en la Internet, nuevas ideas y descubrimos que muchos ritmos de baile, tales como: west Coast, swing, Salsa, Samba, ya tienen su Día Internacional, buscamos entonces por el Día Internacional de la Bachata y encontramos una propuesta del año 2010, hecha por el señor Ángel Laureano para hacer del 24 de abril el Día Internacional de la Bachata en Puerto Rico. En ese momento se realizaron varios espectáculos en el Coliseo Roberto Clemente, de San Juan, que contó con la presencia de varios artistas, como: Zacarías Ferreira, Frank Reyes, Luis Miguel del Amargue, Joseph Fonseca, Prince Royce y otros, según noticia en enlace www.analizzarte.net.

Entonces pensamos "genial" ¡el 24 de abril es el "Día Internacional de la Bachata", esta es una excelente manera de difundir el ritmo en nuestra ciudad y en nuestro país, celebrar el día internacional aquí también. Pero la celebración del 2010 no ocurrió en los años siguientes nosotros nos preguntamos el por qué celebrarse el día 24 de abril, dado que no es una fecha significativa en la historia de la bachata (por lo menos nunca leímos nada al respecto). Desconocemos por cual motivo eligieron conmemorar este día. En nuestra opinión se debería conmemorar el Día de la Bachata, el 30 de mayo día en que nació la bachata. Entonces tuvimos la idea de intentar, con su apoyo de otras escuelas en el mundo, hacer que este día (30 de mayo) sea considerado como el Día Internacional de la Bachata.

Por esta razón, venimos muy humildemente a pedir su permiso y su apoyo, para después llevar adelante la idea, porque no nos sentimos en el derecho de hacerlo sin antes tener el consentimiento de la persona que dio origen a todo eso.

Hoy estamos dando el primer paso hacia la realización de esta idea. Después de su aprobación, nos pondremos en contacto con otras escuelas de danza que enseñan a bailar bachata en Brasil y en el mundo, para pedir el apoyo de ellas e invitarlas a participar de la conmemoración.

Proponemos que se haga un evento mundial sin fines lucrativos (de preferencia con un propósito social, gratuito). Porque el objetivo es difundir la bachata, para despertar el interesar a más gente por el ritmo, la danza, la historia de la misma y de esa manera llevar la música y la danza a una mayor cantidad de personas, mejorando la calidad de sus vidas.

Pensamos en llamar a este "Bachata International Day" donde todos los participantes en el mundo, celebren en un mismo día, preferentemente el 30 de Mayo (cuando cae en domingo) o el domingo siguiente a esa fecha, cuando caiga en otro día de la semana. Para no comprometer el desenvolvimiento normal de la escuela y entidades.

Deseamos que usted tenga siempre mucho éxito, mucha salud y mucha paz en la vida; y esperamos ansiosamente su respuesta, deseando que esta sea positiva.

Un fuerte abrazo
Marcelo Benetti
Priscilla Silvestri
Teresinha Silveri

Escola de Arte Danca Mahaila Admar
Rua Lopo Goncalves, 421_Cidade Baixa
Porto Alegre=RS= BRASIL
CP.90050

PARTE XI

CONCLUSIÓN

EN PRIMERA PERSONA

La bachata más que una junta, una música

La bachata es un género musical que le puede cantar a Dios, a la naturaleza, al amor y el desamor, a la luna y a las estrellas. La bachata es el alma del poeta, es el sentir del pueblo, un sentimiento muy profundo que se lleva en el corazón.

La bachata te puede llevar a lo más sublime de la vida, porque es un canto de amor, una fuente inagotable de alegría y dulzura; es refrescante cuando la disfrutas a plenitud. Esta es la razón por la que me siento orgulloso de ser el pionero de la bachata, de haber sido el escogido por Dios para que conmigo diera sus primeros pasos.

Un mensaje a todos los que han seguido esto que inicié, a los que han contribuido a la causa de mi sueño: la bachata ya echó raíces, está compenetrada de una manera muy notable en el mundo musical, encabeza muchos otros géneros musicales. Nada la detendrá si los poetas y compositores se mantienen haciendo un trabajo digno, añadiéndole cada día más clase y conciencia, escribiendo letras que no lesionen a nadie, tratando de evitar la vulgaridad y componiendo más canciones a nuestro Señor, Todopoderoso, para que la bachata con mensajes cristianos pueda poner al mundo más cerca de la voluntad de Dios, con miras a una humanidad más justa y unida, donde se pueda compartir todo lo que Dios nos da. El universo y las riquezas de esta vida son de todos; solo debemos de aprender a compartir como lo manda Dios.

Hay que defender la bachata, porque es un bien cultural muy dominicano. No se dejen confundir con historias falsas, no dejen que otros quieran atribuírsela. Entiéndase que como es natural ha habido una influencia de otros géneros musicales que han aportado a la bachata muchas cosas buenas, como por ejemplo: el tango, la música mexicana y los boleros; todos con mensajes de amor y desamor, de historias de la vida real, manifestaciones de toda índole que se han expresado igual que como lo ha hecho la bachata.

Hoy en día hay muchas contradicciones de personas oportunistas del medio. Muchos que antes menospreciaban la bachata y sus exponentes, hoy la ponderan para sacarle beneficio; sin embargo, me alegro porque eso demuestra que, gracias a nuestra perseverancia, hicimos que se reflexionara y nos apoyaran, así sea solo por la búsqueda del lucro personal. Esas personas simplemente no tienen bandera, son hipócritas y oportunistas, no trabajan por los intereses del pueblo, musicalmente hablando.

EN CONCLUSIÓN

"El primer bachatero del mundo"

Conocer a José Manuel Calderón, el primer hombre que grabó una bachata, es hablar de un hombre de una férrea formación familiar. Es hablar de un hombre de mucha sapiencia y, sobre todo, de un hombre muy agradecido.

Cuando en los albores del 2012 se apareció en mi oficina con un fardo de cuartillas a pedirme que lo ayudara a hacer su biografía, me asusté. Por la admiración que tenía desde la niñez, a través de mi madre y de sus canciones que ella cantaba, o hacía sonar una y otra vez, que lo llevaron a ocupar un espacio en el paisaje sonoro de mi historia.

Luego, había ido a su casa a entrevistarlo y atesoraba el recuerdo de haber conocido a una gran persona y, sobre todo, a un caballero de capa y espada. No me sentía capaz de emprender esa aventura; pero era incapaz de decirle que no a su demanda: lo quería y lo respetaba.

Así que, le dije que sí. Y, gracias a eso, aquí estamos. Celebrando otro número importante de la bachata: 57 años.

Además de agradecerle la confianza que puso en mis manos, quiero agradecer el privilegio que me dio de contar con la amistad y la complicidad de un hombre de su alta valía moral y personal. Es uno de esos que no se rajan. Es uno de esos, al que inclusive sus pequeños detractores, los que creen que debió hacer más por la bachata, le reconocen su bonomía y el hecho irrefutable de que grabó la primera bachata, que todo empezó con él.

En el entrincado universo en que José Manuel Calderón se atrevió a grabar una canción como "Condena/¿Qué será de mí?" y "Borracho de amor", probablemente muy pocos se atreverían a tomar esa iniciativa; pero como lo hizo, todos los que vinieron después, la mayoría grabando con sus propios recursos, como él, supieron que también podían. Y el público los fue aceptando y rechazando en la medida en que se sentían parte o ajenos a aquello que contaban, que cantaban, que bailaban, que sentían, que lloraban.

Después que vinieron los otros, que Calderón se fue a Nueva York por unos años, pasaron muchas cosas en el género. Con muchos protagonistas, todos, digo yo, pusieron: coros, fraseos, nuevos instrumentos, imagen, teatralidad, nuevos conceptos literarios, doble sentido, un lenguaje crudo, le aportaron algo, nadie quiere quitarle créditos a nadie, porque todos merecen respeto y ahí está su música para representarlos.

Lo que nadie podrá borrar, con todos los discos de platinos, millones, oro e impacto mundial que ya tiene la bachata, es que antes que Calderón no hubo otro artista que se atreviera a recoger lo mejor del sentimiento de un pueblo y ponerlo en una voz, un llanto dulce y en una música que hoy no solo habla de él, sino de todos los que bajo la bandera tricolor, hemos sentido ese algo que duele, que provoca el llanto, con ese algo que sana, que se llama bachata.

EN PRIMERA PERSONA

Listado de agradecimientos

Esta lista es una muestra a nivel nacional e internacional de aquellos que siempre colaboraron y colaboran con la difusión de mis canciones. Solo puedo devolver este gesto expresando mi más sincero agradecimiento, diciéndoles que representan una parte muy importante de mi carrera.

COLABORADORES

Personas a quienes agradezco en el mundo de la música:

- Mi compadre, José Rolando Padrón, siempre aportó más de lo que esperaba.
- Rafael Reynoso, un apoyo incondicional.
- Jimmy Solano, se entregó a la causa.
- Rafael Almonte
- Los hermanos Aníbal y Pillín Ciprián.
- El padrino de mi boda, Manuel Hernández.
- Machín Montes de Oca

- Ignacio Guzmán (Ñaño)
- Ignacio González (Galleto)
- Mircio Sánchez
- Quirico Ortiz
- José Isaías Hernández
- Reyito
- Frank Amaro
- Doña Fidelia
- Don Joaquín
- Bienvenido Fabián
- Papá Rojita
- Cesár Bobadilla Rivera (Canelita)
- Nicolás Casimiro
- Radhamés Sepúlveda (Pildorín)
- José Isaías Hernández
- Ángel Peña
- Marino Reyes
- Alci Figueroa
- Pedro Julio Solano
- Bueno Torres
- Jesús Torres Tejeda
- Francis Méndez.
- Juan Ramón Gómez Díaz y su distinguida familia, presidente de Telemicro, de quienes estoy muy agradecido por el apoyo que me han brindado y la ayuda que he recibido de ellos.
- Carlos T. Martínez
- Jochy Santos
- Carlos Batista Matos
- Rafael Corporán de los Santos
- Freddy Beras Goico

- Nuria Piera
- Alicia Ortega
- Napoleón Beras
- Mon Lluberes
- William Liriano
- Alex González
- Juan Pimentel
- Angel Ortiz
- Luis Medrano
- Iván Brea
- Gardenia Aristy
- Milcio Sánchez
- Raphy D'Oleo
- Toby Toby
- Bebeto Bernabé
- Augusto Guerrero
- Napoleón Beras
- Jorge Ramos
- César Daniel Medina
- Daniel Rodríguez
- Luis Portoreal
- Doctor Chicho
- Jessie Pepén
- Frank Rodríguez
- Negro Fausto
- Pochy Familia
- Julio Ureña
- Luis Mena (hípico)
- Miguel Franjul
- El Pachá
- Charlie Charlie

- William Tavárez
- Raffy Capel
- Juan Ant. de la Cruz Triffolio
- Miguel Guerra
- Miguel Ángel Hernádez
- Rafael Pineda

Agradecimientos Marivell

En este largo trayecto de trabajo con "El primer bachatero del mundo", quiero agradecer el apoyo que recibí.

José Manuel Calderón por confiarme esta tarea y por soportar cientos de llamadas, visitas inesperadas y preguntas y más preguntas, como si el mundo se fuera acabar.

A mis hermanos y hermanas, a mis amigos que me dan aliento y me invitan a seguir.

A Francis Mesa, Nelly Hernández, Johan Bueno y Kerien Antigua, por darme soporte, escaneando las fotos y transcribiendo las entrevistas.

A Francis Mesa, por sus resúmenes y a Marcelino Ozuna por leer el manuscrito y asegurarme que "aquí hay un LIBRO".

A Oscar Tejeda por abrirme su vasta colección de LP`s.

Bibliografía

Aponte, Rubén Darío *Historia de la Locución Dominicana, Ediciones de Cultura, Primera Edición, 2011. Santo Domingo, Rep. Dominicana,*

Balácer, Juan Daniel. *El Tiranicidio de 1961*, Editorial Santillana, Santo Domingo, 2007. Segunda Edición.

Batista Matos, Carlos. *Bachata Historia y Evolución.* Primera edición 2002, Editora Taller C. por A., Santo Domingo, República Dominicana.

Brito Ureña, Luis Manuel. *El merengue y la realidad existencial de los dominicanos, Bachata y nueva canción, abril 1997.* Editora Unigraf, Santo Domingo, República Dominicana.

Cabral, Euri, *El Merengue y la Bachata, orígenes, etapas y líderes.* Primera edición abril 2009, Editora Ella y El, Santo Domingo, República Dominicana.

Collado, Lipe. *Radio Caribe en la Era de Trujillo.* Primera edición 2008, Editora Collado, Santo Domingo, República Dominicana.

Incháustegui, Arístides. *Por Amor al Arte*, Secretaría de Estado de Educación, Bellas Artes y Cultos. Santo Domingo, 1995.

Jiménez, Máximo. "La gran aventura de la bachata".

Jiménez, Máximo. "La gran Aventura de la bachata urbana"- Fundación Global Democracua y Desarrollo (FUNGLODE), Santo Domingo, 2018.

Pacini Hernández, Deborah. *Bachata con clase. Bachata: Historia Social De un Género Musical Dominicano*. Primera edición 1995, Editora Búho, Santo Domingo, República Dominicana.

Paulino, Alejandro y Castro, Aquiles. *Diccionario de Cultura y Folklore Dominicano*. Serie ABC, Letra Gráfica. Santo Domingo 2005- 2007.

Pérez de Cuello, Catana y Solano, Rafael. *El Merengue, Música y baile de la República Dominicana*. Primera edición 2005, Editora Alfa y Omega, Santo Domingo, República Dominicana.

Pérez Guante, Carlos. *Bachata amargue y pasión*, Primera edición marzo 2013, San Pedro de Macorís, 2013. República Dominicana.

San Martin, Mateo. *Disquero*. Primera edición 1998, Editora A. D. Color, Miami Florida.

Santana, Josué y Sánchez, Edis. *La Música Folclórica Dominicana, IPGH*. Editora Buho, Santo Domingo, 2010.

Sellers, Julie A. *La Bachata y la identidad dominicana.* Primera edición, año 2014, Impreso en Estados Unidos.

Solano, Rafael. *Letras y música. Relatos autobiográficos de un músico dominicano.* Primera edición.1992, Editora Taller, Santo Domingo

Tejeda, Darío. *La historia escondida de Juan Luis Guerra y los 4:40.* Primera edición 1993, Editora MCS Amigo del Hogar, Santo Domingo, República Dominicana.

Tejeda, Darío. *La Pasión danzaria, primera edición 2002.* Editora Amigo del Hogar, Santo Domingo, República Dominicana.

Tejeda, Darío y Yunén, Rafael Emilio. *El merengue en la Cultura Dominicana y el Caribe.* Primera edición 2006, Editora Búho.

Torres Tejeda, Jesús. *Fichero Artístico Dominicano,* Intergraphic, Santo Domingo, Octubre 1996.

Velásquez, Carlos y Ureña, Alejandro. *De Santo Domingo al mundo, El merengue y la bachata. Año 2004,* Editora Carlos Publishing New York, Estados Unidos.

Veloz Maggiolo, Marcio. *Trujillo. Villa Francisca y otros fantasmas.* Primera edición 1996, Colección BanReservas. Santo Domingo.

Veloz Maggiolo, Marcio; Delgado Malagón, Pedro y del Castillo, José. *El Bolero, Visiones y perfiles de una pasión dominicana.* Santo Domingo, 2005. Colección Cultural Verizon.

Ventura, Johnny. *Un poco de mí*. Primera edición abril 1998, Editora Taller, Santo Domingo, República Dominicana.

ENTREVISTAS:

Alci de la Rosa
Anthony Ríos
Dagoberto Tejeda
Edilio Paredes
El Jibarito de Lares
Fabio Inoa
Johnny Ventura
José Manuel Calderón Carbuccia
Luis Aquino
Miguel Pichardo
Víctor Víctor

ESTE LIBRO "EL PRIMER BACHATERO
DEL MUNDO: CALDERÓN"
SE TERMINÓ DE IMPRIMIR
EN MAYO DEL AÑO 2019,
EN LOS TALLERES GRÁFICOS
DE EDITORA BÚHO, SANTO DOMINGO,
REPÚBLICA DOMINICANA,
CON UNA TIRADA DE 1,000 EJEMPLARES.

Made in United States
Cleveland, OH
23 December 2024